Winfried zur Hausen

Das neue Gartenbuch

Biologischer Anbau
von Obst und Gemüse

Mosaik Verlag

Zeichnungen: Winfried zur Hausen, Dieter Mettelsiefen

Redaktion: Dr. Wilhelm Trappl

Mein besonderer Dank gilt dem Hager Arzt und Apotheker Dr. med. Ernst Schäffer für die Durchsicht und die wertvollen Hinweise über Anwendung und Wirkung verschiedener Würz- und Heilpflanzen.

ISBN 3-570-03091-1

Inhalt

Zum Geleit

»Hat Dir die Huld des Herrn ein Gartenland gegeben, verzehnfacht hat er Dir die Freuden Deines Lebens«, so könnte man in Abwandlung eines Dichterwortes sagen. Und in der Tat, nichts auf der Welt kann uns auf Dauer mehr Freude, Erholung, Entspannung, Zufriedenheit gewähren, als die Beschäftigung mit der Natur im eigenen Garten. Nirgendwo anders können wir Werden und Vergehen, Frühling, Sommer, Herbst und Winter, den großen Zyklus der Natur, besser beobachten, als in unserem Garten. Hier werden wir in unmittelbarem Kontakt mit dem Boden und mit der Pflanze wieder selbst zu einem Stück Natur, besinnen uns auf die Ursprünge unseres Seins, die in der Hektik des Alltags und durch naturfeindliche Zivilisationserrungenschaften verlorengegangen zu sein scheinen.

In unserer heutigen Zeit ist ein Garten aber nicht nur ein Stück Boden, an dem wir unsere Freuden haben sollen, er ist gleichzeitig eine Verpflichtung gegenüber der Natur, die im Zuge der Weiterentwicklung von Technik und Industrie und infolge der ständig zunehmenden Ansprüche des Menschen an seine Umgebung allmählich ins Hintertreffen gerät.

Wissenschaft und Forschung haben uns in den vergangenen Jahren gezeigt, daß durch entsprechende Pflanzenauswahl, durch gezielten Einsatz von Düngemitteln und Schädlingsbekämpfungsmitteln bei bestimmten Kulturen bedeutend höhere Erträge erwirtschaftet werden können, als das früher möglich war. Dabei wurde leider nur allzuoft vergessen, daß groß angelegte Monokulturen und der einseitige Einsatz von Spritz- und Düngemitteln zu erheblichen Schäden im Naturhaushalt führten. Die fortschreitende Resistenz bestimmter Schädlinge gegenüber den Bekämpfungsmitteln machte den Einsatz immer stärkerer Mittel erforderlich und führte neben der Abtötung dieser Schädlinge gleichzeitig zur Abtötung vieler Nützlinge, die in früheren Jahren für einen natürlichen Ausgleich gesorgt haben. Übertriebene Düngemaßnahmen führten dazu, daß das Grundwasser und das Wasser unserer Bäche und Flüsse stark mit überschüssigen Düngemitteln angereichert wurden, so daß es stellenweise zu starken Verkrautungen an den Gewässern und zu Verlandungserscheinungen an zahlreichen Binnenseen kam, denen dann wiederum mit chemischen Mitteln entgegengearbeitet wurde.

Heute müssen wir erkennen, daß es höchste Zeit zur Umkehr ist, wenn sinnvoller Umweltschutz getrieben werden soll und wenn wir nicht Gefahr laufen wollen, durch einseitige Bewirtschaftungsformen dem Naturhaushalt so schwere Schäden zuzufügen, daß eine Regenerierung problematisch wird. Es ist daher ein Hauptanliegen dieses Buches, dem Gartenfreund die Kultur von Obst-, Gemüse- und Ziergehölzen nahezubringen und dabei Wege aufzuzeigen, wie mit geringem Einsatz von Chemikalien und durch Erschließung aller möglichen natürlichen Hilfsquellen gesunde Pflanzen und gesunde Nahrungsmittel für unseren täglichen Gebrauch erzeugt werden können.

Reichliche, gezielte Humusversorgung und richtige Bodenbearbeitung sind für ein gutes Gedeihen der Pflanzen oftmals wichtiger als Mengen von Kunstdünger oder der übertriebene Einsatz von Schädlingsbekämpfungsmitteln zur Vorbeugung und zur Beseitigung der Schädlinge.

Grundsätzliches zuerst

Bei der Anlage eines Gartens spielen die Bodenverhältnisse, die Klimaverhältnisse und die Lage des Grundstücks, seine Größe und Flächenform eine bestimmte Rolle. Bei der Neuanlage eines Gartens läßt man sich leicht von der Vorstellung leiten, daß man ein möglichst großes Grundstück zur Bewirtschaftung haben möchte. Für die Größe eines Gartens ist aber die Zeit entscheidend, die man dem Garten auch tatsächlich widmen kann. Oft genügen 300 bis 400 qm, die bei guter Aufteilung nach Feierabend und an den Wochenenden bequem bearbeitet werden können. Verfügt man über viel freie Zeit, so kann der Grundstückszuschnitt auch größer sein; er sollte jedoch 1 000 qm nicht übersteigen, wenn keine fremde Hilfe zur Verfügung steht. Vielseitiger Gemüseanbau z. B. bringt auch viel Arbeit mit sich, so daß man ausgesprochene „Nutz"-Gärten eher kleiner als größer wählen sollte.

Auch die Grundstücksform ist für die spätere Bewirtschaftung von Bedeutung. Regelmäßige rechteckige Gartengrundstücke sind leichter zu bearbeiten als vieleckige oder dreieckige Anlagen. Lange schmale Grundstücke sind schwieriger zu bearbeiten als breite rechteckige oder quadratische. Auch die Lage des Grundstücks zum Haus ist für die spätere Bewirtschaftung von Bedeutung. Südlagen sind besser als Nordlagen, weil sie weniger beschattet werden. Westlagen kommen in den vollen Genuß der Nachmittagssonne und sind den Ostlagen vorzuziehen. Das gleiche gilt für Hanglagen. Süd- und Westhänge sind günstiger als nach Norden oder Osten geneigte Flächen.

Bei der Standortwahl sind auch klimatische Gesichtspunkte zu berücksichtigen. Westhänge bringen im allgemeinen höhere Niederschläge als Osthänge, Tallagen sind vielfach günstiger – weil geschützter – als freie Hang- oder Kuppenlagen. Es ist besonders darauf zu achten, daß sich das Grundstück nicht im Bereich einer Kaltluftzone befindet. Die allabendlich von den Höhen zu Tal streichenden Kaltluftbewegungen können besonders im Bergland die Ursache für schlechtes Gedeihen und geringe Erträge im Garten sein. Auch windexponierte, zugige Lagen sind unvorteilhaft für die Anlage eines Gartens. Aber nicht immer ist man in der glücklichen Lage, sich das Gartengrundstück frei wählen zu können. Häufig muß man sich mit den örtlichen Gegebenhei-

ten abfinden, weil aus diesem oder jenem Grund ein Garten erworben oder ererbt wurde oder sich seit langem im Besitz der Familie befindet, der den Idealvorstellungen in bezug auf Lage, Boden und Klima durchaus nicht entspricht.
Hier helfen uns die Kenntnisse von Boden und Klima, von den örtlichen Gegebenheiten. Sie gehören zu den Grundvoraussetzungen für erfolgreiches Gärtnern. Dazu kommt die Anwendung aller zur Verfügung stehenden technischen Hilfsmittel und nicht zuletzt die Auswahl geeigneter Pflanzen. Diese Themen werden uns in den folgenden Kapiteln beim Lesen dieses Buches begleiten.
Das Gärtnern ist eine der abwechslungsreichsten Freizeitbeschäftigungen überhaupt. Wo werden wir täglich vor so viele neue, interessante Aufgaben und Probleme gestellt, die gemeistert werden müssen, und wo können wir in so kurzer Zeit so viele stolze Erfolge – auch gelegentliche Mißerfolge – erleben wie im eigenen Garten! Nur wenige Kenntnisse sind nötig, um den Geheimnissen der Natur »auf die Schliche zu kommen« und unsere Experimentierfreudigkeit vermittelt uns täglich neue, wertvolle Erkenntnisse.
Wenn wir im großen Lehrbuch der Natur ernsthaft zu lesen beginnen, dann erschließen sich uns ungeahnte Quellen der Freude, Kraftreserven, die wir dringend zur Bewältigung unserer Alltagsaufgaben benötigen, werden mobilisiert. Wir lernen wieder die Achtung vor allem Lebendigen und erfahren das hohe Glücksgefühl, zu einer geordneten natürlichen Umwelt beitragen zu können, die durch sinnvolle Nutzung – *Gebrauch* statt *Verbrauch* – liebens- und lebenswerter wird.

Die Böden und ihre Zusammensetzung

Der Boden ist ein lebender Organismus. Algen, Pilze, Bakterien, Würmer und viele andere Kleinlebewesen beleben diesen Organismus und sorgen für Aufbau und Abbau pflanzlicher und tierischer Produkte, für die Aufschließung der Mineralien, für Atmung und Verbrennung und bewirken auf diese Weise seine Fruchtbarkeit.

In der freien Natur sorgen die Pflanzen mit absterbendem und verrottendem Laub dafür, daß organische Stoffe dem Boden zugefügt werden, die von den Bodenlebewesen wieder aufgeschlossen und dann erneut den Pflanzen als Nahrung zur Verfügung gestellt werden. Aber nicht nur diese organischen Stoffe werden den Pflanzen zur Verfügung gestellt, auch die im Boden befindlichen Mineralien und Gesteine liefern den Pflanzen lebenswichtige Nährstoffe durch ihre Verwitterung. Eine Reihe von Bodenlebewesen wie z.B. der Regenwurm, Springschwänze und Asseln nehmen verrottende organische Stoffe und mineralische Verwitterungsprodukte auf und scheiden sie als Humusverbindungen wieder aus.

In unserem Garten liegen die Dinge anders. Hier ist die natürliche Vegetation durch Pflanzenkulturen ersetzt. Wir wollen mehrere Ernten im Jahr erzielen und entziehen dadurch dem Boden viele Stoffe, die ihm in anderer Form zurückgegeben werden müssen, wenn seine Fruchtbarkeit erhalten bleiben soll. Dieser Vorgang ist das »Düngen«.

Die Erkenntnis, daß man mit speziellen Mineraldüngern erhebliche Ertragssteigerungen bei bestimmten Kulturpflanzen erreichen kann, führt und führte vielfach dazu, daß durch ständig steigende Dosierung die Grenzen des Erreichbaren vielfach überschritten wurden. Der im Boden vorhandene Humus wurde rapide abgebaut, die Böden hagerten aus.

Ohne die grundlegende Kenntnis von der Wirkung der Düngerarten ist der Umgang mit Mineraldüngern im Garten ein gefährliches Spiel. Wie und wo aber sollen wir organische oder mineralische Düngemittel im Garten einsetzen? Bevor wir uns mit dieser Frage näher beschäftigen, müssen wir etwas über die Bodenarten wissen.

Die wichtigsten Bodenarten

Man unterscheidet ganz allgemein »leichte« und »schwere« Böden und ver-

schiedene Zwischenstufen je nach ihrer Zusammensetzung.
Diese Begriffe sagen etwas aus, ob der Boden leicht oder schwer zu bearbeiten ist, ob er zusätzlich gelockert oder mit Nährstoffen angereichert werden muß.
Tonböden und Lehmböden sind schwere Böden. Sie quellen bei Feuchtigkeit, werden bindig und halten das Wasser. Solche Böden bezeichnet man auch als kalte, nasse Böden von dichtem Gefüge. Sie sind schlecht durchlüftet und erwärmen sich bei Sonneneinstrahlung sehr langsam. Durch Sand, Kompost und Naturdünger können sie aufgelockert und damit für die Kultur der Gartenpflanzen erst brauchbar gemacht werden. Nachteilig wirkt sich aus, daß sie bei Regen leicht verschlämmen und bei Trockenheit verkrusten und hart werden. Zur Auflokkerung und besseren Durchlüftung haben sich auch grobflockiger Torf und Kunststoffprodukte wie z. B. Styromull bewährt.
Im Gegensatz dazu bezeichnet man Sandboden als leichten Boden. Er erwärmt sich schnell, besitzt eine geringe Wasserhaltekraft, ist gut durchlüftet und besitzt wenig Nährstoffe, da er leicht ausgespült werden kann. Für Kulturzwecke sind solche Böden durch Humuszugaben, Torf, Naturdünger, Kompost und ähnliche wasserhaltende Stoffe, wie z. B. Hygromull und Hygropor zu verbessern. Der Humusverbrauch ist im Sandboden wegen der guten Durchlüftung und raschen Erwärmbarkeit sehr groß.
Zu den besonders häufig vorkommenden Bodenarten gehört der sandige Lehm. Hier handelt es sich, ähnlich wie beim lehmigen Sand, um ein Bodengemisch aus Ton und Sand in verschiedenartigster Zusammensetzung. Meist sind es nährstoffhaltige, fruchtbare Böden, die sehr wasserhaltend sind und sich daher schwer erwärmen. Bei guter Pflege und Verbesserung mit Humus sind sie ideale Gartenböden. Stellen wir Kalkarmut fest, muß mit kohlensaurem Kalk nachgeholfen werden.
Lehmige Sandböden, die nur einen geringen Lehmanteil besitzen, können durch Humusgaben, Torf, Dung, Kompost und Hygromull – je nach ihrer Beschaffenheit – am schnellsten aufgebessert und in ihrer Bindigkeit gefördert werden.
Zu den guten Gartenböden rechnet man auch den Lößboden. Er besteht aus staubartigen Ton-, Sand- und Kalkteilchen und gehört zu den fruchtbarsten Bodenarten, die es auf der Erde gibt. Typische Verbreitungsgebiete sind im Rhein- und Donautal zu finden. Lößboden trocknet leicht aus. Es wird deshalb eine Anreicherung mit Torf, Hygromull oder Naturdünger empfohlen.
An vielen Stellen, besonders im norddeutschen Raum, findet man eine besondere Bodenart, den sogenannten Moorboden. Moorböden sind z. B. Böden auf Niederungsmooren. Sie können bei geeigneter Bearbeitung, d. h. guter Durchlüftung und Entwässerung, sehr ertragreich sein. Da sie vielfach mehr als 50% organische Substanz enthalten, sehen sie meist schwarz aus. Die Bodenverhältnisse kann man durch regelmäßige Kalkungen erheblich verbessern. Bei richtiger Bearbeitung eignen sie sich als gutes Gemüseland.
Daneben unterscheidet man einige wei-

tere Bodenarten, die jedoch nur eine relativ geringe Verbreitung finden. Hierzu gehört z.B. der Mergelboden, eine Bodenart, die je nach Sand- oder Tongehalt sehr unterschiedlich ausgebildet sein kann. Es handelt sich um Gemische von Sand bzw. Ton und organischem Kalk, die sich je nach ihrer Zusammensetzung für die Verwendung als Gartenboden eignen, wenn man sie entsprechend mit Bodenverbesserungsmitteln (Torf, Styromull u. a.) aufbereitet.

Kalkboden ist ebenfalls relativ selten. Er entstand durch Verwitterung von kalkhaltigem Gestein. Seine Humusschicht ist in den meisten Fällen nur sehr dünn und mit Kalksteinen oder Feuersteinen durchsetzt. Seine Wasserhaltekraft ist sehr gering.

Hier sind reichliche Gaben organischer Substanz erforderlich, um die Wasserhaltekraft des Bodens zu erhöhen und um die Wirkung des Kalkes zu mildern.

Allgemein kann man sagen, daß die meisten Gartenböden aus einer Mischung von Ton, Sand und Humus bestehen, und daß dunklere Böden die besseren sind, weil sie mehr organische Substanzen enthalten (Torfböden zum Beispiel haben eine schwarzbraune Farbe). Diese dunkleren Böden erwärmen sich auch in viel kürzerer Zeit, da sie die Sonnenstrahlen leichter aufnehmen.

Die Böden haben jedoch eine unterschiedliche Entstehungsgeschichte. Je nach der Zusammensetzung des Ausgangsmaterials wechselt auch der Anteil an anorganischen Substanzen, wie z.B. der Gehalt an Kalzium, Phosphor, Kalium, Magnesium, Natrium und Eisen.

Der Säuregehalt des Bodens

Die Bodensäure spielt für das gute Gedeihen der Pflanzen eine große Rolle. Der Säuregehalt des Bodens wird durch den sogenannten pH-Wert (Meßzahl für die Wasserstoffionen-Konzentration) gemessen. Böden, die einen pH-Wert unter 6 aufweisen, eignen sich nur für säureliebende Pflanzen, hierzu zählen z.B. die sogenannten Moorbeetpflanzen (Eriken, Azaleen, Rhododendren, Kalmien, Skimmien u.a.). Für die Pflanzenkultur im Garten ziehen wir einen pH-Wert von 6,5 vor. Hier liegt das Optimum für die meisten unserer Pflanzen. Böden, die einen höheren pH-Wert aufweisen, z.B. pH 7, bezeichnet man als neutral oder als alkalisch. Alkalische Böden mit einem pH-Wert, der größer ist als 8, sind für das Pflanzenwachstum weitgehend ungeeignet, da in ihnen die meisten Nährstoffe chemisch gebunden sind.

Es ist also nötig, zunächst einmal den Säuregrad des Bodens festzustellen, bevor man mit der Gartenarbeit beginnt. Saure Böden kann man mit Kalk neutralisieren. Alkalische Böden können durch Torf oder durch bestimmte Düngergaben (hier spielt z. B. das Ammoniumsulfat eine große Rolle) erheblich verbessert, d. h. für das Pflanzenwachstum günstiger gestaltet werden.

Mutterboden, oder wie es neuerdings genauer heißt: Oberboden, ist das Kostbarste, was wir im Garten besitzen. Der in unseren Breiten vorhandene Mutterboden brauchte Jahrtausende, um sich zu entwickeln. Daher ist es besonders beim

Neubau und der Neuanlage eines Gartens wichtig, den Boden vorher abzuschieben und auf Mieten so aufzusetzen, daß er später ohne Schaden wieder verwendet werden kann. 25–30 cm Mutterboden sind erforderlich, um ein gutes Wachstum im Garten zu gewährleisten. Wenn es erforderlich ist, für die Anlage eines Gartens Mutterboden zu kaufen, sollte man sich genau über seine Beschaffenheit informieren. Mutterboden soll frei sein von größeren Steinen, Krankheiten, Wurzelunkräutern und reichlich Humusbestandteile aufweisen. Zur Feststellung des Nährstoffgehaltes im Boden hat sich eine Bodenanalyse bewährt. Sie kann bei den am Ende des Buches angegebenen Instituten gegen ein geringes Entgelt durchgeführt werden.

Ohne Bodenpflege kein Erfolg

Gute Bodenpflege ist die halbe Ernte. Von der richtigen Bearbeitung des Bodens hängt es ab, ob sich unsere Pflanzen voll entwickeln können und ob sie uns gute Erträge liefern. Unter Bodenpflege verstehen wir

1. die Bodenbearbeitung
2. die Humuszufuhr und Düngung
3. das Wässern des Bodens.

Zu den wichtigsten Gartenarbeiten gehört das Graben. Zum Umgraben des Bodens verwendet man am besten in leichtem Boden einen guten Spaten, schwere Böden lassen sich dagegen besser mit einer Grabegabel bearbeiten. Man unterscheidet zwei Hauptgrabezeiten, nämlich den Herbst und das Frühjahr. Im Herbst wird der Garten nur grobschollig umgegraben, denn damit soll erreicht werden, daß die Winterfeuchte und der Frost tief in den Boden eindringen können. Auf diese Weise erhält der Boden eine nachhaltige Feuchtigkeit für die Frühjahrspflanzung und der Frost bewirkt besonders bei schweren Böden eine gute Bodenlockerung. Meist zerfallen die groben Schollen im Frühjahr von selbst. Der Boden erhält eine feinkrümelige Struktur und ermöglicht den Wurzeln unserer ausgesäten und gesetzten Pflanzen ein leichtes und gleichmäßiges Eindringen und dadurch eine gute Nahrungsaufnahme.

Beim Umgraben ist darauf zu achten, daß Wurzelunkräuter wie Quecken, Disteln, Giersch, Zaunwinden, Ampferarten und Brennesseln ausgelesen und vernichtet werden. Grundsätzlich sollte man beim Graben beachten, daß der Boden niemals so feucht ist, daß er noch an den Schuhen oder am Spaten kleben bleibt. Bei schweren Böden sticht man zweckmäßigerweise kleinere Schollen, damit die Arbeit nicht zu schwer wird.

Das Umgraben erfolgt einen Spatenstich tief. Nur bei besonders schweren Böden ist es unter Umständen ratsam, zwei Spatenstiche tief zu graben, um eine bessere Dränung des Bodens zu erreichen. Hierbei ist darauf zu achten, daß Ober- und Unterboden getrennt bleiben. Diese beiden Bodenschichten darf man nie miteinander vermischen. Es ist daher zweckmäßig, zunächst den Ober- oder Mutterboden abzuheben, den darunter liegenden Boden umzugraben und dann den Oberboden wieder aufzubringen.

Diese Art des Umgrabens bezeichnet man als Rigolen.
Im Frühjahr sollte man den Boden nur flach durcharbeiten. Hierzu kann man sich einer Grabegabel bedienen. Dieses praktische Gartengerät ist wie gesagt gut für schwere Böden geeignet. Mit seiner Hilfe zerkleinern wir die Oberfläche besonders dann, wenn der Boden im Winter stark verschlemmt worden ist. Die Grabegabel hat sich auch für stark verunkrautete Flächen gut bewährt. Quecke, Giersch und Ackerwinde und viele andere Wurzelunkräuter lassen sich mühelos mit ihrer Hilfe ausstechen, wogegen man diese Unkräuter beim Umgraben mit dem Spaten durch Teilung leicht vermehrt. Und hier noch ein Tip zum Graben: Es ist zweckmäßig, zunächst in der gesamten Breite des zu bearbeitenden Geländes die Erde einen Spatenstich auszuheben und nach hinten zu werfen. Dadurch entsteht eine durchgehende Grabefurche, die das Umgraben wesentlich erleichtert. Beim Umgraben ist darauf zu achten, daß die abgestochenen Schollen so umgedreht werden, daß die Erde umgekehrt, d.h. mit der Oberseite nach unten auf den gegenüberliegenden Furchenhang zu liegen kommt.
Beim Eingraben von Stalldünger oder Gründünger darf der Dünger niemals in den Furchen festgetreten werden, da er dann sehr ungleichmäßig verrottet.
Hacken und Harken:
Mit der Harke zieht man das gegrabene Land glatt. Wir erreichen durch das Harken eine feinkrümelige Struktur der Oberfläche, zerkleinern dadurch größere Erdbrocken und sorgen auf diese Weise dafür, daß der Boden nicht verkrustet, was sonst bei Trockenheit leicht geschehen kann. Einen ähnlichen Effekt erreichen wir durch das Hacken, das zum Lockern und Lüften des Bodens vorgenommen wird. Gleichzeitig vernichten wir aber auch mit dem Hacken das Unkraut. Beim Hacken ist darauf zu achten, daß nur die obere Bodenschicht gelockert wird. Hacken ist besonders nach dem Regen wichtig, denn durch diese Bearbeitung des Bodens werden die feinen im Boden vorhandenen Haarröhrchen, die sogenannten Kapillaren zerstört, so daß das Wasser nicht mehr an die Oberfläche zurückgelangen und dort verdunsten kann. Der feinkrümelige gehackte Boden bildet eine Isolierschicht und sorgt dafür, daß die Bodenfeuchte erhalten bleibt und den Pflanzen länger zugute kommt. Statt einer Bearbeitung mit einer Hacke kann man den Boden je nach Beschaffenheit unter Umständen besser mit einem Grubber, Krümmer, Lüfter oder Kultivator – das sind Bearbeitungsgeräte mit einem oder mehreren zum Teil verstellbaren Zinken – ebenfalls zweckmäßig bearbeiten bzw. zerkleinern.
Wenn die Kulturpflanzen den Boden stärker beschatten, ist die Gefahr des Austrocknens nicht mehr gegeben und wir können das Hacken einstellen. Auch die Unkräuter können gegen die dann stärker wachsenden Kulturpflanzen nicht mehr ankommen.
Zur Unkrautbekämpfung empfiehlt sich dann das Ausreißen oder Jäten des Unkrautes.

Natürliche oder künstliche Pflanzenernährung

Kompost ist das Gartengold

Unter Kompost verstehen wir nicht nur einen Dünger schlechthin, sondern ein ausgezeichnetes Bodenverbesserungsmittel. Kompost besteht aus organischen Stoffen, die durch einen Verrottungsprozeß zerfallen und damit für die Aufnahme durch Pflanzen wieder verfügbar gemacht werden. Der Abbau der organischen Stoffe erfolgt durch Bakterien. Sie brauchen zu ihrem Leben Sauerstoff, Feuchtigkeit und Wärme. Unter Luftabschluß kann es jedoch zu Fäulnisprozessen kommen, d. h. luftfeindliche Anaerobe, die ihren Sauerstoffbedarf aus den Sauerstoffverbindungen der organischen Masse beziehen, bauen die Stoffe in der Form ab, daß viele wertvolle Verbindungen wie z. B. der Stickstoff zu Gasen umgeformt werden und verlorengehen. Viele Stoffe versauern oder werden sogar zu pflanzenschädlichen Verbindungen umgebaut. Es ist daher besonders wichtig, daß bei der Kompostierung stets für eine ausreichende Sauerstoffzufuhr gesorgt wird. Das erreicht man durch wiederholtes Umsetzen der Komposthaufen, damit immer wieder alle Teile des Haufens mit atmosphärischer Luft in Verbindung kommen.

Zum Kompostieren eignen sich nahezu alle gesunden pflanzlichen Abfallstoffe, Unkrautpflanzen, Gras, Laub, Gemüseabfälle, Schnittgut von Hecken und Obstgehölzen, dickere Stengel von Pflanzen (bis Daumenstärke), oberirdische Teile von Stauden und selbst Papier, das in Wasser eingeweicht wurde sowie jede Art von tierischen Abfallstoffen. Wurzelkranke Pflanzen, Wurzelstrünke, Glas, Steine und andere, dem Boden unzuträgliche Stoffe, gehören natürlich nicht auf den Komposthaufen. Auch Sägespäne, Hobelspäne und Nadeln von Koniferen sollten nur in geringer Menge dem Komposthaufen zugefügt werden. Ein Kompost-

Bereits bei der Anpflanzung von Stauden müssen wir an die spätere Pflege denken. Die Pflanzen sollen in ausgewachsenem Zustande so dicht stehen, daß sie einander berühren. So unterdrücken sie das Aufkommen von Unkräutern und ersparen auf diese Weise mühsames und vor allem zeitraubendes Jäten.

haufen darf niemals mit einer Müllabladestelle verwechselt werden.

Durch öfteres Umsetzen im Laufe der Vegetationsperiode wird der Zersetzungsvorgang im Komposthaufen beschleunigt. Bei dieser Arbeit wird dem Kompost reichlich Kalk zugesetzt. Man rechnet etwa 1 kg kohlensauren Kalk/m^3 Kompostmasse. Der Kalk sollte aber möglichst erst beim zweiten Umsetzen dem Komposthaufen zugesetzt werden. Auf diese Weise entstehen feste Humusverbindungen, die einem evtl. Auswaschen großen Widerstand entgegensetzen und so zur dauerhaften Verbesserung des Bodens beitragen.

In früheren Zeiten war es üblich, den Kompost in größeren Komposthaufen zuzubereiten. Heute bedient man sich besonders in kleineren Gärten aus Platzmangel der praktischen Kompostsilos, die es in verschiedenartiger Form im Handel zu kaufen gibt oder die man sich leicht selbst mit einigem Geschick herstellen kann.

Für den Standort des Komposthaufens im Garten wählen wir möglichst einen schattigen Platz, am besten unter einem Baum oder in Anlehnung an eine höhere Pflanzung oder Hecke. Hier bleibt die zur Verrottung erforderliche gleichmäßige Feuchtigkeit erhalten. Sind solche Stellen im Garten nicht vorhanden, so kann man durch Bepflanzen des Kompostlagers mit Kürbissen, Zierkürbissen oder durch eine Berankung mit Stangenbohnen einen entsprechenden Schutz künstlich schaffen. Kleinere Kompostbehälter, die mit zahlreichen seitlichen Löchern und Lüftungsschlitzen versehen sind, können auch, da sie weitgehend geschlossen und mit einem Deckel versehen sind, in voller Sonne aufgestellt werden. Hierdurch kann die Sonnenwärme zusätzlich für den Verrottungsvorgang genutzt werden, ohne daß die Gefahr des Austrocknens besteht. Komposthaufen sollen so angelegt werden, daß von ihnen aus jeder Teil des Gartens bequem erreicht werden kann.

Frei aufgesetzte Komposthaufen sollen nicht breiter als 2,50 m und nicht höher als 1–1,20 m angelegt werden. Bei der Anlage ist zu beachten, daß man zunächst eine Schutzschicht aus 5–10 cm Torfmull ausbreitet, um die Sickerwässer des Komposthaufens aufzufangen. Darüber breitet man etwa 5 cm gute Gartenerde aus. Nun wird in Schichtlagen von etwa 30 cm Dicke das anfallende und zum Kompostieren bestimmte Material aufgebracht, und jeweils mit einer etwa 5–10 cm dicken Erdschicht abgedeckt. In dieser Form wird Schicht auf Schicht aufgesetzt. Ist die Endhöhe von etwa 1,20 m erreicht, wird der Haufen abgeschlossen und mit einem Deckmantel aus Gartenerde oder einer Packung aus Rasenmähgut versehen, die wir mit einer

Rasen, Stauden und Gehölze sollen im Garten eine Einheit bilden. Der grüne Lebensraum am Hause ist für die Entspannung des Menschen wichtig (oben).

Azaleen und andere lichte Gehölze können durch bodendeckende Unterpflanzung (im Bild Schattensteinbrech – Saxifraga umbrosa) wirksam gegen das Aufkommen von Unkräutern geschützt werden (unten).

Die Formen der Kompostierung von Gartenabfällen sind sehr verschieden. Wenn der Platz nicht für die Anlage großer, aufgesetzter Haufen reicht, so bieten sich hier die unterschiedlichsten Modelle zur Kompostierung an, wie z. B. der Steckkasten, der mit zunehmender Menge aufgestockt werden kann oder die Komposttonne, in der sich die Pflanzenteile besonders schnell zu Humus umsetzen, da die sich entwickelnde Wärme das Reifen des Kompostes besonders beschleunigt.

Schaufel oder einem Spaten anklopfen. Für Gießwasser zieht man in Längsrichtung über den gesamten Komposthaufen eine Gießrinne. Das Anfeuchten des Komposts ist insofern wichtig, weil hierdurch das Umsetzen der Masse beschleunigt wird. Nach etwa drei bis vier Monaten kann der Kompost umgesetzt werden. Nach Verlauf von acht bis neun Monaten ist er fertig zum Verbrauch.

Je stärker die Mischung des Abfalls ist, der aufgesetzt wird, um so besser wird der Kompost, der daraus entsteht. Es kann alles, was anfällt und nicht länger als ca. 20 cm ist, verwendet werden. Sperrige Teile werden mit der Gartenschere handlich zerkleinert, das gilt besonders für kleinere Zweige von Bäumen und Sträuchern. Was die Schere nicht schafft, gehört auf den Brandhaufen.

Da die verschiedenartigen Umsetzungen der Stoffe innerhalb eines Komposthaufens nur bei Feuchtigkeit vonstatten gehen, muß der Komposthaufen von Zeit zu Zeit angefeuchtet werden. Ist der Haufen zu trocken, so kann es zu Schimmelbildungen kommen, ist er zu naß, tritt Fäulnis ein, d. h. der Kompost fängt an zu stinken. Hierbei ist man also ein wenig auf Fingerspitzengefühl angewiesen, um stets das richtige Gleichmaß an Feuchtigkeit im Komposthaufen zu halten. Liegen die mittleren Jahresniederschläge höher als 600–700 mm, sollte der Komposthaufen mit einer Folie abgedeckt werden, um überschüssige Wassermengen fernzuhalten.

Kompost darf nur im reifen Zustand im Garten verwendet werden. Bringt man unreifen Kompost in den Boden, so erhält man statt Nitrat Ammoniak, statt Sulfat Sulfid, also Gifte, die dem Pflanzenwachstum nicht zuträglich sind. Es ist deshalb erforderlich, so lange zu warten, bis der Kompost voll ausgereift ist, ehe man ihn im Garten verwendet.

Torf verbessert, Torfkompost ernährt

Bei vielen Gartenbesitzern herrscht die irrige Ansicht vor, daß Torf, der oftmals unter der Bezeichnung »Düngetorf« gehandelt wird, gleichzeitig Gartendünger sei. Torfmull ist eigentlich ohne Nährwert. Sein großer Bestandteil an organischer Masse (75%) und seine große wasserhaltende Kraft (das Fünf- bis Neunfache seines Volumens) sowie sein Gehalt an Humussäure und seine guten bodenverbessernden Eigenschaften machen ihn zu einem gern angewendeten Hilfsmittel bei der Bodenbearbeitung. Bei der Verwendung von Torf ist immer darauf zu achten, daß Torf nur in feuchtem Zustand in den Boden eingebracht wird.

Torf ist also kein Dünger. Wer jedoch schnell ein Düngemittel organischer Prägung zur Hand haben möchte, sollte sich der Herstellung von Torfschnellkompost bedienen. Diese Art Kompost ist nach dem unten angegebenen Rezept leicht herzustellen und in kurzer Zeit (etwa innerhalb von acht Wochen) gebrauchsfertig. Man verwendet zur Gewinnung von Torfschnellkompost etwa vier Sack Torfmull (180 l/Sack), in den man 5 kg Kalkstickstoff, 7 kg Thomasmehl, 5 kg Rhenaniaphosphat und 4 kg Kalimagnesia einbringt. (Beim Ausbringen des Kalkstickstoffes ist Atemschutz und Kleiderschonung angebracht.) Es können statt dessen auch 5 kg Kalkstickstoff, 7 kg Thomasmehl und 7 kg Patentkali verwendet werden. Diese Mischung wird unter ständigem Umschaufeln etwa mit 300 l Wasser überbraust, bis das Ganze gut durchtränkt ist. Es darf auf keinen Fall mehr Wasser gegeben werden, als die Torfmasse aufnehmen kann. Anschließend setzt man das so gewonnene Substrat zu einem 60 cm hohen Haufen auf, den man von außen mit einer 10 cm dicken Erdschicht ummantelt. Nach Verlauf von etwa vier Wochen wird die Miete umgesetzt und mit der Deckerde gut vermischt. Dann deckt man sie mit einem Erdmantel von 5 cm Stärke wieder locker zu. Nach etwa drei bis vier Wochen ist die

Masse gebrauchsfertig. Auf diese Weise läßt sich etwa eine Volldüngung für ca. 100 qm Gartenland gewinnen.
Eine brauchbare Alternative zu den angegebenen Rezepten ist in dringenden Fällen eine Mischung aus Torf und Volldünger. Hierzu vermischt man etwa vier Sack Torfmull mit 10 bis 12 kg Volldünger (Nitrophoska o. ä.) und durchfeuchtet ihn nach und nach gründlich. Dieses Substrat kann sofort verwendet werden.
Daneben gibt es zahlreiche industrielle Torf- und Fertigpräparate wie Combihum, Huminal, Bihumin, u. a., die wir dem Garten als fertige Humusstoffe zuführen können.

Gründüngung. Die billige Art, Humus zu gewinnen

Eine andere Form der Humusgewinnung für den Garten, die leider viel zu wenig angewendet wird, ist die Gründüngung. Gründüngung sollte vorzugsweise auf neuem Gartenland angewendet werden, um den rohen Boden möglichst rasch zu beleben und den natürlichen Stickstoffgehalt zu erhöhen. Unter Gründüngung versteht man den Anbau von Pflanzenarten, die nicht geerntet werden, sondern bereits vor der Reife untergegraben werden.
Hierzu eignen sich neben einigen Kohlgewächsen wie Raps und Hederich besonders gut die Schmetterlingsblütler: Lupinen, Erbsen, Bohnen, Wicken u. ä. Wir bezeichnen letztere als Leguminosen. Sie haben die Fähigkeit, mit stickstofferzeugenden Bakterien eine Lebensgemeinschaft einzugehen. Diese Bakterien sind in der Lage, den Stickstoff aus der Luft aufzunehmen, zu Pflanzennährstoff zu verarbeiten und in Knöllchen zu speichern. Beim Umgraben bringen wir aber nicht nur den Stickstoff der Knöllchen zur Wirkung, sondern durch den Rotteprozeß der oberirdischen Pflanzenteile wird dem Boden auch Humus zugefügt. Auf diese Weise erzielen wir einen doppelten Effekt. Eine der am meisten für die Gründüngung verwendeten Pflanzenarten ist die Lupine. Man benötigt etwa 20 g Saatgut für einen Quadratmeter. Bevor die Pflanzen zu blühen beginnen, werden sie abgemäht und untergegraben. Damit wird auch der Stickstoff in den Knöllchen wieder für andere Pflanzen verfügbar. Gründüngung ist aber auch für ältere Gärten gut geeignet, um müde gewordene Böden zu beleben und um ausgehagerte Böden, vor allem unter älteren Obstbäumen, wieder zu regenerieren. Die Stickstoffmenge aus einer Leguminosen-Gründüngung beträgt etwa 1 kg reinen Stickstoff auf 100 qm, das entspricht einer Menge von ca. 8 kg Salpeterdünger. Bei der Lupine wird sogar die doppelte Menge an Stickstoff produziert. Den geringen Kosten, die mit einer solchen doppelten Düngung (Humus und Stickstoff) verbunden sind, steht eine längere Wartezeit gegenüber, die man in Kauf nehmen muß, da die Entwicklung der Pflanzen eine längere Zeit in Anspruch nimmt.
Die Aussaat von Pflanzen für die Gründüngung erfolgt zweckmäßigerweise erst dann, wenn bereits eine Ernte einge-

bracht worden ist, also etwa Ende Juli. So kann man die Pflanzen vor Frostbeginn im Herbst mähen oder walzen und dann untergraben.
Leguminosenabfälle lassen sich aber auch sehr gut bei der Kompostbereitung verwenden.

Andere organische Dünger

Unter den vielen anderen organischen Düngemitteln ist besonders der Stallmist zu erwähnen. Es ist zwar heute schwierig geworden, Stallmist in ausreichender Menge zu beschaffen, da landwirtschaftliche Betriebe mit Viehhaltung in Stadtnähe mehr und mehr zurückgehen. Vielfach ergibt sich jedoch die Möglichkeit, über einen der vielen neu errichteten Reitställe Pferdemist zu beziehen. Durch Stalldung führt man dem Boden Humus und wertvolle Nährstoffe zu. Vor allem der Stickstoff kann von den Pflanzen in der vorliegenden Form voll aufgenommen werden. Stalldüngungen sind jedoch relativ einseitige Düngungen und müssen durch entsprechende Handelsdünger mit Phosphorsäure und Kali ergänzt werden.
Man unterscheidet bei den Stalldüngern kalte und warme Dünger. Zu den kalten gehören der Rinder-, Schweine- und Gänsemist. Solche Arten sind besonders für leichte, sandige Böden geeignet. Warme Dünger, wie z.B. der Pferde-, Ziegen-, Schaf-, Hühner- und Taubenmist, sind für kalte Böden besser geeignet. Bei allen Mistarten ist zu beachten, daß sie niemals in frischem Zustand, sondern stets in gut abgelagertem Zustand verwendet werden.
Menschliche Dungstoffe und Jauche werden heute kaum noch im Gartenbau verwendet. Wenn überhaupt, so sollte sich diese Art der Düngung schon wegen der Übertragungsgefahr von Wurmeiern auf solche Kulturen beschränken, die nicht roh (z.B. Salat) genossen werden. Fäkalien dieser Art werden am besten über den Komposthaufen dem Garten zugeführt. Bewährt haben sich auch Dünger aus pflanzlichen oder tierischen Abfällen wie Rizinusschrot, Blutmehl, Hornspäne u..v.a. Sie besitzen meist einen hohen Stickstoffanteil und wirken als Langzeitdünger, da ihre Nährstoffe nur langsam von den Pflanzen abgebaut werden können.

Der Umgang mit Kunstdüngern will gelernt sein

Als Kunstdünger bezeichnet man anorganische oder mineralische Dünger, synthetisch hergestellte Salze, oder Salze, die aus natürlichen Lagerstätten stammen. Ihre Anwendung im Garten erfordert eine Reihe von Vorkenntnissen, da unsachgemäßes Ausbringen künstlicher Dünger zu nachhaltigen Schäden des Bodens, des Grundwassers und nicht zuletzt sogar der menschlichen Gesundheit führen kann. Aus diesem Grund soll hier näher auf die Wirkungsweise der einzelnen Dünger und auf ihre spezifischen Eigenschaften eingegangen werden. Grundsätzlich kann man sagen, daß es drei Hauptdüngerarten im Handel gibt: stickstoffhaltige, phosphorhaltige und kalihaltige Dünger. Die chemischen Bezeichnungen dafür sind N für Stickstoff (Nitrogenium), P für Phosphorsäure und K für Kali. Sie sind als schnell wirkende und als langsam wirkende (Langzeitdünger) erhältlich. Dazu kommt als halborganischer Außenseiter der Kalk (Ca). Neben den Hauptdüngerarten gibt es noch Mischdünger, die zwei oder drei der genannten Nährstoffe enthalten, oder die sogenannten Volldünger, die Stickstoff, Phosphorsäure und Kali in unterschiedlicher Zusammensetzung enthalten.

Pflanzenfutter – Hauptnährstoffe

Die Hauptnährstoffe sind für das Pflanzenwachstum unbedingt erforderlich. Sie werden daher in großem Maße im Boden aufgenommen und verbraucht. Dazu kommt ein hoher Verlust durch Auswaschungen, die um so größer sind, je geringer die Humussubstanz im Boden ist. Es ist also erforderlich, ständig für ausreichenden Nachschub zu sorgen. Fehlt einer der Hauptnährstoffe, so ist das Pflanzenleben unmöglich geworden. Ist er nur in geringer Menge vorhanden, so können sich die anderen Nährstoffe auch nur in der gleichen verminderten Menge auswirken. Das Pflanzenwachstum richtet sich also immer nach dem Hauptnährstoff, der in der geringsten Menge vorhanden ist. Es ist daher erforderlich, den Bedarf der einzelnen Kulturpflanzen an Hauptnährstoffen zu kennen, um bei der Düngung keine Fehler zu machen. Aus diesem Grund sollte vor einer künstlichen Düngung zunächst eine Bodenanalyse gemacht werden, die uns genauere Auskunft über die Zusammensetzung der Hauptnährstoffe in unserem Garten gibt. Wenn auch die Mineraldünger das Pflanzenwachstum sehr positiv beeinflussen können, so bewirken sie doch kaum eine Verbesserung des Bodenzustandes. Überdüngungen können sogar Bodenverschlechterungen bewirken, weil hierdurch die Lebensbedingungen mancher Bodenbakterienarten zerstört werden. Mineralische und organische Bestandteile müssen im Boden ein gewisses Gleichgewicht bilden, um eine größtmögliche Fruchtbarkeit zu bewirken. Die Wirkungsweise der einzelnen Hauptnährstoffe ist sehr unterschiedlich. Stickstoff z. B. ist wichtig zur Erzeugung von Eiweißstoffen in der Pflanze. Eiweiß besteht aus Aminosäuren, die in allen grünen Teilen, vornehmlich in den Blättern, erzeugt werden. Stickstoffdüngung regt daher das Blattwachstum der Pflanzen an. Blattgemüse wie z. B. unsere Kohlarten, Spinat, aber auch Rhabarber und Gurken, sind typische Stickstoffverbraucher. Stickstoffmangel bewirkt schwächeres Wachstum, Stickstoffüberschuß starkes Wachstum und dunkelgrünes Aussehen, bei Gehölzen kräftige, mastige Triebe und späten Abschluß des Wachstums, so daß solche unreife Triebe im Winter leicht erfrieren können. Mit Stickstoff überdüngte Pflanzen neigen leichter zu Krankheitsbefall und blühen wenig. Überschuß und Mangel von Stickstoff können also Ertragsminderungen hervorrufen. Die Stickstoffversorgung hat auch einen hohen Einfluß auf die Haltbarkeit von Obst und Gemüse. Ein Zuviel des Guten kann also genau so schädlich sein wie ein Mangel.

Die Phosphorsäure ist maßgeblich an der Bildung der Zellkerne und an der Entwicklung der Samen und Früchte beteiligt. Außerdem fördert sie die Holzreife. Phosphormangel führt zu einer violetten bis rotbraunen Verfärbung der Blätter, kann das Platzen von Früchten bewirken, hemmt die Wurzelentwicklung, wodurch es wiederum unter Umständen zu starken Ertragsverlusten kommen kann. Andererseits bewirkt wiederum eine Phosphorüberdüngung, daß die Aufnahme von Metallen, wie Eisen, Kupfer und Zink gehemmt wird. Das macht sich durch Vergilben der Blätter (Chlorosen) und auch durch starke Wachstumsstörungen bemerkbar.

Jungpflanzen und junge Saaten benötigen sehr viel Phosphor, vor allem im Frühjahr beim Austreiben, wenn die Erzeugung von Phosphorsäuren durch Mikroorganismen noch sehr gering ist. Im Sommer und Spätherbst ist eine Phosphordüngung im allgemeinen nicht mehr erforderlich.

Dem Kali verdanken wir die Festigung des Pflanzengewebes. Kali ist daneben auch an der Stärke- und Zuckerbildung stark beteiligt. Daraus erklärt sich z. B. ein großer Kalibedarf bei den Hackfrüchten wie Zuckerrüben, Kartoffeln und Runkeln. Bei Kalimangel gedeihen die Pflanzen schlecht. Die Blattränder werden allmählich braun und sterben ab. Kaliüberdüngung beeinträchtigt dagegen wiederum den Wuchs und den Ertrag, so daß auch hier bei der Düngung mit größter Vorsicht vorzugehen ist.

Kalk ist für den Boden besonders wichtig. Er wirkt sich auf das Bodenleben, die Humusbildung und Säurebindung aus. Die meisten Düngemittel enthalten bereits Kalk. Trotzdem ist es angebracht, bei sauren Böden zusätzlich Kalkdünger zu streuen. Auf leichten Böden verwendet man den kohlensauren Kalk, auf schweren sauren Böden den rasch und kräftig wirkenden Brand- oder Ätzkalk. (Vorsicht beim Ausbringen!) Auch auf das Pflanzenwachstum hat Kalk bestimmte Auswirkungen. Hier dient er vor allem, ähnlich wie Kali, der Festigung des Gewebes. Darüber hinaus ist er aber auch an der Bildung von Stärke und Zucker beteiligt und übt verschiedene Funktionen bei dem Transport der Nährstoffe innerhalb der Pflanze aus.

Das Magnesium gehört zwar nicht zu den Hauptnährstoffen, es spielt aber doch auch eine bedeutsame Rolle bei der richtigen Ernährung der Pflanzen. Magnesiummangel erkennt man an einem Vergilben der Blätter, das zwischen den Blattnerven beginnt. Magnesiummangel herrscht vornehmlich auf Geestböden. Oftmals genügt schon eine Düngung mit Patentkali oder Stickstoffmagnesium (beide Dünger enthalten Magnesium in hinreichender Menge) oder man hilft sich mit einer 2%igen Magnesiumsulfatlösung (Bittersalz), um diesem Mangel abzuhelfen.

Neben diesen Düngern sind noch die Spurenelemente zu erwähnen, Elemente, bei denen bereits kleinste Mengen genügen, um Pflanzen zu gesünderem

Wachstum und zu höheren Erträgen zu bringen. Bei der Anwendung von solchen Spurenelementen ist größte Vorsicht geboten, denn die Spanne zwischen Mangel und Überschuß ist sehr klein. Oftmals genügt es, den Boden regelmäßig mit Kompost zu versorgen, um die nötigen Spurenelemente in ausreichender Menge dem Boden zuzuführen. Außerdem gibt es bestimmte Volldünger (z. B. Blaukornvolldünger), die mit Spurenelementen hinreichend angereichert sind.

Düngerarten

Die Stickstoffdünger. Stickstoff steht uns in den Stickstoffdüngern in mehreren Verbindungen zur Verfügung. Es handelt sich dabei um Ammoniak, Cyanamid, Salpeter und Amid. Im allgemeinen können Pflanzen nur den Salpeterstickstoff aufnehmen. Alle anderen Arten müssen erst durch die Tätigkeit der Bodenbakterien in eine aufnehmbare Salpeterform umgewandelt werden. Da dieses eine gewisse Zeit erfordert, muß man Düngemittel, die nicht in Salpeterform vorliegen, so rechtzeitig in den Boden geben, daß sie bei Bedarf den Pflanzen zur Verfügung stehen. Darum verabreicht man Ammoniakdünger mindestens zwei bis drei Wochen vor der Aussaat. Stickstoff in Form von Cyanamiden, wie z. B. den Kalkstickstoff, muß man noch früher ausbringen, da seine Umwandlung noch länger dauert. Diese Stickstoffart wirkt am langsamsten. Für den Garten wird Kalkstickstoff als Spezialkalkstickstoff mit 20% Reinstickstoff und 50% wirksamen Kalk empfohlen. Diese Stickstoffart ist feingeperlt und daher besonders gut streufähig. Bevor er sich unter dem Einfluß von Feuchtigkeit und Wärme in Pflanzennahrung umsetzt, bekämpft Spezialkalkstickstoff keimendes und auslaufendes Unkraut. Zugleich werden Erreger zahlreicher pilzlicher und bakterieller Pflanzenkrankheiten stark gehemmt sowie tierische Schädlinge bekämpft. Aber nicht nur die Schädlinge, sondern auch manche nützliche Art wird hierbei unterdrückt. Kalkstickstoff ist daher besonders vorsichtig auszubringen.

Wie eingangs erwähnt, wirkt Salpeter besonders rasch, da er direkt pflanzenverfügbar ist. Man bringt daher z. B. Kalksalpeter am besten als Kopfdünger auf. Schwefelsaures Ammoniak ist besonders für alkalische und neutrale Böden geeignet, weil es physiologisch sauer reagiert. Auch für die Düngung des Rasens ist schwefelsaures Ammoniak unbedingt zu empfehlen. Es ist allerdings zu beachten, daß nach dem Aufbringen von schwefelsaurem Ammoniak wegen der Verbrennungsgefahr gut gewässert wird. Ein relativ rasch und lange wirkender Stickstoffdünger ist der Kalkammonsalpeter. In diesem Dünger setzt sich der Stickstoff zu gleichen Teilen aus Salpeter und Ammoniak zusammen. Hier reicht eine einmalige Düngung für die Dauer einer Vegetationsperiode. Im Ammonsulfatsalpeter sind 26% Stickstoff enthalten, davon etwa 25% Salpeter und 75% Ammoniak. Der Harnstoff ist mit 46% Stickstoff der stickstoffreichste Dünger. Er muß sehr vorsichtig angewendet werden, da es sonst leicht zu Verbrennungsschäden kommen kann. Harnstoff kann auch unmittelbar über die Blätter von den Pflanzen aufgenommen werden. Harnstoff und Kalkstickstoff gehören zu den gebräuchlichsten Amiddüngern.

Die Phosphorsäuredünger. Bei den Phosphorsäuredüngemitteln unterscheidet man wasserlösliche und zitratlösliche Phosphorsäuredünger, die früher einzeln eingekauft und mit Stickstoff und Kalidüngern gemischt und dann gemeinsam aufgebracht wurden. Die heutigen Volldünger, die diese Nährstoffe in abgewogener Form enthalten, machen die Düngungen heute wesentlich einfacher. Trotzdem sei auf die bekanntesten Phosphordünger hier verwiesen. Es sind dies:

1. Rhenaniaphosphat mit 25% Phosphorgehalt und 40% Kalziumgehalt,
2. das Thomasphosphat aus feingemahlener Industrieschlacke mit 16% Phosphorgehalt und 50% Kalziumanteil. Es ist einer der wirksamsten Vorratsdünger, der bereits im Winter ausgebracht werden kann sowie
3. das wasserlösliche Superphosphat mit 18% Phosphorgehalt, das wegen seiner schnellen Wirkung als Kopfdünger für fruchtende Pflanzen geeignet ist.

Die Kalidünger. Kalidünger sind leicht löslich und von dauerhafter Wirkung. Man bringt sie am besten 14 Tage vor der Aussaat in den Boden. Besonders erwähnenswert sind hier das Kainit, das mit etwa 12–15% K-Gehalt häufig im Obstbau angewendet wird. Für Blattgemüse und Kartoffeln ist es aber wegen seines hohen Chlorgehaltes weniger geeignet, bei Kartoffeln verringert es den Stärkegehalt. Wegen seiner bindenden Wirkung wird es auf sandigen Böden gern angewendet, um die wasserhaltende Kraft zu verbessern. Vierziger und fünfziger Kalidüngesalze sind chlorärmer und ersetzen heute das Kainit im Garten. Patentkali ist dagegen chlorfrei. Es enthält 26% Kali und 24% schwefelsaure Magnesia. Da es chlorempfindliche Pflanzen nicht schädigt, ist es für jeden Boden geeignet.

Die Kalkdünger. Kalkdünger sind eigentlich keine direkten Düngemittel, ihre Wirkung beruht im wesentlichen auf der Bodenverbesserung. Kalk schließt den Boden auf, sagt man, indem durch Bildung einer besseren Krümelstruktur auch eine bessere Durchlüftung des Bodens und die damit verbundenen höheren Umsätze der Stoffe möglich werden. Durch Bindung der Säure kann der pH-Wert des Bodens, die Bodenreaktion, stark verändert werden. Genügt dieser pH-Wert den Ansprüchen der Pflanzen, darf nicht gekalkt werden. Bei bestimmten Immergrünen und Moorbeetpflanzen, wie Rhododendren, Azaleen, aber auch bei Nachtschattengewächsen wie Kartoffeln und Tomaten können Kalkgaben zu Schädigungen führen. Bei Überdüngung und besonders bei Überdüngung mit Ätzkalk beschleunigt Kalk den Humusabbau. Darüber hinaus macht er große Mineralmengen wasserlöslich, die durch den verringerten Humusgehalt nicht mehr gebunden, im Untergrund versickern können.

Für eine Gesundungskalkung bei stark versauerten Böden werden je nach Bodenart (leichter bis schwerer Boden) 15–40 g je Quadratmeter empfohlen. Bei schwerem Boden kann Ätzkalk verwendet werden. Kalkdüngemittel sind: Gebrannter Kalk (Branntkalk, Ätzkalk), der gemahlen als feines Pulver oder als Stückkalk erhältlich ist. Kohlensaurer Kalk, gemahlener Kalkstein aus Kalksteinbrüchen und Kalkmergel, eine milde, bekömmliche Kalkart, die aus verschiedenen Bestandteilen von Kalk, Sand, Lehm, Ton und Kali bestehen kann.

Mischdünger und Volldünger. Nicht alle anorganischen Düngearten können miteinander gemischt werden, ohne daß sie sich chemisch verändern oder miteinander reagieren. Um dem Nichtfachmann dieses Problem zu ersparen, und um die unbequeme Arbeit des Mischens zu vermeiden, werden fertige Mischdünger hergestellt. Sie enthalten zwei oder mehrere Hauptnährstoffe in miteinander verträglicher Form und sind zum Teil darüber hinaus mit Spurenelementen angereichert. Unter diesen Mischdüngern spielen die Volldünger eine besondere Rolle, denn hier sind die reinen Nährstoffe, Stickstoff, Phosphorsäure, Kali in ausgewogenem Verhältnis aufeinander abgestimmt, so daß Düngefehler nicht leicht möglich sind. Sie können direkt vor der Aussaat und während des Wachstums (z. B. als Kopfdüngung) gegeben werden. Von besonderer Bedeutung sind dabei die chloridfreien Blauvolldünger (z. B. Nitrophoska blau, Rustika spezial, Am-Sup-Ka blau u. a.), die alle wichtigen Hauptnährstoffe und Spurenelemente enthalten.

Ohne Wasser geht es nicht

Regen und Grundwasser reichen leider nicht für den Verbrauch von Baum und Strauch aus, und so ist es wichtig, daß man bei der Anlage eines Gartens an geeigneten Stellen die entsprechenden Zapfvorrichtungen vorsieht. Sie sollten in jedem Falle so gelegen sein, daß von hier aus sämtliche Teile des Gartens bequem und möglichst auf kurzen Wegen zu erreichen sind. Gleichzeitig muß man bedenken, daß an solchen Stellen in den meisten Fällen ein Gartenschlauch angeschlossen wird. Es empfiehlt sich also, die Umgebung der Zapfstelle so einzurichten, daß durch das Hin- und Herziehen des Gartenschlauches keine Beschädigungen an benachbarten Pflanzen erfolgen können.

Regnersysteme ohne Probleme

Für den Hausgarten kennen wir eine Reihe von Bewässerungssystemen, die uns die Berieselung der Pflanzen mit dem lebensspendenden Naß wesentlich erleichtern. Da gibt es zunächst die Unterflurhydranten, sie werden fest installiert und schließen mit den Deckeln der Spritzköpfe bündig mit dem angrenzenden Erdreich oder Rasen ab. Betätigt man den Wasserhahn, so steigen die Sprengköpfe aus dem Boden heraus und die Berieselung kann beginnen. Diese an und für sich sehr einfache und mühelose Form der Bewässerung ist in der Anschaffung relativ teuer. Das Verlegen der Wasserrohre (Kunststoffrohre) kann man aber bei einigem Geschick selbst bewerkstelligen. Die Sprengköpfe werden mit Klemmdichtungen angeschlossen. Wichtig ist, daß bei solchen Anlagen ein ausreichender Wasserdruck vorhanden ist. Reicht der Druck nicht aus, so müssen Zwischenaggregate eingeschaltet werden.

Besonders bewährt haben sich die verschiedenen Formen der Regner. Es gibt Kreis- und Viereckregner in unterschiedlicher Ausführung und mit unterschiedlichen Wurfweiten. Hier kann man sich individuell für den jeweiligen Garten das Passende heraussuchen. Viereckregner haben den Vorteil, daß man exakt rechtwinkelige Flächen beregnen kann. Bei Kreisregnern kommt es häufig zu Überschneidungen. Verschiedene Firmen bieten heute Stecksysteme an, die an die Hauswasserversorgung oder an eine Brunnenversorgung angeschlossen wer-

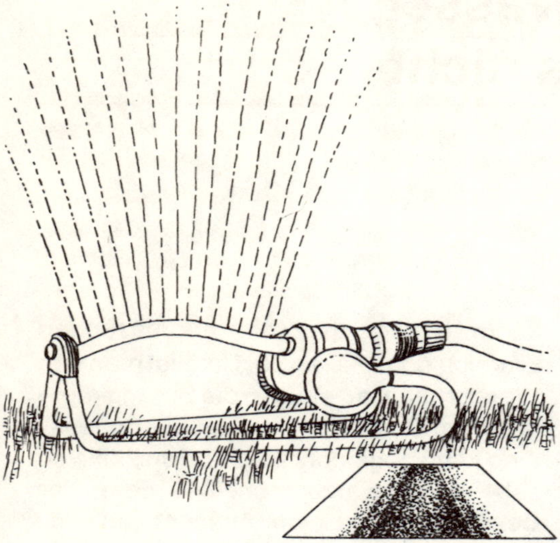

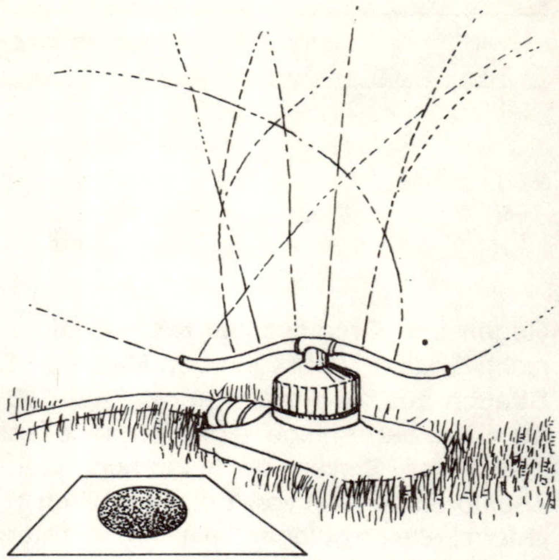

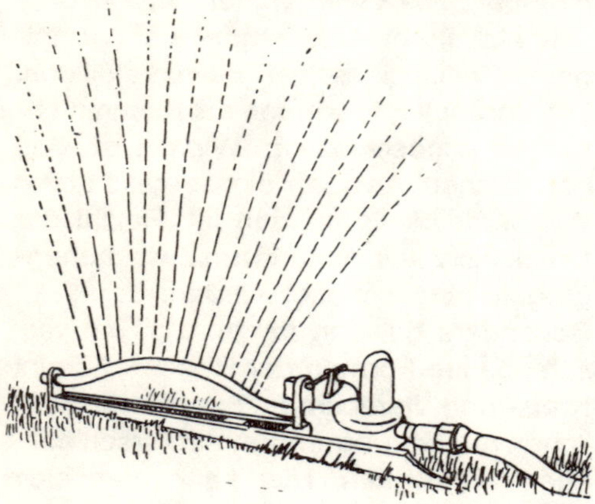

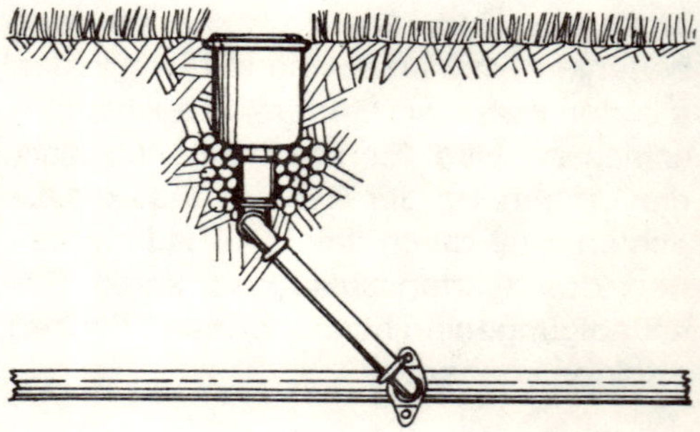

Viele Bewässerungssysteme werden heute im Handel angeboten. Sie reichen vom Kreisregner mit Steckanschluß (oben rechts) zu mobilen Viereckregnern (links oben und Mitte) und ortsfest montierbaren Unterflurberegnern (rechts Mitte und unten), die beim Öffnen des Ventils aus dem Boden aufsteigen, das Wasser versprühen und nach dem schließen des Ventils wieder im Boden versinken. Dieses System ist besonders bei größeren Rasenflächen zu empfehlen, die öfter gewässert werden müssen.

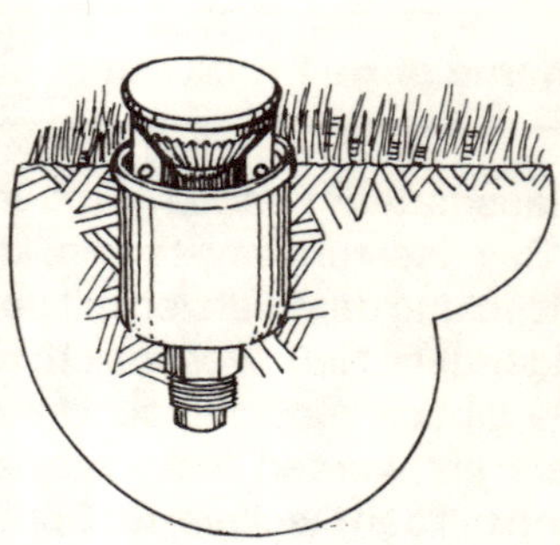

den können. Sie sind insofern praktisch, als sie variabel aufgestellt werden können, d.h. daß man Sprengköpfe an den jeweiligen Bedarfsstellen aufstellen kann. Rieselschläuche oder Regnerschläuche, die mit zweizeiliger Lochung versehen sind und das Wasser durch diese Löcher unmittelbar auf die daneben liegenden Flächen auswerfen, haben sich weniger gut bewährt, da sie nur eine verhältnismäßig kurze Lebensdauer besitzen.

Welches Wasser ist für den Garten geeignet?

In vielen Fällen sind wir auf das Leitungswasser angewiesen. Dieses Wasser ist aber für unsere Pflanzen im Garten bei weitem nicht das beste, denn das Stadtwasser ist häufig sehr kalkhaltig und gechlort und daher nicht für alle Pflanzen gleich gut geeignet. Man kann sich durch sogenannte Enthärtungsanlagen oder Wasseraufbereitungsanlagen die Möglichkeit verschaffen, mit Hilfe eines Ionenaustauschers einen Teil des Kalziumgehaltes zu binden, so daß genügend weiches Wasser zur Verfügung steht. Das beste Gießwasser ist immer noch das Regenwasser, das in einer Zisterne oder einem größeren Behälter aufgefangen wird. Es steht uns jedoch in der Regel nicht in großen Mengen zur Verfügung, so daß wir Regenwasser in der Hauptsache mit der Gießkanne ausbringen. Zum Bewässern des Gartens sind wir auf Leitungswasser oder Grundwasser angewiesen.

Was ist beim Bewässern zu beachten?

Es gibt einige grundsätzliche Regeln, die beim Wässern und Gießen im Garten bedacht werden sollten. Zunächst ist einmal einzukalkulieren, daß Wasser den Boden stark abkühlt. Es ist nicht angebracht, in den späten Abendstunden zu wässern, weil durch die Nachtkühle eine zusätzliche weitere Abkühlung erfolgt. Die beste Zeit des Gießens ist der frühe Morgen, wenn die Pflanzen und die Erdoberfläche ohnehin durch die Nacht abgekühlt sind, und durch kühles Wasser nicht „abgeschreckt“ werden können. Die späten Vormittagsstunden und die Mittagszeit, aber auch der frühe Nachmittag sind für das Gießen tabu; die Pflanzen können gerade in der wärmsten Tageszeit durch plötzliches Abkühlen einen Schock bekommen. Außerdem besteht die Gefahr von Brennflecken bei starker Sonnenbestrahlung. Es bleiben also für das Wässern noch die späteren Nachmittagsstunden etwa ab 16 Uhr. Bei bedecktem Wetter und bei Regenwetter ist das Gießen am vorteilhaftesten. Es klingt zwar paradox bei Regen zu gießen, aber die durch den Regen angefeuchtete Erde ist leichter aufnahmefähig und nimmt die gegossene Wassermenge bis in tiefere Schichten schneller auf. Einen ähnlichen Effekt erzielen wir, wenn wir nach einem Regen gießen.
Auf jeden Fall ist es günstig, die vorgesehene Wassermenge nicht auf einmal über die entsprechende Fläche auszubringen, sondern den Boden zunächst anzufeuchten, d.h. zu überbrausen, um ihn dadurch

leichter aufnahmefähig zu machen. Ist die Erde erst einmal feucht, so bereitet auch die Aufnahme größerer Wassermengen keine Schwierigkeiten.
Wässern mit dem Schlauch ist dank der billigen Beregnungssysteme überflüssig geworden. Sollte es aber doch einmal erforderlich sein, so muß man unbedingt darauf achten, daß der scharfe Wasserstrahl nicht direkt auf die Pflanzen gehalten wird. Das könnte zu erheblichen Schädigungen an den Pflanzen und zu starken Bodenverschlämmungen führen. Durch verstellbare Schlauchmundstücke oder durch Zusammendrücken des Schlauches wird der Wasserstrahl fein verteilt. Wir richten ihn im Winkel von 45 bis 60° nach oben, so daß er durchlüftet und erwärmt werden kann. Dann kann das Wasser auf Blätter und Beete fallen, ohne Schaden anzurichten.
Die für das Gießen erforderliche Wassermenge hängt vom Feuchtezustand des Bodens und von seiner natürlichen Beschaffenheit ab. Sandboden wird man öfter wässern müssen als Lehmboden. Eines aber sollte man beim Wässern immer beachten, nämlich: wenn gewässert wird, dann durchdringend. Es ist sicher besser, bei trockener Wetterlage einmal in der Woche gründlich zu wässern, als täglich kleine Rationen zu verabreichen. Durch kleinere Mengen wird die Beetoberfläche zwar angefeuchtet, aber das Wasser gelangt nicht in die Tiefe, wo es von den Wurzeln benötigt wird. Es ist für den Gartenneuling zweckmäßig, nach dem Wässern zu untersuchen, wie tief das Wasser in den Boden eingedrungen ist. Völlig ausgetrocknete Böden nehmen das Wasser nur sehr schwer auf. Hier kann man sich durch Aufreißen der Oberfläche und durch mehrmaliges Übersprühen helfen, um den Boden für eine durchdringende Wässerung vorzubereiten: Für ein gründliches Wässern rechnet man mit einer Menge von etwa 12–15 l je Quadratmeter. Ein so gewässertes Beet kann dann auch längere Zeit hindurch (mindestens eine Woche) ungegossen bleiben.
Durch das Wässern des Bodens wird die Oberfläche in jedem Falle verdichtet. Es bilden sich Kapillarsysteme, d. h. feine Haarröhrchen, die für den Transport des Wassers innerhalb des Bodens verantwortlich sind. In diesen feinen Haarröhrchen steigt das Wasser schnell wieder an die Oberfläche und verdunstet leicht. Es ist daher wichtig, nach jedem Wässern den Boden aufzureißen. Wir zerkrümeln ihn mit der Hacke oder der Harke, so daß die Verdunstung herabgesetzt wird und der Wasservorrat den Pflanzen verbleibt.

Ratschläge für Neuanlagen

Wenn wir einen Garten anlegen, stürmen viele Fragen gleichzeitig auf uns ein. Welches sind z. B. die geeigneten Weg- und Beetbreiten, welche Pflanzabstände müssen wir wählen für Ziergehölze, Obstbäume, Beerensträucher, Stauden und vieles andere? Welche Art der Wegebefestigung ist besonders pflegearm, wie können wir den Garten am besten einfriedigen? Wie können wir überhaupt einen pflegearmen Garten anlegen?

Einfriedigung

Zunächst zur Einfriedigung. Wenn wir an die späte Pflege und Unterhaltung denken, so sollten wir uns auch bei der Einfriedigung rechtzeitig Gedanken darüber machen, wie das Grundstück so umzäunt werden kann, daß wir später möglichst wenig Arbeit für die Instandhaltung der Umzäunung aufwenden müssen. Besonders bewährt haben sich hier die Maschendrahtzäune, die aus kunststoffbeschichtetem oder kunststoffummanteltem Maschendrahtgeflecht bestehen, das an kunststoffbeschichteten Pfosten (Metallpfosten) so befestigt wird, daß keine Roststellen entstehen können. Diese Art Einfriedigungen halten eine Reihe von Jahrzehnten und sind praktisch wartungsfrei. Es empfiehlt sich, keine leuchtenden Zaunfarben wie z. B. weiß, rot oder gelb zu verwenden, damit der Zaun nicht aufdringlich in Erscheinung tritt. Schwarz, grau oder dunkelgrün

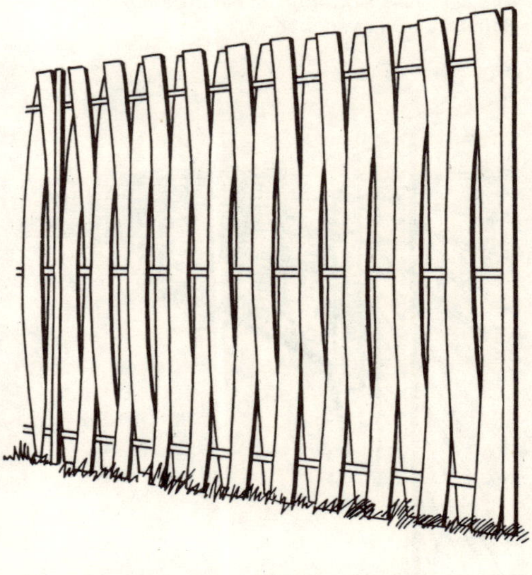

Flechtzaun aus senkrecht verflochtenen Bongossiholzlatten (wartungsfrei aber teuer).

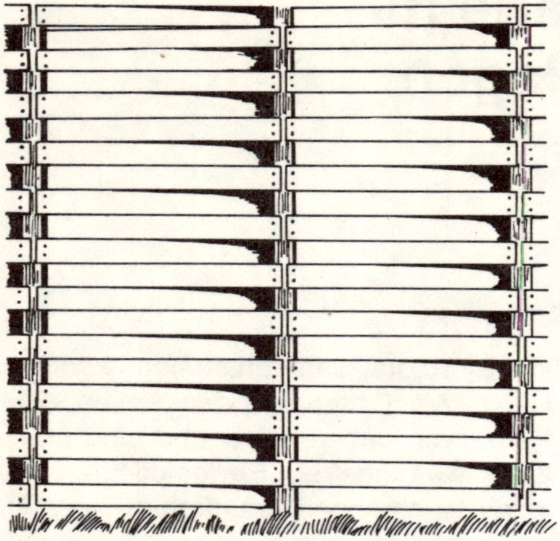

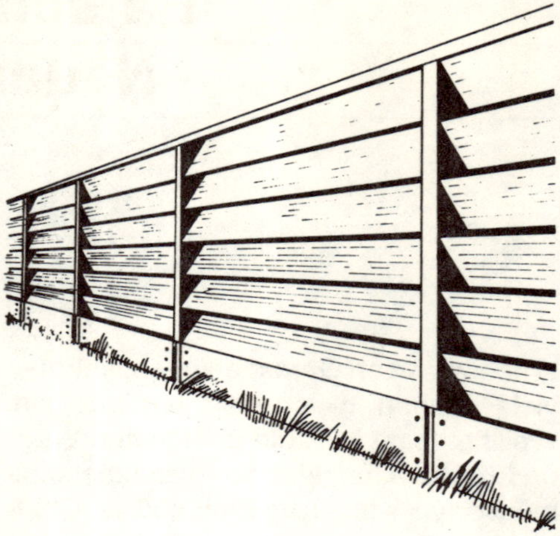

Windschutzzäune können auf verschiedene Weise errichtet werden. Sie dürfen aber kein kompaktes Hindernis für den Wind darstellen – sie müssen »durchblasbar« sein, um Turbulenzen zu vermeiden. Bei guter Imprägnierung (Kesseldruckverfahren) sind viele Holzarten für einen dauerhaften Schutzzaun verwendbar.

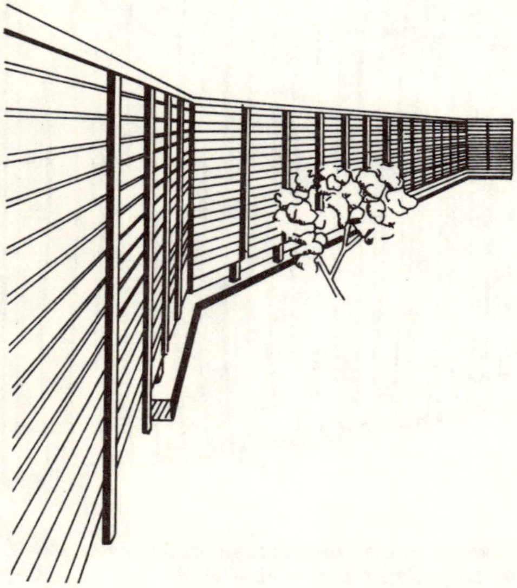

sind hier am besten geeignet. Auch kunststoffbeschichtetes Baustahlgewebe ist sehr dauerhaft. Es gibt Montagezäune, die aus diesem Material gefertigt, jedoch verhältnismäßig teuer sind. Eine andere Form der Einfriedigung ist der Holzzaun, der als Spriegelzaun mit senkrechter oder schräger Lattung (Jägerzaun, Waldlattensenkrechtzaun, Scherengitterzaun) oder als Flechtzaun errichtet werden kann. Hier ist großer Wert darauf zu legen, daß es sich bei dem verwendeten

Starkwüchsige Stauden wie das Tafelblatt (Rodgersia), die Riesenglockenblume (Campanula latifolia macrantha), Taglilien (Hemerocallis) und Pfingstrosen (Paeonia) eignen sich zur Vorpflanzung von Gehölzgruppen. Sie bilden einen wirkungsvollen blühenden Übergang zwischen Rasen und Gehölzen und verhindern eine Verkrautung.

Holz um kesseldruckimprägniertes Holz handelt, da auf diese Weise eine längere Lebensdauer des Holzes gewährleistet ist, d.h. daß Pilze, Bakterien und andere Schädlinge nicht so leicht eindringen und den Zaun zerstören können. Sicherlich ist es auch angebracht, den Zaun alle paar Jahre zu überholen und mit entsprechenden Imprägniermitteln zu streichen. Das erfordert Zeit und Kosten. Dem relativ geringen Anschaffungswert steht so ein höherer Pflegewert gegenüber. Auch lebende Einfriedigungen sind möglich. Wir kennen verschiedene Formen der Heckenpflanzung. Hecken eignen sich besonders für windexponierte Lagen. Sie schützen etwa einen Bereich, der dem Zehnfachen ihrer Höhe in der Breite entspricht. Voraussetzung ist, daß die Hecken nicht zu locker gepflanzt werden, d.h. daß sie keine Lücken aufweisen dürfen, weil sonst unerwünschte Nebenwirkungen (Düsenwirkung) entstehen. Hecken sind auch für den Vogelschutz von großer Bedeutung, denn sie dienen unseren gefiederten Nützlingen als willkommene Brutstatt.

Man unterscheidet freiwachsende und geschnittene Hecken. Freiwachsende Hecken haben den geschnittenen Hekken gegenüber den Vorteil, daß sie weniger arbeitsaufwendig sind. Sie müssen lediglich alle drei Jahre etwa um ein Drittel ihres Volumens reduziert, d.h. unten an der Austriebsstelle eingekürzt werden. Dafür benötigen sie aber wesentlich mehr Platz als geschnittene Hecken, wenn sie einen wirkungsvollen Schutz abgeben sollen. Ihre Breite beträgt ca. 1,50–3,00 m. Bei geschnittenen Hecken kommt man mit 50–70 cm aus. Sie haben jedoch den Nachteil, daß sie mindestens zweimal im Jahr geschnitten werden müssen. Wenn auch die Technik durch die elektrischen Heckenschneidemaschinen hier ein vorzügliches Hilfsmittel bietet, solche Hecken instand zu halten, so bleibt doch der jeweilige Arbeitsaufwand nicht erspart.

Bei der Anlage von Schneidehecken sollte man möglichst Laubgehölze bevorzugen, hier haben sich die Hainbuche und die Rotbuche bewährt. Dornarten (Crataegus) sollten wegen der Gefahr der Verbreitung des Feuerbrandrostes möglichst nicht gepflanzt werden. Auch Nadelgehölze sind weniger geeignet. Vielerorts erlebt man, daß Hecken auch aus Fichten und Kiefern gepflanzt werden. Diese Holzarten haben die Eigenschaft, daß sie nicht auf Beiaugen treiben, d.h. daß sie an der Unterseite nicht wieder austreiben, wenn die Triebe hier stark eingekürzt werden. Sie verkahlen allmählich von unten und erfüllen dann nicht mehr ihren Zweck. Gegen Hecken aus Lebensbäumen und Scheinzypressen spricht hauptsächlich die Giftigkeit dieser Gehölzarten, die zudem wenig Nistmög-

Bei der Anlage von Blumen- und Gehölzrabatten müssen Boden- und Lichtverhältnisse beachtet werden, wenn sich die Pflanzen gut entwickeln sollen. Artenreiche Zusammensetzungen erhöhen den Erlebniswert und sind gleichzeitig bester Pflanzenschutz. Monokulturen erhöhen die Gefahr des Schädlingsbefalls.

lichkeiten bieten. Bestes Nadelgehölz für Heckenpflanzung ist die Eibe (Taxus baccata), die sich leicht zu dichten geschlossenen Schnitthecken, aber auch zu freiwachsenden Hecken formieren läßt. Bei freiwachsenden Hecken ist jedoch eine Mischpflanzung mit anderen Gehölzen, z.B. Hainbuche, Feldahorn, Schlehe, Hartriegel, Haselnuß u.a. angebracht. Diese anspruchslosen Gehölze gedeihen in jedem guten Gartenboden. Besondere Bodenverbesserungen sind hier nicht erforderlich.

Mit Ausnahme der leicht im Schnitt zu

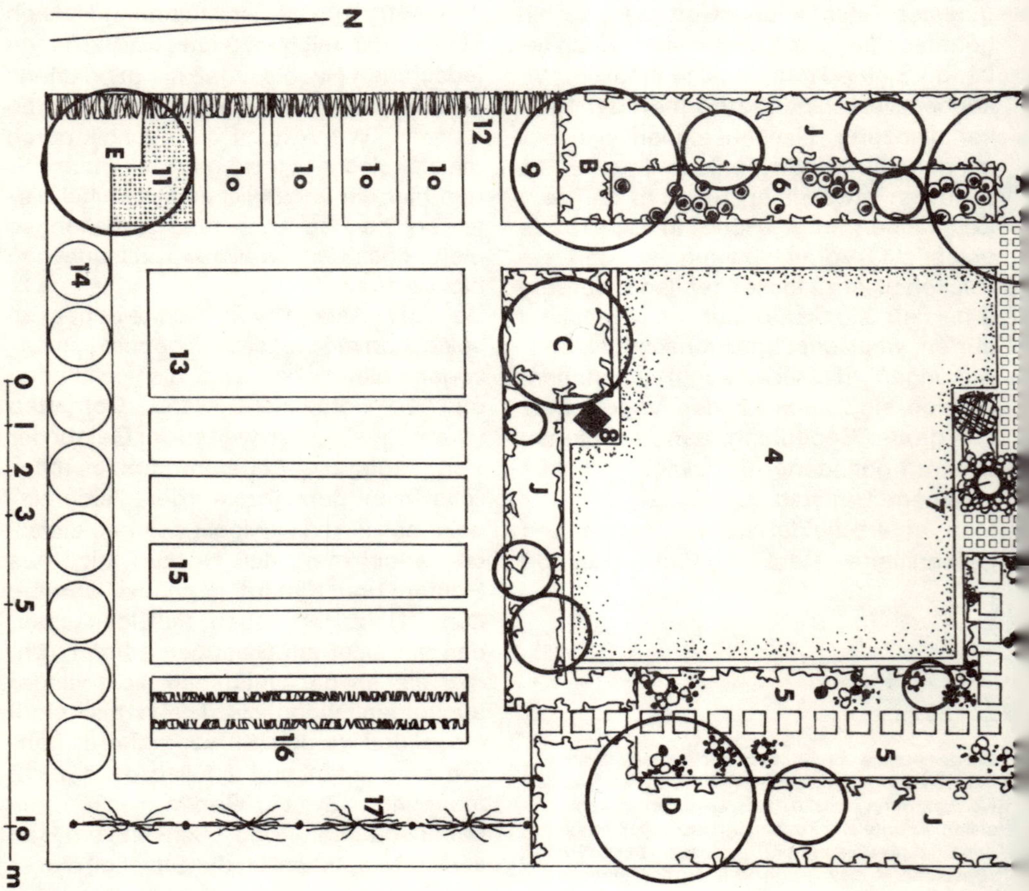

haltenden Rotbuche, sollten jedoch hochwerdende Waldbäume auf keinen Fall bei der Anpflanzung von Hecken verwendet werden.
Bergahorn, Platane oder die raschwüchsigen Pappelarten sind als Hecken ungeeignet.

Aufteilung des Gartens

Die Einteilung eines Gartens muß so erfolgen, daß wir eine gute Übersicht über den Garten haben und ihn leicht bewirtschaften können.

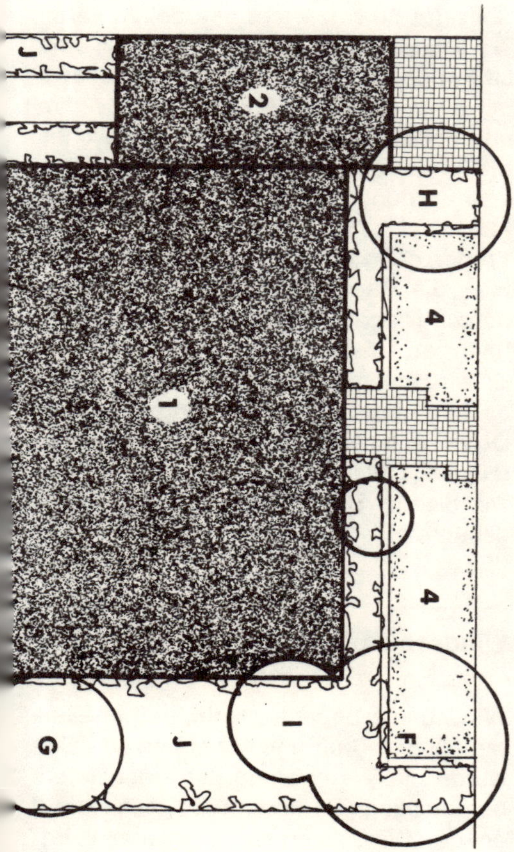

Legende zum Gartenplan
1 Wohnhaus
2 Garage
3 Terrasse
4 Rasenfläche mit Mähkante
5 Staudenpflanzung
6 Rosenbeet
7 Wassersprudel mit Ziergräsern
8 Gartenplastik
9 Beet mit ausdauernden Gemüse- und Würzpflanzen (Rhabarber, Meerrettich)
10 Beete mit Würzpflanzen
11 Kompostlager
12 Hecke als Schutzpflanzung
13 Erdbeerbeet
14 Stachel- und Johannisbeeren
15 Gemüsebeete
16 Himbeerhecke
17 Apfel- und Birnen-Heckenspalier
A Zierapfel
B Hauszwetsche
C Mirabelle
D Mispel
E Reneklode als Halbstamm
F Mährische Eberesche (eßbar)
G Sauerkirschen
H Pflaumenblättriger Dorn
I Holunder
J Ziergehölze zur Abpflanzung

Es ist zwecklos, sich hier über Geschmacksfragen zu streiten, der eine liebt einen runden, der andere einen eckigen Garten, wieder andere ziehen Schrägen und Kurven im Garten vor. Wichtig ist z. B. für die Bewirtschaftung eines Nutzgartens, daß hier die leichte Pflege und Bewirtschaftung bei der Anlage im Vordergrund stehen. Die Erschließung erfolgt durch Haupt- und Nebenwege. Hauptwege sind solche Wege, die mit der Schubkarre bequem befahren werden können, d. h. sie dürfen nach Möglichkeit nicht unter 80 cm breit sein. Die Nebenwege, die wir zur Bearbeitung der Beete benötigen, können dagegen Breiten von 30–50 cm aufweisen. Der Hauptweg sollte stets mit dem Komposthaufen in Verbindung stehen, damit Gartenabfälle jeder Art und fertiger Kompost mühelos mit einer Schubkarre hin und her gefahren werden können. Auch müssen auf dem Hauptweg viele Stoffe wie Torfmull, Dünger, Kästen mit Jungpflanzen und dergl. transportiert werden können.

Das Anlegen der Wege und Beete

Man sollte bei der Anlage der Hauptwege für eine geeignete Befestigung der Wege sorgen. Einfache Betonplatten haben sich gut bewährt. Aber auch Pflasterwege (Verbundsteinpflaster, Rechteckpflaster, Natursteinpflaster) oder Splittwege (Dolomitsplitt) sind gut geeignet. Für letztere sind jedoch Einfassungen aus Kantensteinen erforderlich. Die Nebenwege werden lediglich plattgeklopft bzw. als Erdwege hergestellt. Sie können gegebenenfalls bei der Bestellung des Gartens im Frühjahr neu angelegt und je nach Bedarf verändert werden.

»Handgerechte« Beete erleichtern die Bestellung. Wenn der Boden im Frühjahr abgetrocknet ist und wir mit der Bestellung des Gartens beginnen können, werden die Beete angelegt. Die beste Beetbreite liegt bei 1,20 m. Diese Breite hat den Vorteil, daß man das Beet von jeder Seite (je 60 cm) leicht bearbeiten kann. Zu diesem Zweck markiert man sich eine Latte oder besser noch den Harkenstiel mit einer Kerbe im Abstand von 1,20 m und hat auf diese Weise ein verläßliches Maß, nach dem man mit Hilfe der Gartenschnur nunmehr die Beete abstecken kann.

Wegen der günstigeren Besonnung sollte man die Beete möglichst in Nord-Südrichtung legen, aber auch die Windverhältnisse spielen hier eine gewisse Rolle. Es wird empfohlen, die Beete so zu legen, daß sie quer zur Windrichtung verlaufen. Durch entsprechende Randpflanzungen (Hecke, Obstgehölze, Sträucher) geben wir diesen Beeten zusätzlichen Windschutz.

Windschutz

Windschutz bedeutet nicht, daß im Garten absolute Luftruhe herrschen soll. Das würde die Vermehrung des Ungeziefers begünstigen. Es kommt lediglich darauf an, den Wind zu brechen, ihn auszukäm-

men, damit stärkere mechanische Schäden vermieden werden.
Wozu brauchen wir den Windschutz?
Windschutz hat eine ganze Reihe von Nutzeffekten, die an dieser Stelle kurz erwähnt werden sollen:

1. Die Verdunstungsverluste sind bei geschützten Flächen geringer, als bei windexponierten Lagen. Das gilt vor allem bei starker Sonneneinstrahlung und höherer Temperatur. Zuviel Wind ist für das Gedeihen der Pflanzen ebenfalls schädlich. Man braucht hier nicht so sehr an schwere Stürme zu denken, die in unserer Gegend relativ selten sind.
2. Ständige stärkere Luftströme können dazu führen, daß Obstbäume schlechter befruchtet werden und bestimmte Gemüsesorten, wie Erdbeeren, Gurken und Bohnen, im Ertrag erheblich gemindert werden.
3. Ständiger stärkerer Wind bedeutet auch ständiger größerer Wasserverlust.
   Mit dem Wasser wird gleichzeitig mehr Wärme verbraucht, die Pflanzen gedeihen kümmerlicher, die Ernten werden verzögert.
4. In windgeschützten Lagen ist der Boden oftmals um einige Grade wärmer. Kahlfröste und Auswinterungsschäden sind in solchen Lagen seltener. Das günstigere Klima wirkt sich auch positiv bei der Neueinsaat aus. Die Saaten kommen schneller auf, Jungpflanzen wachsen besser und die Gemüse- und Obstkulturen bringen bei weitem bessere Erträge.

Pflanzabstände

Damit sich unsere Kulturpflanzen gesund entwickeln können, brauchen sie gewisse Abstände, die es ihnen ermöglichen, voll auszureifen. Das ist besonders für Obstgehölze und Beerensträucher von Bedeutung, weil hier eine gute Belichtung und Belüftung die Gesundheit und den Ertrag der Gehölze fördern.
Der Pflanzabstand hängt ab von der Größe des entwickelten Baumes bzw. Strauches. Für Apfel- und Birnenspindelbüsche wählt man beispielsweise Abstandsweiten von etwa 3,00–3,50 m. Büsche sollten etwa 4 m auseinandergepflanzt werden. Das gilt auch für Halbstammformen, wie z.B. Zwetschen, Renekloden und kleinere Pflaumenbäume, die einen gegenseitigen Abstand von 4–5 m beanspruchen. Hochstammformen müssen 6–8 m Mindestabstand aufweisen. Auch bei der Heckenpflanzung von Obstbäumen, die am Drahtspalier gezogen werden, sollte der gegenseitige Abstand mindestens 2,50 m betragen. Johannisbeersträucher pflanzt man ca. 1,50–2 m auseinander. Bei Stachelbeerhochstämmchen und anderen Beerenobststammformen genügen Pflanzenabstände von 1,20 m. Der Pflanzabstand bei Himbeeren sollte etwa 30–50 cm von Pflanze zu Pflanze betragen.
Diese Pflanzabstände geben uns wichtige Hinweise, wieviel Bäume oder Sträucher von der einen oder anderen Obstart auf unserem Gartengrundstück Platz finden, ohne daß wir hiermit beispielsweise die Anzucht von anderen Kulturen (Ge-

müse, Erdbeeren) zu stark beeinträchtigen.
Obstbäume und Beerensträucher lassen sich aber nicht nur im Nutzgartenteil, sondern auch im Ziergarten, z. B. in einer Abpflanzung, sehr gut unterbringen. Sie bereichern unsere Randpflanzungen teilweise im Frühjahr durch ihren Blütenschmuck und bescheren uns darüber hinaus die Obsternte im Herbst. Hierbei ist nur darauf zu achten, daß Obstgehölze nicht in Staudenrabatten oder in empfindliche Strauchpflanzungen eingebaut werden, da sie bei der Pflege und Ernte der Obstgehölze leicht in Mitleidenschaft gezogen werden könnten.
Auf die jeweiligen Pflanzabstände bei Erdbeeren, Blatt-, Frucht- und Wurzelgemüsen wird in den betreffenden Kapiteln hingewiesen.
Auch der Abstand und die Größenverhältnisse der »Nachbarschaft« spielen eine wichtige Rolle. Es ist nicht denkbar, daß man beispielsweise niedrige Apfelspindelbüsche neben hochwerdende Decksträucher, wie z. B. Haselnuß, Feldahorn, Hainbuche, Hartriegel und dergl. pflanzt. Nur zu bald würden diese starkwachsenden Gehölze den Obstbusch in seiner Entfaltung so behindern, daß er sich nicht voll entfalten kann. Die Ernteerträge gehen zurück.
Obstgehölze können im Ziergarten auch gut als Solitärgewächs, das heißt in Einzelstellung – z. B. als Schattenspender an einem Sitzplatz oder eine Terrasse gepflanzt werden.
Beliebt ist seit alters her die Verwendung von Obstgehölzen als Spalier an der Hauswand. Hierbei kann die Sonneneinstrahlung und die lange Zeit nachwirkende Wärmereflexion von der Wand voll ausgenutzt werden.
Ein dankbares Spaliergewächs auch für weniger günstig gelegene und besonnte Hauswände ist die als »Schattenmorelle« bekannte Lange Schwarze Lotkirsche.
Bei der Pflanzung größerer Obstbäume, z. B. Birnenhochstämme, Süßkirschen, Walnüsse im Ziergarten ist zu berücksichtigen, daß diese Gehölze einen relativ großen Flächenbereich in Anspruch nehmen. Eine Süßkirsche in ausgewachsenem Zustand kann leicht eine Gartenfläche von 100–120 m^2 beschatten. Das bedeutet, daß in diesem Bereich Stauden und Gehölze nur schwer gedeihen, wenn es sich nicht um Trockenheit und Schatten vertragende Pflanzen handelt.
Der Abstand großer Obstbäume untereinander oder zum nächsten größeren Baum sollte mindestens dem Durchmesser der Baumkrone in ausgewachsenem Zustand entsprechen.

Obst und Gemüse aus eigener Anzucht – nahrhaft und gesund

Von zahlreichen Medizinern wird heute die Gartenarbeit als gesundheitsfördernd bezeichnet. Die Beschäftigung mit verschiedenen Geräten zur Kultivierung des Bodens, die Betätigung in der frischen Luft, körperliche Arbeit ohne Überanstrengung, dazu die vielfältigen Gestaltungsmöglichkeiten mit Bäumen, Sträuchern, Stauden und Sommerblumen machen die Gartenarbeit zu einer der gesündesten Tätigkeiten für Leib und Seele. Besonders für denjenigen, der im Berufsleben keine schwere körperliche Arbeit verrichten muß, ist sie willkommener Ausgleich. Sie hält den Kreislauf in Bewegung und erspart mühsames Fitneß-Training mit komplizierten Geräten und Apparaten.

Aber der Garten bietet nicht nur Betätigungsmöglichkeiten. Er beschert uns auch viele Freuden und Überraschungen und gerade das Erfolgserlebnis, das sich binnen kurzer Zeit nach unserer Mühe einstellt, macht ihn uns zu einem liebenswerten Betätigungsfeld.

Gärten kann man nicht nur sehen, fühlen, riechen, man muß sie auch schmecken können, wenn man in den vollen Genuß der Güter kommen will, die uns die Natur vorhält.

Hierzu gehören in erster Linie das Obst und das Gemüse, die wir uns im Garten selbst heranziehen können. Gesundes Obst und gesundes Gemüse aus dem eigenen Garten sind immer ein Hochgenuß. Die relativ geringe aufzuwendende Mühe, die uns unsere Kulturpflanzen machen, wird durch die Ernte in den meisten Fällen reichlich belohnt. Wer freute sich nicht schon bei der Blüte auf die ersten Augustäpfel, auf saftige Birnen, auf die leckeren Süß- und Sauerkirschen, auf Pflaumen, Zwetschen, Pfirsiche und Mirabellen, auf die leicht zu erntenden Stachel- und Johannisbeeren, auf Himbeeren, Brombeeren, Blaubeeren und was es sonst noch alles an Obstarten gibt. Sorgenvoll halten wir nach dem Wetter Ausschau, wenn bei früher Blüte Nachtfrost zu erwarten steht, oder wenn die Witterung Dauerregen erwarten läßt. Kritisch wird der Fruchtansatz überprüft, und sind erst einmal die sogenannten Junifälle vorbei, dann rechnen wir uns schon aus, mit welcher Ernte wir in diesem Jahre rechnen können – wenn uns das Wetter, z. B. durch Gewitter und Hagelschlag, keinen Strich durch die Rechnung macht. Aber am Ende werden all unsere Mühen doch mehr oder weni-

ger belohnt, und die Erntezeit beginnt. Rotbackige Äpfel leuchten aus dem Gezweig, saftige Birnen verleiten zum Zugreifen, stolz präsentieren wir unseren Gästen die Erdbeerbowle mit selbstgezogenen Früchten oder Vanilleeis mit heißen Himbeeren von unserer Himbeerhecke.
Selbstverständlich versorgen wir auch unsere Küche mit Gemüse aus dem eigenen Garten. Wer seinen Garten richtig aufteilt, kann so viel Gemüse heranziehen, wie er für den eigenen Bedarf in den Sommermonaten nötig hat. Wie das gemacht wird, zeigen die nächsten Kapitel. Zuvor aber noch ein Wort über die Gesundheit von Obst und Gemüse.
Uns allen ist der hohe Gehalt an Vitaminen bei Obst und Gemüse bekannt, und wir wissen, daß diese Vitamine zur Gesunderhaltung und zur Heilung sowie zur Steigerung der menschlichen Leistungsfähigkeit von außerordentlicher Bedeutung sind. Die Forschung hat gezeigt, daß die Aufgaben der Vitamine in unserem Körper sehr vielfältig und sehr unterschiedlicher Natur sind. Darüber hinaus bestehen vielfältige Wechselbeziehungen zwischen Vitaminen und Nährstoffen oder zwischen den Vitaminen untereinander, die für unsere Gesundheit von großer Bedeutung sind. Fehlt ein wichtiges Vitamin, so geht es uns wie mit der Kette, die so stark ist wie ihr schwächstes Glied, d.h. fehlt ein Vitamin, so ist die Wirksamkeit der anderen erheblich eingeschränkt, unsere Leistungsfähigkeit geht zurück, unsere Gesundheit ist gefährdet. Die wichtigsten Vitamine, die wir kennen, sind die Vitamine A, B, C und D.

Die Bedeutung der Vitamine und anderer Wirkstoffe

Dem Vitamin A schreiben wir besondere Bedeutung für die Augen, die Haut und das Wachstum zu. Es soll vor Infektionen, Wachstumsstörungen und vor Nachtblindheit schützen. Dieses Vitamin findet man vor allem in Petersilie, Lauch, Möhren, grünem Salat, sowie z.B. in den Schalen von Äpfeln und Birnen.
Beim sogenannten Vitamin B handelt es sich nicht um ein einzelnes Vitamin, sondern um einen ganzen Vitaminkomplex, der besonders für den Energieumsatz bei Eiweiß und Kohlenhydraten erforderlich ist und sich günstig auf das Wachstum und auf die Nerven auswirken kann. Es schützt vor Nervosität, Schlaflosigkeit und wird als gutes Gegenmittel bei geistiger Überanstrengung empfohlen. Es kommt vor allem in Gemüsearten wie Blumenkohl, Spinat, Endiviensalat, grünen Erbsen, sowie in Schnittlauch und anderen Kräutern vor.
Bekannter ist das Vitamin C, das die Widerstandsfähigkeit gegenüber Infektionen erhöhen soll und zur Förderung von Wundheilungen und des Stoffwechsels Anwendung findet. Vitamin C kommt besonders in Zitronen, Orangen, Sanddornfrüchten, vielen Apfelsorten, Schwarzen Johannisbeeren sowie in verschiedenen Gemüsearten wie Salat, Kohlarten und in den Fruchtgemüsen Paprika und Tomaten vor.
Das weniger bekannte Vitamin D ist für die Knochenbildung und für gesunde Zähne von Bedeutung. Es kommt jedoch

kaum in Pflanzen vor und wird zumeist aus tierischer Substanz (Fischleber, Leber, Ei, Milch, Sahne) gewonnen. Die Wirkung von Vitamin D ist dann am größten, wenn auch die anderen Vitamine A, B und C in ausreichender Menge im Körper vorhanden sind.

Frisches Obst und Gemüse hat den höchsten Vitamingehalt. Mit zunehmender Lagerung sinkt der Vitamingehalt, besonders bei höheren Temperaturen, also zwischen 15 und 20° Celsius. Es ist daher wichtig, daß Gemüse- und Obstarten rasch auf den Tisch kommen, damit die Vitaminverluste gering bleiben. Obst und Gemüse, das also aus dem Garten auf den Tisch kommt, hat den höchsten Vitamingehalt. Auch beim Kochen gehen wertvolle Vitamine verloren. Dämpfen verursacht geringere Verluste, als richtiges Kochen, wobei man berücksichtigen muß, daß viele wasserlösliche Vitamine auch mit dem Kochwasser weggeschüttet werden und damit verloren gehen. Es ist daher zu empfehlen, daß man das Kochwasser möglichst weiter verwendet, z.B. bei der Zubereitung von Suppen. Auch längeres Warmhalten gekochter Gemüse und das Wiederaufwärmen von Speisen wirkt sich auf den Vitamingehalt nachteilig aus.

Auch durch das Einkochen können Vitaminverluste bei Obst und Gemüse auftreten. Geringere Verluste müssen wir hinnehmen, wenn z.B. Gemüsearten blanchiert und anschließend tiefgefroren werden. Am geringsten ist der Vitaminverlust bei Gemüsen und Früchten, die unmittelbar nach der Ernte bzw. nach kurzem Waschen eingefroren werden.

Obst und Gemüse enthalten aber nicht nur Vitamine. Auch die Mineralstoffe sind in Form von Kalium, Natrium, Eisen und Kalk reichlich vertreten. Auch Phosphor kommt vor. Da die Mineralstoffe in den frischen Pflanzen hauptsächlich basischen Charakter besitzen, wirken sie im menschlichen Organismus neutralisierend auf die sauren Stoffwechselprodukte, die z.B. beim Verzehr von Fleisch und Getreideerzeugnissen entstehen.

Obst und Gemüse enthalten neben diesen Stoffen aber auch Zellulose, die sich auf die Verdauung und Darmbewegung im menschlichen Körper günstig auswirkt. Eine ähnliche Wirkung auf die Darmbewegung besitzen auch die Fruchtsäuren des Obstes, deren besondere Wirkung darin besteht, daß sie sich fäulnishemmend auswirken. Der Genuß von Äpfeln reinigt z.B. die Zähne und schützt vor Karies.

Obst und Gemüse enthalten auch zahlreiche Aromastoffe, die vor allem den Appetit und die Verdauung anregen.

Obst und Gemüse als Vorbeugungs- und Heilmittel

Obst wird vielfach als Vorbeugung oder Heilmittel in der Medizin eingesetzt. So wird z.B. zur Anregung des Appetits der Genuß von Sauerkirschen, Johannisbeeren oder Erdbeeren empfohlen. Gegen Arterienverkalkung helfen Schwarze Johannisbeeren und Erdbeeren. Blasen- und Nierenleiden können durch Birnen, Johannisbeeren, Himbeeren, Pflaumen

und Zwetschen gemildert werden. Bei Fieber gibt man Johannisbeer-, Erdbeer-, Himbeer- oder Holunderbeersaft. Gicht und Rheuma werden mit Äpfeln, Johannisbeeren, Erdbeeren, Stachelbeeren und Pflaumen bekämpft. Gegen Stoffwechselkrankheiten eignen sich nahezu sämtliche Obstarten. Bei Leberleiden sollen Sauerkirschen und Beerenobst helfen. Bei Magen- und Darmleiden werden Rote Johannisbeeren empfohlen.
Auch dem Gemüse kommt als Vorbeugungs- oder Heilmittel eine Bedeutung zu. Besonders vielseitig ist die Anwendung von Möhren, die gegen Appetitlosigkeit, bei Nachtblindheit, bei Würmern, bei Erhöhung der Widerstandsfähigkeit gegen Infektionen, bei der Genesung und bei Wachstumsstörungen eine besondere Rolle spielen. Auch die Tomate hat ähnliche Funktionen bei Kreislaufstörungen, Wachstumsstörungen, Appetitlosigkeit, Blutarmut und Gicht. Bei zu hohem Blutdruck eignen sich Zwiebeln und Knoblauch, die auch bei Blutarmut, Vitaminmangel und Erkrankungen des Magen- und Darmtraktes eine gewisse Rolle spielen. Spinat fördert die Verdauung, ist darüber hinaus auch bei Hautkrankheiten und bei Blutarmut ein willkommener Helfer. Grüne Bohnen fördern die Verdauung und sollen bei Haarkrankheiten angewendet werden. Ihre verdauungsfördernde Wirkung macht sie auch zu einem willkommenen Mittel bei Fettsucht. Porree wird bei Magenkrankheiten, Blasen- und Nierenleiden, Leberleiden und Bronchialkatarrh empfohlen. Gurken sollen gegen Blasen- und Nierenleiden und gegen Rheuma helfen, Rettichsaft bei Erkrankungen von Leber und Galle. Hier findet auch der Rhabarber seine Anwendung, Rhabarber darf jedoch bei Nierenkranken oder zu Steinleiden Neigenden nicht verabreicht werden.
Aus diesen wenigen Beispielen kann man die Bedeutung von Obst und Gemüse für unsere Gesundheit erkennen.
Und noch eines ist wichtig: »Wir wissen, was drin ist.« Wir selbst haben das Obst und Gemüse herangezogen, haben es gehegt und gepflegt und versucht, mit möglichst wenig Schädlingsbekämpfungsmitteln auszukommen. Alarmierende Nachrichten erreichen uns aus der Tagespresse, wenn es heißt, daß etwa siebenmal zwischen Saat und Ernte unsere Kartoffeln mit Insektiziden, Herbiziden, Fungiziden und anderen Giften behandelt werden. Obst- und Weinbau begnügen sich nicht damit. Hier sind heute etwa 20 bis 24 jährliche Giftspritzungen erforderlich, und es liegt nahe, das schön gefärbte Obst auf unseren Märkten mit dem Apfel von Schneewittchen zu vergleichen, auch wenn sich nicht nachweisen läßt, daß sich die bei der Anzucht des Obstes oder Gemüses angewendeten Giftmittel beim Genuß der Früchte schädlich auf den Menschen auswirken. Beim selbstgezogenen Obst und Gemüse wissen wir jedenfalls, was wir haben.
Über die richtige Anwendung von Schädlingsbekämpfungsmitteln im Garten erfahren wir einiges in einem der folgenden Kapitel.

Ein Nutzgarten wird angelegt

Unser Hausgarten soll ja in der Hauptsache Wohngarten sein. Wir wollen ihm diese Funktion nicht bestreiten, aber auch ein Wohngarten schließt nicht aus, daß er Bäume und Sträucher beherbergen kann, die eßbare Früchte tragen. Oftmals bietet sich auch die Möglichkeit, eine Trennung in der Form durchzuführen, daß sowohl ein Wohngarten als auch ein Nutzgarten in Form eines Obst- oder Gemüsegartens entsteht. Da wir es besonders bei der Gemüsekultur mit Intensivkultur zu tun haben, muß die Größe eines Gemüsegartens so beschaffen sein, daß man ihn auch bequem bewältigen kann, d. h. er darf nicht so viel Arbeit machen, daß für die Freizeit nach Feierabend keine Zeit mehr übrig bleibt. Große Gemüsegärten, die nur noch reine Produktionsstätten sind, können zu einer echten Belastung werden.

Bei geschickter Ausnutzung der Fläche und wohlüberlegtem Anbauplan genügen etwa 100 qm an Nutzgartenfläche für einen zwei- bis dreiköpfigen Haushalt. Kommen flächenaufwendige Kulturen (z. B. Erdbeeren) hinzu, so kann die Fläche bis auf 200 qm und mehr anwachsen. Aber die Größe des Gartens sollte sich nach der Zeit richten, die einem hierfür zur Verfügung steht. Wer berufstätig ist und wenig Zeit für Gartenpflege und Gartenarbeit erübrigen kann, sollte sich auf jeden Fall mit einem kleineren Grundstück bzw. einem kleineren Gemüsegarten zufrieden geben. Das größte Grundstück nützt nichts, wenn es nicht tadellos instandgehalten werden kann.

Zweckmäßig ist es auf jeden Fall – vorausgesetzt, daß das Grundstück groß genug ist – Wohngarten und Nutzgarten in irgendeiner Form voneinander zu trennen. Im Reihenhausgarten können wir dies leicht durch eine Reihe von Spindelbüschen oder durch eine Obsthecke bewerkstelligen. Grundstücke »über Eck« bieten die Möglichkeit, den Nutzgarten auf einer dem Wohnbereich des Hauses abgewandten Seite anzulegen. Auch Flechtzäune, Hecken oder höher werdende Ziergehölze eignen sich zur Abtrennung von Gemüsebeeten oder eines Kräutergärtchens.

Im Nutzgarten sollen die Kulturen Erträge bringen. Hier spielt auch die Belichtung eine große Rolle. Hohe Mauern und große Bäume können den Wert einer Fläche als Nutzgarten durch ihren Schattenwurf beeinträchtigen oder zunichte machen.

Tips für den Gemüseanbau

Was ist beim Gemüseanbau besonders zu beachten? Wir erleben in der freien Natur niemals, daß nur eine Pflanzenart am selben Ort gedeiht, sondern stets eine Reihe von Arten, miteinander oder nacheinander. Solche Pflanzengesellschaften sind für die jeweiligen Standorte typisch. Im Gegensatz dazu sind die Pflanzenzusammenstellungen in unserem Garten, besonders im Gemüsegarten, künstlich. Wir bepflanzen den Garten nach anderen Gesichtspunkten, weil wir häufiger ernten wollen, und aus praktischen Erwägungen heraus, um bestimmte Pflanzenarten in bestimmter Form zu kultivieren. Würde man immer die gleiche Pflanzenart an der gleichen Stelle ziehen, so könnte man bald feststellen, daß das Wachstum und der Ertrag dieser Pflanze stark nachläßt. Wir bezeichnen diese Erscheinung als Bodenmüdigkeit. Diese Bodenmüdigkeit rührt daher, daß die Kulturpflanzen bestimmte Wurzelausscheidungen an den Boden abgeben, die für die gleiche Pflanzenart gewissermaßen giftig sind. Auch artspezifische Krankheiten und Schädlinge können sich bei solchen Anbaumethoden am besten verbreiten und vermehren. Aus diesem Grund wird als wichtigste Maßnahme beim Gemüseanbau zunächst einmal ein Fruchtwechsel empfohlen, d.h. daß man nach dem Anbau einer bestimmten Art jeweils eine andere Art folgen läßt. Hierdurch wird auch ein einseitiger Nährstoffabbau vermieden.

Fruchtfolge

Für die Fruchtfolge im Gemüsegarten hält man sich am besten an das Prinzip, zunächst stark zehrende Pflanzen anzubauen, dann schwach zehrende, dann abtragende. Dieser Kreislauf wiederholt sich. Stark zehrende Pflanzen müssen jedoch gut gedüngt werden. Zu den Starkzehrern rechnen wir die meisten unserer Gartengemüsepflanzen, besonders diejenigen, die viel Blattmasse produzieren, wie z.B. Grünkohl, Rotkohl, Weißkohl, Salate, Spinat, Mangold. Zu den schwach zehrenden Gemüsearten rechnen wir Wurzelgemüse wie z.B. Möhren, Karotten, Beete, Schwarzwurzeln und unsere Gartenkräuter. Diese Pflanzen mögen keine hohen Düngergaben während des Wachstums und sind am besten mit Kompost versorgt. Die abtragenden Gemüsearten sind die Leguminosen. Zu diesen Stickstoffsammlern gehören die Erbsen, Bohnen (Busch- und Stangenbohnen) und die Dicke Bohne oder Puffbohne. Diese Pflanzengruppe ist für den Boden insofern von großer Bedeutung, weil ihre Wurzeln mit Knöllchenbakterien besiedelt sind, die einen beträchtlichen Stickstoffvorrat in der Erde zurücklassen. Es empfiehlt sich also, mindestens alle 3–4 Jahre Leguminosen im Garten anzubauen, um hierdurch eine natürliche Stickstoffspende zu erreichen.

Mischkultur

Unter Mischkultur verstehen wir verschiedene Gemüsearten, die durcheinander oder gemischt in Reihen auf einem Beet gezogen werden. Wie die Fruchtfolge von Starkzehrern, Schwachzehrern und Leguminosen, so hat sich auch die Mischkultur seit vielen Jahrhunderten bewährt, denn wir können sie als Mittel der natürlichen Schädlingsbekämpfung bezeichnen. Mischkulturen werden wesentlich weniger oder gar nicht von bestimmten Schädlingsarten befallen, die auf Reinkulturen große Schäden anrichten. Darüber hinaus hat sich gezeigt, daß bestimmte Pflanzenmischungen höhere Erträge pro Flächeneinheit liefern, als wenn sie in Reinkultur gezogen würden. Wir wissen z. B., daß Kopfsalat, Radieschen und Möhren eine besonders gute Gemeinschaft bilden, weil der Salat die Erdflöhe von den Radieschen abhält. Die Mischung von Möhren und Zwiebeln hält von den Zwiebeln die gefürchtete Zwiebelfliege fern. Sellerie, Brokkoli und Lauch oder Buschbohnen bringen ebenfalls, zusammen angebaut, gute Erträge. Das gleiche gilt für Möhren und Dill oder Kohlgewächse und Dill, für Erbsen, Möhren, Radieschen und Gurken, für Erdbeeren, Buschbohnen, Spinat und Salat, für Kohlgewächse und Sellerie oder für Kohlgewächse und Küchenkräuter wie Dill, Salbei, Thymian, Pfefferminze und Rosmarin. Kopfsalat läßt sich ebenfalls gut mit Erdbeeren oder Gurken zusammenpflanzen, für Sellerie wird als Nachbarschaft Lauch, Zwiebeln, Tomaten, Buschbohnen und Kohl empfohlen, Tomaten stehen mit Petersilie, Zwiebeln, Schnittlauch, Möhren gut zusammen und für Zwiebeln gilt die Erfahrung, daß sie mit Erdbeeren, Möhren, Salat, Tomaten und Bohnenkraut sehr gut gedeihen. Aber man sollte auch wissen, daß bestimmte Pflanzenarten sich nicht oder nur schlecht miteinander vertragen, das gilt z. B. für Zwiebeln, Erbsen und Bohnen oder Erdbeeren und Kohlgewächse, für Salbei und Gurken, für Spargel und Zwiebeln, für Tomaten und Kartoffeln oder für Tomaten und Erbsen. Auch bei Schnittlauch ist ein gleichzeitiger Anbau von Erbsen und Bohnen nicht zu empfehlen. Der findige Gartenbesitzer wird bald herausfinden, welche Kulturpflanzen am besten miteinander gedeihen. Ein Garten ist ja nicht nur für Arbeit und Erholung da, sondern er ist für den experimentierfreudigen Hobbygärtner ein großartiges Betätigungsfeld, auf dem er zahlreiche Erfah-

Salat Rad. u. Möhren, Kohlrüben
Lauch u. Zwiebeln, Karotten

rungen und neue Erkenntnisse sammeln kann. Der Pflanzenabstand bei einer Mischkultur hängt von der Größe der Pflanzen ab. Der Abstand zwischen den Pflanzen sollte so weit sein, daß sich ausgewachsene Pflanzen mit den Blättern noch nicht berühren.
Wir sehen also, daß sich in der Form der Mischkultur eine leichtpraktikable Möglichkeit anbietet, Kulturen vor Schädlingsbefall zu schützen und sie in ihrem Wachstum und Ertrag günstig zu beeinflussen.

Aussaat

Je nach Zeit und zur Verfügung stehender Fläche wird man in vielen Fällen für die Anzucht des Gemüses Jungpflanzen beim Gärtner einkaufen. Das gilt besonders für Kohlarten wie Blumenkohl, Rotkohl, Grünkohl, Rosenkohl, Kohlrabi, Tomaten, Lauch und Sellerie. Sie sind in guter Qualität in den Gärtnereien erhältlich. Bei vielen anderen Pflanzen aber lohnt sich die Anzucht aus Saatgut, das wir unter Umständen direkt ins Freiland ausbringen, wenn es keine Möglichkeiten für die Unterglaskultur oder die Tunnelkultur gibt. Hierbei ist ein wichtiger Grundsatz zu beachten: Wie die Saat, so die Ernte! Je besser das Saatgut, um so besser gedeihen auch die Pflanzen. In den meisten Fällen beträgt der Wert des Saatgutes nur einen Bruchteil von dem Wert der Ernte. Daher muß uns das beste gerade gut genug sein. Frisches, d.h. einjähriges Saatgut keimt am besten. Bei vielen Leguminosenarten wie Bohnen, Erbsen, Wicken und bei ölhaltigen Früchten (Rettich, Radieschen, Gurken, Kürbis) kann das Saatgut auch noch nach einigen Jahren auflaufen, aber die Ausbeute ist dann weniger zufriedenstellend. Nicht benötigtes Saatgut sollte man daher entweder dem Nachbarn verschenken oder im Winter als Vogelfutter verwenden, sofern es sich um nichtgebeiztes Saatgut handelt. Man kann aber auch leicht durch eine Keimprobe feststellen, ob das aufbewahrte Saatgut noch keimfähig ist. Zu diesem Zwecke legt man einige Samenkörner zwischen Fließpapier oder Zeitungspapier, das mit einem Ende im Wasser hängt. In kurzer Zeit wird man feststellen können, ob und wieviel Samenkörner des ausgelegten Saatgutes aufgehen. Auf diese Weise fällt es uns leicht zu entscheiden, ob das geprüfte Saatgut noch verwendet werden kann.
Für die Lagerung des Saatgutes sollte man beachten, daß grundsätzlich jede Art von Saatgut kühl, trocken und möglichst frostfrei aufbewahrt werden soll.
Saatgut selbst heranzuziehen, wird nicht empfohlen. Es ist zwar interessant, die selbst geernteten Früchte weiter durch Aussaat zu vermehren, aber in vielen Fällen entstehen im Garten Zufallskreuzungen, die meist ganz andere Ergebnisse bringen, als Sorten, die in einem Samenbaubetrieb herangezogen werden.
Die für den Selbstanbau von Saatgut erforderliche Mühe steht also in keinem Verhältnis zum damit erreichten Erfolg. Auch die Lagerung des Saatgutes bereitet im Haushalt gelegentlich Probleme.

Saatgutbeizung

Pilzkrankheiten und andere Krankheitskeime können oft dem Saatgut anhaften. Auch im Boden befinden sich zahlreiche Krankheiten, die den Keimling vernichten können. Bei einer frühen Aussaat dauert die Keimung infolge des noch kalten Bodens meistens relativ lange, und auch hier wird die Gefahr des Befalls durch verschiedene Krankheitserreger sehr groß. Wer also ungebeiztes Saatgut kauft und in den Boden sät, kann möglicherweise durch auftretende Krankheiten größeren Schaden an der Kultur erleiden. Es ist also erforderlich, das Saatgut zu beizen, um diesen Gefahren zu begegnen. Hierzu gibt es verschiedene Beizmethoden, unter denen wir allerdings nur die Trockenbeize erwähnen wollen. Hierzu benötigen wir ein entsprechendes Beizmittel (Captan oder TMTD). Da nur geringe Saatgutmengen benötigt werden, ist auch der Bedarf an Beizmitteln relativ klein. Man kann durch Beimischen von Talkum für eine gute und gleichmäßige Verteilung des Beizmittels sorgen. Zu diesem Zweck füllt man das Saatgut und das Beizmittel bzw. den Talkum in ein festverschließbares Gefäß und schüttelt es kräftig durch. Auf diese Weise überziehen sich alle Samen mit der Beize. Sie können anschließend direkt in den Boden ausgebracht werden.

Beizmittel sind immer unter Verschluß zu halten.

Bei der Aufbewahrung im Hause sind die entsprechenden Vorschriften streng zu beachten, um Unfälle zu verhüten.

Freiland-Aussaat

Im Hausgarten sollten wir niemals breitwürfig, sondern möglichst in Reihen aussäen. Die Pflanzen sind bei Reihensaat leichter sauber zu halten.

Für die Aussaat ins Freiland gilt die Faustregel, daß das Saatkorn nur so hoch mit Erde bedeckt werden soll, wie seine eigene Dicke beträgt. Manche Gemüsesämereien laufen noch in Aussaattiefen bis zu 3 cm gut auf. Neben der Saattiefe ist auf jeden Fall darauf zu achten, daß dem Samenkorn zur Keimung ausreichende Feuchtigkeit zur Verfügung steht. Der Boden muß also während der Keimzeit stets feucht gehalten werden. Außerdem darf der Boden nicht verkrusten. Harter Boden kann nur von Keimlingen weniger robuster Arten durchbrochen werden. Am besten verhindert man die Verkrustung durch Abdecken der Aussaatreihen mit einer dünnen Torfmullschicht, mit Sand oder dadurch, daß man den Boden vor der Aussaat mit einer dünnen Kompostschicht überzieht, die dann oberflächlich eingearbeitet wird. Nach der Aussaat müssen alle Samen Bodenschluß haben, d.h. sie müssen entweder angebraust oder angeklopft werden. Das Anklopfen kann durch leichtes Anschlagen mit dem Spaten oder durch Andrücken mit dem Harkenrücken geschehen. In jedem Falle ist es wichtig, daß das Saatkorn fest im Boden liegt, damit es durch die umgebende Feuchtigkeit zur Keimung angeregt wird. Hartschalige Samen (Gurken, Kürbis, Erbsen und Bohnen) keimen schneller, wenn sie

mehrere Stunden vorgequellt werden. Zu diesem Zwecke legen wir sie in lauwarmes Wasser.
Feines Saatgut kann man mit Sand oder Sägemehl vermischen, damit es beim Säen nicht zu dicht liegt. Grundsätzlich sollte man bei der Aussaat lieber zu weit als zu eng säen. Bei zu dichter Aussaat müssen die überzähligen Keimlinge auf jeden Fall herausgerissen werden, damit sie sich nicht gegenseitig im Wachstum beeinträchtigen. Zu dicht stehende Pflanzen werden leicht von Krankheiten und Erdflöhen befallen.
Nach der Aussaat ist es zweckmäßig, die Flächen mit Plastiknetzen zu überspannen. Diese schützen die Saatbeete vor körnerfressenden Vögeln. Auch das Abdecken mit Reisig hat sich bewährt. Vogelscheuchen und Vogelschrecken aller Art sind schon nach kürzester Zeit unwirksam, weil sich die meisten Gartenvögel sehr schnell daran gewöhnen.

Anzucht von Setzlingen

Man erspart sich viel Mühe, wenn man die Gemüsearten direkt in den Garten sät und nötigenfalls vereinzelt. Einige Arten, z. B. Möhren, lassen sich auch gar nicht verpflanzen. Dennoch hat die Vorkultur von Jungpflanzen durchaus ihre Berechtigung. Wenn im Sommer alles bewachsen ist und kein Platz für Aussaaten zur Verfügung steht, ist es zweckmäßig, die gewünschten Gemüsearten vorzukultivieren. Man kann sie in verschiedenerlei Saatgefäße aussäen wie z. B. Tontöpfe, Kistchen, Multitöpfe, Jiffypots oder in Plastiktöpfe. Wichtig ist bei allen Saat- und Pflanzengefäßen, daß sie immer einen guten Wasserabzug haben. Bei Ton- und Plastiktöpfen legt man Topfscherben über die Abzugslöcher oder man drainiert sie mit grobem Kies. Auch das Einsenken in den Boden hat sich bewährt, denn hierdurch werden die Töpfe vor dem Austrocknen geschützt. Multitopfplatten aus Plastik sind wasser- und luftdurchlässige Töpfe. Bei ihnen ist der Feuchtigkeitsverlust sehr gering. Trotzdem ist für gute Erdfeuchtigkeit, für ausreichende regelmäßige Wassergaben zu sorgen. Als Kultursubstrat hat sich besonders die krankheitsfreie TKS 1 bewährt, die in jeder Zierpflanzengärtnerei zu erhalten ist. Töpfe aus Zellulose und Torf, die meist zu mehreren zusammenhängen und so wie sie sind ausgepflanzt werden können, werden jeweils nur mit einem Saatkorn bestückt, oder man zieht die zuviel aufgelaufenen Pflanzen vorsichtig heraus. Dabei ist zu beachten, daß nur die stärksten Sämlinge stehen bleiben, denn sie lassen auch die besten Erträge erwarten.

Großblättrige, raschwüchsige Stauden besitzen ein starkes »Verdrängungsvermögen«.
Waldgeißbart und Funkie kommen auch auf schattigen Standorten gut voran und gedeihen zur vollsten Zufriedenheit. Ein großer Vorteil dieser Pflanzen ist, daß sie das Aufkommen von Samenunkräutern verhindern.

Früher wurden junge Sämlingspflanzen vorübergehend durch Umtopfen in besseren Boden und in weiteren Abstand zu besonders guter Wurzel- und Stammausbildung gebracht. Dieses sogenannte Pikieren kann man sich jedoch bei den Gemüsejungpflanzen mehr oder weniger ersparen, denn es erfordert relativ viel Arbeitszeit und durch die Wuchsstörung wird die Pflanze um etwa 14 Tage zurückgeworfen. Bei torfreicher Erde, z. B. der erwähnten TKS 1 oder bei TKS 2 ist die Bewurzelung der Sämlinge auch ohne das Pikieren sehr gut. Beim Umpflanzen der jungen Pflänzchen ist darauf zu achten, daß jeweils nur so viele Pflanzen herausgenommen werden, wie man schnell verpflanzen kann. Die empfindlichen Wurzeln dürfen auf keinen Fall austrocknen und der Sonne oder dem Wind ausgesetzt werden. Auch ist darauf zu achten, daß alle Wurzeln möglichst gut verteilt in den Boden kommen. Zu lange Wurzeln werden nicht umgebogen, sondern abgekniffen. Beim Kopfsalat ist jedoch darauf zu achten, daß die Wurzeln nicht beschädigt oder eingekürzt werden, weil es sonst rasch zur Blüte des Salats kommt. Junge Pflänzchen werden bis an die Keimblätter in den Boden gesetzt, dann bilden sie leicht Beiwurzeln (Adventivwurzeln), die den Pflanzen gute Ernährungs- und feste Standmöglichkeiten bieten. Beim Pflanzen ist darauf zu achten, daß die Erde von den Seiten her fest angedrückt wird, um den Wurzeln den nötigen Bodenschluß zu geben. Wichtig ist auch das anschließende Angießen. Kopfsalat darf nur so tief gepflanzt werden, wie er im Boden stand, sonst faulen die Blätter leicht und der Salat bildet schlechte Köpfe. Das Pflanzen junger Gemüsepflanzen geschieht am besten bei trübem, regnerischem Wetter, weil dann ein rasches Anwachsen gewährleistet ist. Bei Schönwetterperioden wählt man für die Pflanzung die späten Nachmittagsstunden. Während der Nacht- und Morgenstunden haben sich dann die jungen Pflanzen bereits soweit erholt, daß sie nicht mehr welken. Nach beendeter Pflanzung und Wässerung wird der Boden mit der Hacke oder dem Kultivator gelockert, um die Verdunstung einzudämmen.

Bei der Anlage vielstufiger, artenricher Blumen- und Gehölzrabatten sollen besonders solche Planzen berücksichtigt werden, die gleichzeitig als Bienenweide dienen. So helfen wir die Verluste dieser nützlichen Insektenart, die ihnen durch den Masseneinsatz von Schädlingsbekämpfungsmitteln zugefügt werden, zu verringern.

Regeln für das Pflanzgut und für Aussaaten

Für das Pflanzgut gilt das gleiche wie für die Saat, je besser das Pflanzgut, um so besser die Ernte!

Aus diesem Grunde sollten wir nur die besten und kräftigsten Jungpflanzen verwenden.

Folgende Regeln sollte man bei der Aussaat grundsätzlich beachten:

1. Stets den Samenbedarf genau berechnen; man kauft leicht zuviel.
2. Beizen schützt vor Verlusten.
3. Saattiefen beachten. Faustregel: Bodendecke = Samendicke.
4. Feines Saatgut mit Sand mischen.
5. Reihensaat erleichtert die Pflege.
6. Nicht zu dicht säen.
7. Langsam- und Spätkeimer (z. B. Möhren) mit Schnellkeimern (z. B. Radieschen) als Markierungssaat mischen.
8. Hartschalige Samen 12 Stunden im Wasser vorquellen.
9. Saatbeete gegen Vogelfraß schützen (Netze, Reisig).
10. Nach dem Aufgehen müssen zu dicht gesäte Stellen schnellstens ausgedünnt werden.
11. Sameneinkauf aus bewährtem Fachgeschäft lohnt immer.
12. Bewährte Sorten anbauen. Neue Sorten vorerst einmal in kleinen Mengen erproben.

Unkraut im Garten

Als Unkräuter bezeichnen wir alle diejenigen Pflanzen, die wir in unserem Garten nicht haben wollen. Meist sind es ganz gewöhnliche Wildpflanzen. Im ungenutzten Land und an Wegrändern sind sie nicht gefährlich, aber im Garten engen sie den Lebensraum unserer Kulturpflanzen empfindlich ein. Aufgrund ihrer standortbezogenen Wuchseigenschaften gedeihen sie oft viel besser als unsere Kulturpflanzen und stellen auch aus diesem Grund eine Gefahr für das Gedeihen unserer Kulturen dar. Bei allen diesen unliebsamen Eigenschaften haben sie jedoch auch ein Gutes an sich, wir können nämlich aus dem Vorhandensein von Unkräutern Hinweise auf die Beschaffenheit des Bodens und auf die erforderliche Bodenverbesserung bekommen. Wir bezeichnen daher einige Unkrautarten als typische Anzeigerpflanzen. Bestimmte Unkrautarten bevorzugen z. B. mageren, kalkarmen bis sauren Boden. Es sind dies Kräuter wie Kleiner Sauerampfer, Ackerspörgel, Sandstiefmütterchen, Sauerklee. Ackerschachtelhalm, Gänsedistel und die Nickende Distel zeigen Tonboden an. Hahnenfuß und Breitwegerich weisen auf einen feuchten, verdichteten Boden hin. Kali wird angezeigt von Ackerehrenpreis, Schwarzem Nachtschatten, von Melde und von Windendem Knöterich. Vogelmiere, Gänsefuß, Schwarzer Nachtschatten zeigen darüber hinaus an, daß die Erde humus- und nährstoffreich ist.

Es gibt einjährige und ausdauernde Unkräuter, letztere werden auch als Wurzelunkräuter bezeichnet. Die einjährigen Unkräuter haben die fatale Eigenschaft, sich innerhalb kurzer Zeit durch unendliche Samenproduktion auszubreiten und zu vermehren. Hierunter rechnen wir z. B. das Franzosenkraut, das Greiskraut, die Vogelmiere, die Melde und die Knötericharten. Zu den ausdauernden Unkräutern, die uns ganz besondere Probleme aufgeben, zählen wir vor allem die Zaunwinde und die Quecke, den kriechenden Hahnenfuß, die Brennessel und den Giersch.

Was sollen wir nun gegen diese Unkräuter tun? In jedem Boden wimmelt es von Unkrautsamen, die nach der Bodenbearbeitung zu keimen beginnen und sich ausbreiten.

Ganz abgesehen davon, daß es nicht zu den beliebtesten Freizeitbeschäftigungen gehört, ständig mit Hacke und Spritzmitteln durch den Garten zu laufen, gibt

Ackerstiefmütterchen

Nickende Distel

Gemeines Greiskraut

Sauerampfer

Windender Knöterich

Ackerehrenpreis

Sauerklee

Schöllkraut

es doch eine Reihe von Möglichkeiten, die gerade gegen das Aufkommen von Unkräutern angewendet werden können. Auf keinen Fall sollte man dem Unkraut mit den gefährlichen Herbiziden zu Leibe rücken. Hierdurch können oftmals jahrelange Schäden am Boden entstehen. Es gibt einfachere und natürliche Methoden, um das Unkraut wirksam zu bekämpfen.

Natürliche Bekämpfungsformen

Eine davon ist die Gründüngung, die wir bereits bei der Herrichtung des Geländes, also vor der Bepflanzung anwenden. Durch die Einsaat mit schnellwachsenden Gründüngungspflanzen wie z. B. Hederich, Senf, Raps oder Puffbohnen werden bereits die meisten Wurzelunkräuter und die Samenunkräuter erstickt und vernichtet. Der Anbau von Hackfrüchten als Vorkultur, z. B. Kartoffeln, hat sich bei stark verqueckten Böden gut bewährt.
Nach der Bepflanzung des Gartens helfen wir uns durch Hacken gegen den aufkommenden Unkrautbewuchs. Aus diesem Grund ist es wichtig, die Pflanzen weit genug auseinander zu setzen, damit das Hacken nicht unnötig erschwert wird. Wer sich im Gemüsegarten die mühselige Arbeit des Jätens ersparen will, sollte die Kulturen in Reihensaat ausbringen, auf diese Weise wird das Hacken ebenfalls wesentlich erleichtert. Überflüssiges Jäten entfällt. Kulturen, die weite Pflanzenabstände benötigen wie z. B. Kohlarten, Tomaten, Kartoffeln, lassen sich ebenfalls leicht mit der Hacke sauber halten.
Ein gutes Mittel zur Unkrautbekämpfung ist auch das Mulchen. Wie bereits im vorausgegangenen Kapitel erwähnt, wird hierdurch der Boden abgedeckt. Unkrautsämlinge können nicht auflaufen. Außerdem verbessert das Mulchen die Bodenfruchtbarkeit durch die Verrottung des Mulchmaterials.
Rasch wachsende Pflanzen, die viel Blattmasse entwickeln und einen baldigen Bodenschluß bewirken, lassen Unkrautsamen ebenfalls nicht mehr aufkommen. Man kann daher Pflanzen, die weite Pflanzabstände benötigen, wie z. B. Tomaten, durch Zwischensaaten von Kresse und Radieschen vor Verunkrautung schützen. Radieschen und Kresse bedecken den Boden rasch und verhindern hierdurch das Keimen von Unkrautsamen.
Am schwierigsten gestaltet sich die Unkrautbekämpfung im Staudenbeet, namentlich bei Wurzelunkräutern wie Quecke, Giersch, Zaunwinde u. a. Hier können wir mit Jäten oder Hacken nichts ausrichten. Wir bekommen diese Wurzelunkräuter nur aus dem Boden, indem wir auch die Stauden aufnehmen, teilen und die Wurzeln der Unkräuter entfernen. Auch durch Bepflanzung der Staudenbeete mit dichtlaubigen Stauden wie Funkien, Lungenkraut, Bergenien oder durch starkwachsende, dichtlaubige Sommerblumen wie z. B. der Kapuzinerkresse, läßt sich der Unkrautwuchs stark eindämmen. Daneben gibt es heute eine Reihe stark wachsender Bodendecker wie z. B. Knöterich, Günsel und starkwachsende

Gehölzarten wie die Kriechenden Felsenmispeln, die Kriechende Schneebeere u. a., die wir an geeigneten Stellen wirkungsvoll zur Unkrautbekämpfung einsetzen können.

Einige Unkräuter wie z. B. der Giersch, die Brennessel, der Löwenzahn, die Gänsekresse können als Wildgemüse zubereitet werden. Quecke und Ackerstiefmütterchen lassen sich zu einem bekömmlichen Haustee verarbeiten und die Vogelmiere wird besonders von den Stubenvögeln geschätzt. Hiermit kann man aber schwerlich der Unkrautplage im Garten Herr werden.

Bei der erfolgreichen Unkrautbekämpfung sind wir also im wesentlichen auf die folgenden sechs Maßnahmen angewiesen:

1. Rechtzeitige Vernichtung aller Samenunkräuter. Pflanzen und Kräuter, die schon Samen angesetzt haben, gehören nicht auf den Komposthaufen.
2. Häufigeres Hacken, damit die Samenunkräuter nicht zur Blüte kommen und um Dauerunkräuter bei der Bildung oberirdischer Sprosse so zu schwächen, daß sie schließlich eingehen.
3. Ausgraben von kriechenden Wurzelsprossen wie Quecken, Schachtelhalm, Winden, Giersch. Hierbei hat sich besonders die Grabegabel bewährt, da sie im Gegensatz zum Spaten nicht die Wurzeln benachbarter Pflanzen beschädigt.
4. Die Abdeckung des Bodens mit Torfmull oder lockerem Kompost ermöglicht leichtes Jäten.
5. Durch Mulchen wird der Unkrautsamen an der Keimung gehindert.
6. Geeignete Pflanzabstände und Reihensaat erleichtern die mechanische Unkrautbekämpfung (Hacken).

Chemische Bekämpfung – Herbizide

Bei der Anwendung chemischer Bekämpfungsmittel gegen das Unkraut ist größte Vorsicht geboten. Es gibt keine Wundermittel, mit denen jedes Unkraut mühelos zu bekämpfen ist. Dennoch kann der Einsatz bestimmter Bekämpfungsmittel gegen das Unkraut sehr wirkungsvoll sein. Zu diesen gehört in erster Linie der Kalkstickstoff, der für den Garten als Spezial-Kalkstickstoff mit 20% Reinstickstoff und 50% wirksamem Kalk empfohlen wird. Spezial-Kalkstickstoff ist feingeperlt und daher besonders gut streufähig. Bevor er sich unter dem Einfluß von Feuchtigkeit und Wärme in Pflanzennahrung umsetzt, bekämpft Spezial-Kalkstickstoff keimendes und auflaufendes Unkraut. Zugleich werden Erreger zahlreicher pilzlicher und bakterieller Pflanzenkrankheiten stark gehemmt sowie tierische Schädlinge bekämpft. Kalkstickstoff muß aber bereits 14 Tage vor der Aussaat oder Pflanzung ausgebracht werden, damit er sich nicht schädlich auf die Nutzpflanzen auswirken kann.

Stark verkrautete Flächen sollte man vor dem Umbrechen mit Gramoxone abspritzen. Dieses chemische Bekämpfungsmittel vernichtet das Chlorophyll in den Pflanzenteilen und bewirkt dadurch das rasche Absterben der Pflanzen (bei Wurzelunkräutern jedoch unwirksam). Eine Flächenbehandlung mit Gramoxone hat den Vorteil, daß schon nach 12 Stunden eine Neueinsaat erfolgen kann.

Es gibt zahlreiche Mittel, die als selektiv wirkende Mittel, z. B. für die Bekämpfung von Unkräutern im Rasen, angewendet werden können. Auch in Verbindung mit Düngern sind diese Mittel im Handel. Um Platzflächen und Wege unkrautfrei zu halten, können sie mit bestimmten Chemikalien begossen werden. Bei kleinen Gärten und schmalen Wegen kann diese Maßnahme jedoch den Pflanzen am Wegrand und an den Einfassungen gefährlich werden. Große Vorsicht ist geboten bei Mitteln, die unkrautfreien Boden für eine ganze Wachstumsperiode versprechen! Sie wirken nur dann, wenn der Boden nicht durch Hacken oder ähnliche Maßnahmen gelockert wird. Bei schweren Böden kann es hier zu starken Verschlämmungen und zu schlechter Durchlüftung des Bodens kommen. Das erschwert das Anwachsen bei Neupflanzungen und führt selbst bei älteren Pflanzungen zu Kümmerwuchs.

Die wichtigsten Gartenunkräuter

Ackerhohlzahn *(Galeopsis ladanum)*
Einjähriges, bis 50 cm hohes Samenunkraut. Die flaumhaarigen Blätter sind elliptisch und gezähnt. Der Ackerhohlzahn gehört zur Familie der Lippenblütler. Die Blüten stehen in Halbkränzen in den Blattwinkeln. Blüte rot. Verbreitung erfolgt durch Samen.

Brennessel, Kleine und Große
(Urtica urens, Urtica dioica)
Die Kleine Brennessel ist ein einjähriges, verzweigtes, etwa 40 cm hohes Unkraut. Die Blätter sind oval elliptisch, dunkel-

Ausdauernde Brennessel

grün, grobgesägt. An den Blättern und Stengeln befinden sich Brennhaare. Die Blüten sind unscheinbar. Die Verbreitung erfolgt durch Samen. Die Große Brennessel ist ein ausdauerndes, bis 1,20 m hoch werdendes Unkraut. Die herzförmigen Blätter stehen paarweise gegenständig, sie sind spitz gesägt. Brennhaare befinden sich an Stengeln und Blättern. Die Blüten sind unscheinbar. Die Wurzeln bilden starke Ausläufer. Die Verbreitung erfolgt durch Samen und Ausläufer.

Franzosenkraut, Knopfkraut
(Galinsoga parviflora)
Einjähriges Unkraut, etwa 30 bis 50 cm hoch, mit ovalelliptischen, gesägten Blättern. Kleine Blüten: weiße Zungenblüten, gelbe Röhrenblüten. Ausgerissene Pflanzen schlagen sofort wieder Wurzeln, wenn sie mit dem Boden in Berührung kommen.
Verbreitung durch Samen, die auch im Komposthaufen lange Zeit überdauern können.

Franzosenkraut

Gänsedistel, Saudistel
(Sonchus arvensis)
Eine ausdauernde bis zu 1.20 m hohe Pflanze.
Die Blätter haben ein lanzettartiges Aussehen. Die Stengel dieser Distel sind von ästigem Habitus. Es handelt sich um einen gelbblühenden Korbblütler. Die Wurzeln haben knorrige Ausläufer. Die Verbreitung erfolgt durch Samen und durch Ausläufer. Zu dieser Gattung gehören noch die Kohl-, die Sumpf- und die Dornige Gänsedistel.

Gänsedistel

Gänsefuß, Weißer, Falsche Melde *(Chenopodium album)*
Eine einjährige, bis 90 cm hoch werdende Pflanze mit verzweigten Stengeln und eiförmigen, lanzettlichen, gezähnten, zum Teil mehlig bestäubten Blättern. Die Blüten sind unscheinbar, grünlich. Die Verbreitung erfolgt durch Samen, die in großer Anzahl hervorgebracht werden. Die Bekämpfung muß möglichst erfolgen bevor die Pflanzen zu blühen beginnen. Häufiges Unkraut auf bebautem Boden.

Gänsefuß

Giersch *(Aegopodium podagraria)*
Ein ausdauerndes, 30 bis 60 cm hohes Doldenblütengewächs, dessen hellgrüne Blätter eiförmig, lanzettlich gesägt und dreizählig angeordnet sind. Die Blüten sind weiße Dolden. Das Wurzelwerk ist kräftig und besteht aus sich stark verzweigenden Ausläufern, die oft die oberste Bodenschicht verfilzen. Die Verbreitung dieses sehr lästigen Wurzelunkrautes erfolgt durch Ausläufer und durch Samen.

Giersch

Hahnenfuß, Kriechender *(Ranunculus repens)*
Ausdauerndes, niedriges Unkraut mit dreispaltigen gezähnten Blättern. Die Blüten stehen einzeln und sind buttergelb. Der Kriechende Hahnenfuß treibt oberirdische Ausläufer. Die Vermehrung erfolgt durch Samen und Ausläufer.
Das frische Kraut des Kriechenden Hahnenfußes ist giftig! Sein Wirkstoff (Anemonin) kann ätzende Verletzungen auf Haut und Schleimhäuten hervorrufen.

Kreichender Hahnenfuß

Huflattich *(Tussilago farfara)*
Er gehört zu den gelbblühenden Korbblütlern. Die Blüten erscheinen im zeitigen Frühjahr noch vor den Blättern. Die Blätter selbst sind herzförmig-rundlich, schwärzlich gezähnt, unterseits weißfilzig. Blütenstengel mit rötlichen Schuppen. Der Huflattich vermehrt sich besonders durch Ausläufer und durch Samen. Die Blätter werden als *Folia Farfarae* arzneilich gegen Husten und Bronchialkatarrh angewendet.

Huflattich

Kamille *(Matricaria chamomillae)*
Die Kamille ist ein ein- bis zweijähriges, stark verzweigtes etwa 45 cm hohes Unkraut. Die Blätter sind fein gefiedert. Sie ist ein Korbblütler mit gelbem Blütenkorb und weißen Randkronen. Der Blütenboden ist hohl. Die Verbreitung der Kamille erfolgt durch Samen.

Kamille

Löwenzahn *(Taraxacum officinale)*
Löwenzahn ist ein mehrjähriges Unkraut mit großer Laubblattrosette. Die Blätter sind buchtig gelappt. Es handelt sich um einen bekannten Korbblütler mit großen gelben Körbchen auf blattlosen, hohlen Schäften. Löwenzahn besitzt eine kräftige, ästige Pfahlwurzel. Jedes Wurzelstück vermag eine neue Pflanze zu bilden. Die Verbreitung erfolgt im wesentlichen durch Samen.

Nachtschatten, Schwarzer *(Solanum nigrum)*
Beim Nachtschatten handelt es sich um ein einjähriges Unkraut, das etwa 30 bis 50 cm hoch werden kann. Die Seitentriebe der reichverzweigten Pflanze können auf dem Boden Wurzeln schlagen und auf diese Weise neue Pflanzen bilden. Die Blätter sind eiförmig, buchtig gezähnt, die Blütenkrone weiß, lila, violett oder rötlich. Beeren schwarz, grün, gelblich oder weiß. Schwarzer Nachtschatten ist giftig. Vermehrung erfolgt hauptsächlich durch Samen.

Schwarzer Nachtschatten

Quecke *(Agropyrum repens)*
Kriechendes oder aufrecht wachsendes Gras, das sich hauptsächlich durch lange Ausläufer verbreitet. Die Ausläufer verfilzen ähnlich wie beim Giersch oft die oberste Bodenschicht. Sehr lästiges Wurzelunkraut. Teilstücke, die im Boden verbleiben, treiben rasch wieder aus. Die Verbreitung erfolgt durch Samen und Ausläufer.

Quecke

Schachtelhalm *(Equisetum arvense)*
Der Schachtelhalm ist ein ausdauerndes Unkraut, keine Blütenpflanze, sondern ein Gewächs, das sich durch Sporen vermehrt. Der gelbbraune Fruchtstand mit unverzweigtem Stengel erscheint im zeitigen Frühjahr. Die grünen Stengel im Frühsommer. Schachtelhalm besitzt ein sehr tiefes Wurzelsystem mit Ausläufern. Verbreitung durch Sporen und Ausläufer.

Schachtelhalm

Schafgarbe *(Achillea millefolium)*
Bei der Schafgarbe handelt es sich um ein ausdauerndes, 30 bis 50 cm hohes Unkraut mit verzweigtem Stengel und lanzettlichen, zwei- bis dreifach gefieder-

ten Blättern. Die Blüten sind klein, weiß bis rötlich und stehen in dichtem Strauß zusammen. Schafgarben besitzen ein kräftiges Faserwurzelsystem mit Ausläufersprossen. Ihre Vermehrung erfolgt durch Samen und Ausläufer.

Spark

Spark *(Spergula arvensis)*
Der Spark oder auch Spörgel mit seinen fein gefiederten Blättchen und den weiß und rosa Blüten ähnelt mehr dem Moos als einem Nelkengewächs. Er kann besonders im Rasen sehr lästig werden. Er vermehrt sich durch seine Ausläufer und durch Samenaussaat.

Taubnessel, Rote und Weiße *(Lamium purpureum* und *Lamium album)*
Der Rote Taubnessel ist ein einjähriges, etwa 30 cm hoch werdendes Unkraut. Die Blätter sitzen gestielt, herzförmig gekerbt an den kantigen Stengeln. Die Rote Taubnessel ist ein Lippenblütler mit violett-roten Blüten. Ihre Verbreitung erfolgt durch Samen. Die Weiße Taubnessel ist dagegen ein ausdauerndes, bis 40 cm hoch werdendes Unkraut. Die viereckigen Stengel sind ästig, behaart, mit herzförmigen Blättern, die paarweise gegenständig sitzen. Die Blüten sind weiß. Die Weiße Taubnessel bildet eine Pfahlwurzel mit ausläuferartigen Erdstengeln aus. Ihre Verbreitung erfolgt durch Samen und Ausläufer.

Vogelknöterich

Vogelknöterich *(Polygonum aviculare)*
Bei dem Vogelknöterich handelt es sich um ein einjähriges Unkraut mit liegenden bis flach steigenden, 25 bis 60 cm hohen Stengeln. Die Blätter sind elliptisch, die grün-weißen Blüten sind klein und rot gerändert. Der Vogelknöterich kann dichte Bestände bilden. Seine Vermehrung geschieht durch Samen.

Breitblättriger Wegerich

Vogelmiere

Wegerich, Breitblättriger
(Plantago major)
Der Breitblättrige oder Große Wegerich ist ein besonders lästiges mehrjähriges Unkraut, das eine Laubblattrosette ausbildet. Die Blätter sind langstielig, eiförmig, die Blüten klein, bräunlich, sie sitzen an ährentragenden Blütenschäften. Der Große Wegerich besitzt einen ausdauernden Wurzelstock. Seine Verbreitung erfolgt durch Samen.

Vogelmiere *(Stellaria media)*
Die Vogelmiere ist ein ein- bis zweijähriges Samenunkraut mit liegenden Stengeln, die etwa 20 bis 60 cm lang werden können und Wurzeln schlagen. Die Blätter sind spitz und eiförmig, die Blüten weiß, klein, mit gespaltenen Kronblättern. Unter für sie günstigen Verhältnissen kann die Vogelmiere jede Nutzpflanze überwachsen und dadurch ersticken. Ihre Verbreituhg erfolgt durch Samen.

Spitzwegerich, *(Plantago lanceolata),* ist ein naher Verwandter des Breitblättrigen Wegerichs. Er besitzt die gleichen Merkmale und Eigenschaften und spielt auch in der Volksheilkunde eine gewisse Rolle. Der frische Saft der Blätter wird bei der Frühjahrskur zur »Blutreinigung« oder in Form von Umschlägen zur Behandlung schlecht heilender Wunden verwendet. Insgesamt gibt es rund 260 Wegerich-Arten auf der Erde.

Weidenröschen

Zaunwinde

Weidenröschen *(Epilobium angustifolium)*
Das Weidenröschen ist ein einjähriges bis 80 cm hoch werdendes verzweigtes Unkraut mit schmallanzettlichen Blättern, langgestielten kleinen rötlichen oder violettfarbenen Blüten. Es vermehrt sich vor allem durch Samen. Ausgerissene Pflanzen, die auf feuchtem Boden liegen, sind in der Lage, sich an den aufliegenden Teilen wieder zu bewurzeln.

Zaunwinde *(Convolvulus sepium)*
Die Zaunwinde ist ein besonders lästiges, rankendes, ausdauerndes Unkraut mit mehreren rankenden Stengeln (mehrere Meter lang), die andere Pflanzen umschlingen. Die Blätter sind pfeilförmig ausgebildet, die Blüten trichterförmig, weiß. Die Wurzeln bestehen aus Rhizomen, die sich weit verzweigen. Jedes Wurzelstück, das im Boden verbleibt, vermag neue Pflanzen auszubilden. Die Verbreitung erfolgt durch Ausläufer und Samen.

Die Kapuzinerkresse (Tropaeolum) ist nicht nur Blütenschmuck. Sie gilt auch als Mittel gegen den Kohlweißling und verhindert durch ihr starkes Wachstum das Keimen von Unkrautsamen. Die Studentenblume (Tagetes) hat sich gegen Nematodenbefall (Bodenälchen) besonders bewährt und wird als Zwischenkultur bei verseuchten Böden empfohlen.

Schädlingsbefall – was tun?

Alarmierend sind die Nachrichten über Schädlingsbefall in Monokulturen, die fast täglich in Fachzeitungen und in der Tagespresse zu lesen sind. Ebenso alarmierend sind aber auch die Bekämpfungsmethoden. Wenn wir heute aus einem modernen Spritzkalender für den Obstbau entnehmen, daß etwa 16–20 Spritzungen gegen tierische und Pilz-Schädlinge aller Art empfohlen werden, und daß hierzu zum Teil hochkonzentrierte Gifte verwendet werden, so müssen wir uns fragen, ob hier nicht unter Umständen auch nachhaltige Schäden bei demjenigen auftreten können, der dieses Obst in größeren Mengen genießt. Das gleiche gilt für den modernen Gemüsebau. Selbstverständlich ist es wichtig, daß man Krankheiten und Schädlinge im Obst- und Gemüsebau rechtzeitig erkennt und rechtzeitig bekämpft, um eine bestmögliche Ernte zu erhalten. Es ist hierzu aber unerläßlich, auch die Lebensgewohnheiten der Pflanzen, ihre Wachstumsbedingungen und ihre Bodenansprüche zu kennen, denn richtig ernährte, gesunde Pflanzen sind gegen den Befall von Schädlingen weniger anfällig.

Die Industrie bietet heute praktisch gegen jeden Schädling ein entsprechendes Gegenmittel an. Hier wird leider nur zu oft das Kind mit dem Bade ausgeschüttet, denn riesige Mengen von Schädlingsbekämpfungsmitteln werden auf den Pflanzen ausgebracht und oftmals bekämpfen wir damit nicht nur den Schädling, sondern auch zahlreiche Nützlinge, die sich auf diesen Pflanzen befinden oder mit ihnen in Symbiose leben. Auch müssen wir zu unserer Verwunderung feststellen, daß viele Parasiten in unseren Gärten immer weniger auf die chemischen Bekämpfungsmittel reagieren und zunehmend immun werden. Ja, man kann sogar feststellen, daß mit zunehmender Zahl der Bekämpfungsmaßnahmen anscheinend die Schädlinge und auch die Krankheiten unserer Kulturpflanzen ebenfalls ständig zunehmen.

Knackiges Gemüse aus eigener Anzucht – kein Problem im Hausgarten, wenn man sich ein wenig mit den Anzuchtfragen beschäftigt. Taufrisch geerntet sind unsere Gemüse besonders reich an Vitaminen und Mineralstoffen und das Wichtigste: Wir wissen wie und womit das Gemüse behandelt worden ist!

Der starke Rückgang der Singvögel in unseren Gärten und Landschaften ist nicht zuletzt auch auf die unvernünftige Anwendung von Schädlingsbekämpfungsmitteln zurückzuführen, denn Vögel können durch die Aufnahme vergifteter Insekten, Sämereien oder durch Berührung mit den Mitteln erkranken oder eingehen. Außerdem wird ihre Fruchtbarkeit und Entwicklung unter Umständen beeinträchtigt. Auch auf so nützliche Insekten wie z. B. Bienen und Hummeln haben Pflanzenschutzmittel verheerende Auswirkungen gezeigt – vor allem in den letzten Jahren. Viele Bienenzüchter haben die Bienenzucht eingestellt, weil die Völker durch Insektizide zu sehr gelitten hatten.

Kein Befall ohne Ursachen

In vielen Lehrbüchern wird bei der Schädlingsbekämpfung immer nur auf den Schädling hingewiesen. Hierdurch könnte die Meinung entstehen, daß der Schädling selbst die Ursache des starken Befalls wäre. Schädlinge gab es aber zu allen Zeiten und es wird sie auch immer geben, denn sie sind aus dem gesamten Lebensgefüge der Natur nicht wegzudenken.

Gesunde Pflanzen, richtig ernährte Pflanzen kennen kaum Schädlingsbefall. Sie sind fähig, genau wie der gesunde Mensch, Schädlinge aus eigener Kraft abzuwehren. Wenn wir also starken Befall an Pflanzen feststellen, so liegt der Verdacht nahe, daß die Pflanze krank ist. Wie aber kann eine Pflanze krank werden? Da ist zunächst die Ernährung von großer Bedeutung. Und die Ernährung ist wiederum eine Frage des Bodens. Aus gesundem Boden kann die Pflanze alle die Nährstoffe aufnehmen, die sie benötigt. Wie bereits im Kapitel über die Düngung gesagt, benötigen Pflanzen nicht allein Kali, Phosphorsäure, Kalk und Stickstoff. In den meisten Fällen aber fügen wir mit der künstlichen Düngung nur solche Stoffe dem Boden zu. Eine derartig einseitige Ernährung und der zunehmende Mangel anderer lebenswichtiger Stoffe führen auf die Dauer dazu, daß Mangelkrankheiten entstehen. Es wurde schon darauf hingewiesen, daß gerade die Humusversorgung des Bodens eine große Rolle spielt. Erstaunlich ist die Tatsache, daß Pflanzen, die immer wieder von Schädlingen befallen wurden, nach reichlichen Humusgaben wieder gesund werden und die Schädlinge abstoßen.

Auch ein falscher Standort kann den Befall von Schädlingen begünstigen. Pflanzen, die z. B. ständig der Zugluft ausgesetzt sind, können sich bald kaum der Schädlinge erwehren. Obstbäume, vor allem Apfelbäume, die auf grundwassernahen Böden stehen, erkranken sehr schnell an Krebs. Und es ist nicht verwunderlich, wenn trotz aller Bekämpfungsmethoden dieses Übel an solchen Standorten immer wieder auftritt.

Auch die Sortenauswahl spielt eine Rolle. Bestimmte Obstsorten sind in unseren Breiten sehr anfällig gegen bestimmte Krankheiten. So wird z. B. die Apfelsorte »Jonathan« leicht von Mehltau befallen.

Der weiße Klarapfel wird besonders von Blutläusen bevorzugt. Viele Ziergehölze wie z. B. der Falsche Jasmin (Philadelphus), der Gartenschneeball (Viburnum opulus sterile), der Duftschneeball (Viburnum carlesii), und bestimmte Zierkirschen und Pflaumenarten wie die Hauszwetsche und der Spilling werden gern von Läusen befallen. Das Kriechende Pfaffenhütchen (Euonymus radicans), die Zwergaster (Aster dumosus), die Hohe Belgische Aster (Aster novi-belgii), der Rittersporn (Delphinium cultorum) sowie verschiedene Edel- und Polyantharosen werden auf ungeeignetem Standort leicht von Mehltau befallen. Das gleiche gilt für das Lungenkraut (Pulmonaria) und für die Königskerze (Verbascum nigrum). Verschiedene Felsenmispeln (Cotoneaster-Arten), besonders der Weidenblättrige Cotoneaster, leiden unter Feuerbrandrost. Diese Krankheit überträgt sich auch leicht auf die Japanischen Quitten (Chaenomeles). Solche Zierpflanzen sollte man möglichst nicht in die Nähe anderer Nutzpflanzen bringen, auf die sich die Schädlinge und Krankheiten leicht übertragen können. Am besten verzichtet man überhaupt auf sie oder ersetzt sie durch widerstandsfähigere Arten.

Durch falsche Züchtung kann die Schädlingsvermehrung im Garten angeregt werden. In der Züchtung herrscht heute das Prinzip vor, immer höhere Erträge zu erwirtschaften. Dieses Prinzip geht leider zu einem großen Teil auch auf Kosten der Widerstandsfähigkeit der Pflanzen. Auch eine falsche Bodenbearbeitung kann Ursache für eine stärkere Verbreitung von Schädlingen sein. Viele Pflanzen besitzen Wurzeln, die dicht unter der Oberfläche liegen. Werden die Wurzeln durch Graben oder tiefes Hacken beschädigt, wird gleichzeitig der Kreislauf dieser Pflanzen gestört und starker Läusebefall kann die Folge sein. Das gilt besonders für Obstbäume, unter denen im Frühjahr gepflügt oder gegraben wird.

Ein Zuviel an bestimmten Nährstoffen kann für die Pflanzen schädlich werden. Wenn wir z. B. feststellen, daß die Kali- oder Phosphor- oder Kalkversorgung im Boden zu gering ist, dann müssen diese Stoffe dem Boden in Form von Mineraldüngern oder in anderer Form gegeben werden. Es darf aber unter keinen Umständen mehr sein, als der Boden braucht. Zu große Kaligaben binden z. B. im Boden das Magnesium, die Folge sind kranke und für Schädlinge anfällige Pflanzen. Bei zu hohen Kalkgaben wird im Boden vor allem bei feuchtem Wetter das Eisen gebunden. Bäume und Sträucher bekommen dann die sogenannte Eisenchlorose, eine typische Mangelerscheinung. Es ist daher wichtig, den Boden von Zeit zu Zeit untersuchen zu lassen. Die Gesundheit des Bodens ist eine wichtige Voraussetzung für eine erfolgreiche Schädlingsbekämpfung.

Natürlicher Pflanzenschutz durch Mischkulturen

Bei unseren Gemüsekulturen, die jeweils besondere Ansprüche an die Nährstofflage im Boden stellen und die trotz aller

Mühe leicht von Schädlingen befallen werden, können wir neben der Anlage von Mischkulturen auch durch das Pflanzen bestimmter anderer Gewächse einen natürlichen Pflanzenschutz erreichen. So vertreibt z. B. das Basilikum Fliegen und Mücken, der Dill den Kohlweißling, der Meerrettich den Kartoffelkäfer. Petunien haben sich gegen Blattläuse bewährt. Pfefferminze vertreibt Erdflöhe, Ameisen und Kohlweißlinge. Der Rainfarn (Chrysanthemum tanacetum) vertreibt jede Art

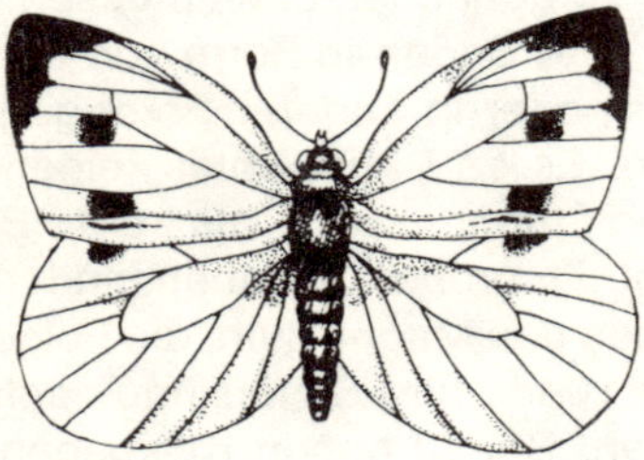

Kohlweißling

von Ungeziefer. Salbei hat sich gegen die Möhrenfliege bewährt, Tagetes gegen Nematoden und die Taubnessel (Lamium album) soll gegen den Kartoffelkäfer wirksam sein. Andererseits sind Pflanzen wie die Kapuzinerkresse (Tropaeolum majus), die sich gegen Kohlweißlinge als besonders wirksam erwiesen haben, für Schwarze Blattläuse geradezu ein Lockmittel. Tagetes werden gern von Schnekken angenommen. Auch einige Gemüsepflanzen sind gegen Schädlinge wirksam. Lauch und Zwiebeln als Zwischenpflanzung mit Möhren vertreiben die gefürchtete Möhrenfliege, während die Möhren die Eiablage der Lauchmotte bei den Zwiebeln verhindern. Auch Schwarzwurzeln wirken gegen die Möhrenfliege. Spinat verscheucht Erdflöhe.

Förderung der Gartennützlinge

Zur Bekämpfung der Schädlinge gehört gleichzeitig die Förderung der Gartennützlinge. Viele Vogelarten, Insekten und Kleinlebewesen sorgen dafür, daß gefürchtete Schädlinge wesentlich vermindert werden. Es ist zwar nicht immer einfach, diesen natürlichen Feinden unserer Gartenschädlinge einen geeigneten Lebensraum zu bieten. Vor allem in dichter besiedelten Gebieten sind bestimmte Wildtiere wie z. B. der Igel nicht anzusiedeln. Dafür gibt es aber zahlreiche andere Helfer im Kampf gegen die Schädlinge, von denen nachfolgend kurz die Rede sein wird.

Vögel

Nachtigall, Mönchsgrasmücke, Heckenbraunelle: Insektenvertilger.

Gartenrotschwanz: Insektenvertilger; durch Aufhängen von Nistkästen kann er leicht im Garten heimisch gemacht werden.

Hausrotschwanz: Insektenvertilger; brütet gern in Gartenhäusern, Mauerlöchern, Steinritzen.

Amsel: Verzehrt Käfer, Raupen und andere Insekten, liebt aber auch Beerenobst und Kirschen.

Gartenrotschwanz

Bachstelze

Rotkehlchen

Buchfink

Zaunkönig

Alpenbraunelle

Mauersegler

Kohlmeise

Turmfalke

Schleiereule

Singdrossel

Mönchsgrasmücke

Gartengrasmücke

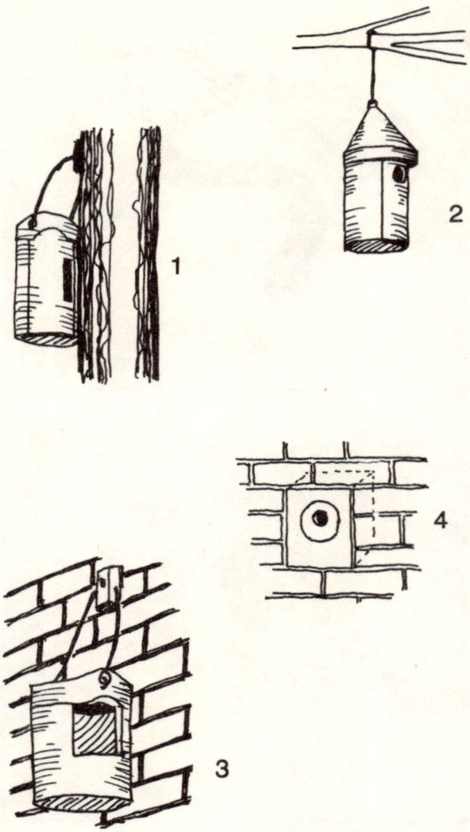

Nisthöhlen

1 Baumläufer, Kohlmeise, Sumpfmeise, Blaumeise, Tannenmeise

2 Kohlmeise, Blaumeise, Sumpfmeise, Tannenmeise, Haubenmeise, Gartenrotschwanz, Kleiber, Fliegenschnäpper, Wendehals, Fledermaus

3 Bachstelze, Hausrotschwanz, Grauer Fliegenschnäpper

4 Zaunkönig, Meise, Trauerschnäpper

Zaunkönig: Vertilgt viele kleine und kleinste Insekten und Schädlinge; baut sein Nest gern in Hecken und niedrigen Baumkronen oder in Mauerlöchern.
Rotkehlchen: Sehr nützlicher Insektenvertilger; brütet häufig auf der Erde.
Bachstelze, Singdrossel, Gartengrasmücke: Insekten- und Wurmfresser.
Buchfink: Sehr nützlich, vertilgt zahlreiche Insektenarten an Obstbäumen.
Star: Verzehrt viele große Insekten, sogar Schnecken und Maikäfer; liebt leider auch Kirschen, reifes Obst, Beerenobst.
Stieglitz: Vernichtet viele Insekten und Unkrautsamen, fleißiger Blattlausvertilger; ernährt sich auch von Distel- und Klettensamen.
Fliegenschnäpper: Fleißiger Insektenvertilger; nistet gern unter Dachvorsprüngen.
Schwalbe, Mauersegler: Verzehrt Unmengen fliegender Insekten; künstliche Schwalbennester eignen sich hauptsächlich für Mehlschwalben.
Meisen (Kohlmeise, Blaumeise, Sumpfmeise, Schwanzmeise, Tannenmeise): Fleißige Vernichter von Insekten; lassen sich leicht durch Aufhängen entsprechender Bruthöhlen ansiedeln.
Kleiber: Sucht vor allem die Stämme und Äste nach Schädlingen ab; entsprechende Nistkästen aufhängen.
Baumläufer: Vernichtet die gleichen Insekten wie der Kleiber; Nisthöhlen aufhängen.
Sperlinge, Spatzen: Können gelegentlich als Läusevertilger an Bäumen beobachtet werden, sonst eher schädlich.
Schleiereule: Verzehrt Mäuse und Kleintiere; läßt sich auf Dachböden und in Eulenkästen ansiedeln.

Zwergkauz und *Waldkauz:* Verzehren Mäuse und Nachtschmetterlinge, gelegentlich auch junge Vögel; Höhlenbrüter, lebt in hohlen Baumstämmen; Nistkästen sind im Handel erhältlich.
Turmfalke: Vertilgt vor allem Mäuse und Insekten.

Kriechtiere und Lurche:
Auch unter den sogenannten Reptilien und Amphibien gibt es eine Reihe von Schädlingsvertilgern. Unter ihnen ragen die Kröten, Frösche und Schlangen besonders hervor.
Blindschleiche: Vertilgt Insekten; ihre Eiablage erfolgt gelegentlich in Komposthaufen.
Grasfrosch: Vertilgt Fliegen, Mücken, Raupen; benötigt Feuchtigkeit, möglichst Wasserbecken in der Nähe.
Wasserfrosch: Lebt von Fliegen, Mücken, Raupen und verschiedenen anderen Insekten; benötigt ebenfalls Wasserfläche in der Nähe. Gras- und Wasserfrösche kann man sehr leicht an den eigenen Gartenteich gewöhnen, indem man die jungen Froschlarven (Kaulquappen) fängt und im eigenen Gartenteich aussetzt. Nur dann bleiben die Frösche in diesem Bereich heimisch.
Laubfrosch: Heute in vielen Gegenden nicht mehr vorhanden; sehr nützlich. Klettert in Bäume und Sträucher und vernichtet dort zahlreiche kriechende und fliegende Insektenarten.
Erdkröte: Vernichtet zahlreiche Insektenarten, Spinnen, Schnecken; sehr nützlich.
Unken: Vernichten zahlreiche Insektenarten und Schnecken.

Blindschleiche

Knoblauchkröte

Erdkröte

Insekten:
Auch unter den Insekten gibt es eine Reihe von Exemplaren, die ihre schädlichen Artgenossen bekämpfen und somit für eine natürliche Schädlingsbekämpfung Sorge tragen. Hier eine kurze Auflistung der wichtigsten Arten:

Siebenpunkt

Marienkäfer: Käfer und Larven vernichten Blattläuse, Blattflöhe und Milben. Eine Marienkäferlarve vernichtet während ihres Larvenstadiums bis zu 400 Blattläuse.
Florfliege: Ca. 2 cm großes Insekt mit netzartigen zierlichen Flügeln. Ihre Larven verzehren hauptsächlich Blattläuse. Sie werden auch als »Blattlauslöwen« bezeichnet. Ihre Aktivität beschränkt sich auf die Nachtstunden. Die Eiablage erfolgt in der Nähe von Blattlauskolonien. Die Eier sitzen an dünnen, glasartig aussehenden Fäden.
Schlupfwespen: Es gibt viele Arten, die mit einem Legestachel ihre Eier in schädliche Raupen legen (hauptsächlich Schmetterlingsraupen, z.B. Kohlweißling). Vernichtet man die Schädlinge mit Insektiziden, so werden auch hier die Nützlinge mit vernichtet.
Leuchtkäfer, Johanniswürmchen: Verzehrt hauptsächlich Schnecken.
Wanzenarten (Mordwanze, Schildwanze, Raubwanze): Vernichten Raupen, Milben und Blattläuse; auch Läuseeier sind eine beliebte Beute.
Laufkäfer: (Puppenräuber, Goldlaufkäfer, Hainlaufkäfer, Wiesenlaufkäfer): Vernichten Raupen, Engerlinge, verschiedene andere Insekten, u. a. auch die schädlichen Eulenraupen.
Schwebfliegen: Schwebfliegen und ihre Larven, die wie kleine Egel aussehen, vernichten vorwiegend Blattläuse. Schwebfliegen sind leicht zu erkennen. Sie bleiben mit raschem Flügelschlag scheinbar in der Luft stehen, um dann plötzlich wieder in irgendeine Richtung loszuschwirren.
Raubmilben: Sie haben große Bedeutung durch die Vernichtung der schädlichen Spinnenmilben (Rote Spinne).
Gemeiner Ohrwurm: Vernichtet Raupen und Läuse; kann jedoch, da er an Blumen frißt, im Garten auch sehr lästig werden.

Säugetiere: Unter den Säugetieren gibt es zahlreiche kleinere Arten, die sich besonders um die Vernichtung von Schädlingen verdient gemacht haben:
Maulwurf: Verzehrt viele Larven, leider aber auch Regenwürmer. Maulwürfe sollen auch kleine Mäuse verzehren. Er frißt täglich mehr als sein Eigengewicht. Maulwurfshaufen im Garten sind unschön. Die Gänge werden später gern von Wühlmäusen benutzt. Wird uns der Maulwurf im Garten lästig, so kann man ihn durch Naphthalinkugeln oder petroliumgetränkte Lappen vertreiben.

Spitzmäuse: Verschiedene Arten, die sich vor allem als Insektenfresser ausgezeichnet haben. Töten auch dann noch weiter, wenn sie bereits satt sind.
Igel: Vernichtet Raupen, Schnecken, Insekten, Mäuse. Kann durch gelegentliche Fütterung an den eigenen Garten gewöhnt werden (beliebtes Lockmittel: Käserinde, verdünnte Milch, Gehacktes).
Fledermäuse: Sie gehören zu den wichtigsten insektenvertilgenden Säugetieren; ihre Nahrungssuche beginnt mit Einbruch der Dunkelheit. Vertilgen verschiedene große und kleine Insekten, Käfer und Nachtfalter. Die Ansiedlung von Fledermäusen auf dem eigenen Grundstück kann durch Spezialkästen (Fledermauskästen) gefördert werden.
Verschiedene Kleinraubtiere: Zu den Nützlingen dieser Gruppe gehören das Wiesel, das Mauswiesel, der Hausmarder oder Steinmarder und der Baum- oder Edelmarder. Sie sind vorzügliche Mäusejäger. Der Steinmarder vertilgt auch Ratten. (Vorsicht bei Hühnerhaltung, Marder fressen auch gern Hühner.)

Kleines Wiesel

Nisthöhle für Fledermäuse

Fledermäuse

Sonstige Bekämpfungsmaßnahmen ohne Gift

Viele Schädlinge lassen sich auch durch einfache mechanische Bekämpfung beseitigen. Schnecken, Käfer oder Raupen kann man absammeln und vernichten. Man kann deren Eier zerdrücken. Schnecken lassen sich auch leicht in Schalen fangen, die mit Bier gefüllt sind und ebenerdig in den Boden eingesetzt werden. Die Schnecken werden offenbar vom Hefegeruch des Bieres angelockt und ertrinken in den Schalen. Die toten Schnecken müssen stets morgens aus den Schalen entfernt werden.
Gegen Frostspanner, Blutläuse und Ameisen helfen die altbewährten Leimringe. Umwickelt man im Hochsommer

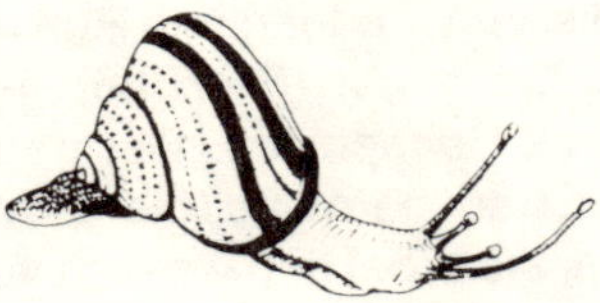

Hainschnirkelschnecke

die Baumstämme in etwa 1,20 m Höhe mit Wellpappe (gerillte Seiten zum Stamm), die man nur oben befestigt, so verkriechen sich dort die Raupen des Apfelwicklers. Solche Fanggürtel werden im Frühjahr abgenommen und verbrannt. Gegen Erdflöhe hilft bereits ein ständiges Feuchthalten des Bodens oder ein mehrmaliges kräftiges Abbrausen der Pflan-

Katzenschutz

zen. Hierdurch werden auch Milben und andere Schädlinge abgeschreckt. Mit Flaschen, gefüllt mit Obstsaft oder Bier, können Wespen angelockt und vernichtet werden, wenn es einmal zu einer echten Wespenplage kommen sollte. Ein einfaches Bekämpfungsmittel ist auch heißes Wasser. Man hat in Versuchen festgestellt, daß Temperaturen von etwa 54 °Celsius pflanzliche Zellen zerstören. Temperaturen unter 54° wirken sich dagegen auch dann nicht schädlich aus, wenn der betreffende Pflanzenteil mehrere Minuten solchen Graden ausgesetzt wird. Eine Reihe von Schädlingen, u. a. Blattläuse, Raupen von großen und kleinen Schmetterlingen, kleine Rüßler wie der Apfelblütenstecher, Schildläuse, Wolläuse, Blutläuse, Rote Spinne, Goldafter, Apfelgespinnstmottenraupen u. a. werden bei diesen Temperaturen aber bereits getötet. Man taucht die befallenen Triebe in Gefäße mit heißem Wasser ein und vernichtet auf diese Weise die Schädlinge.
Solche Maßnahmen lassen sich jedoch nur im kleinen Rahmen und im Bereich des Hausgartens durchführen. Bei Plantagenanbau und im Erwerbsgemüsebau sind wir – leider – immer noch auf die chemischen Bekämpfungsmittel ange-

wiesen. Es wird jedoch auch hier empfohlen, erst dann zu spritzen, wenn tatsächlich ein Befall eingetreten ist. Hierbei sollte man auf die Verwendung bienenunschädlicher Mittel mit geringer Giftigkeit und kurzer Wartezeit Wert legen.

Manches Mal können günstige Witterungsbedingungen die Entwicklung von Schädlingen so fördern, daß ihre Zahl rasch ansteigt und daß es zu sehr starken Befallserscheinungen kommt. Wenn hierdurch Pflanzungen ernsthaft gefährdet sind, kann man auch auf einfache Spritzmittel zurückgreifen wie Seifenwasser, Quassiarinde, Nikotinspritzbrühe, Pyrethrum (ausdauernde margeritenähnliche Pflanze mit weißen, rosafarbenen oder roten Blüten, die gegen Blattläuse, Wanzen und Raupen angewendet wird) u. ä. Diese Mittel unterscheiden sich nur darin von den chemischen Bekämpfungsmitteln, daß sie aus natürlichen Quellen gewonnen werden, und daß sie sich rasch abbauen. Ihre Wirkungsweise ist jedoch genauso wie bei den chemischen Bekämpfungsmitteln, d. h. sie töten nicht nur die Schädlinge, sondern sie vernichten unter Umständen auch deren natürliche Feinde.

Einfache »natürliche« Spritzmittel und Hausmittel

Auch auf dem Sektor der natürlichen oder naturnahen Spritzmittel gibt es keine Wundermittel. Schmierseife, die gegen Blattläuse, Schildläuse, Milben, Rote Spinne und Raupen angewendet werden soll oder kann, ist zwar überall erhältlich, ihre Wirkung oftmals aber doch problematisch, vor allem dann, wenn nicht alle Teile der befallenen Pflanzen erreicht werden. Gegen den Befall von Blattläusen, Rote Spinne u. a. Schädlinge wird als natürliches Bekämpfungsmittel auch eine Brennesselbrühe empfohlen (5 kg Brennesseln in 50 l Wasser in einem Holzfaß je nach Temperatur ca. 14 Tage stehen lassen, bis die Brühe gärt). Die Umständlichkeit der Zubereitung solcher Mittel und die Dauer der Herstellung machen ihre Anwendung jedoch problematisch, ganz abgesehen davon, daß es nicht immer möglich ist, sich die entsprechenden Mengen an Brennesseln zu beschaffen. Hier wird man sich unter Umständen besser chemischer Bekämpfungsmittel bedienen müssen, wenn man nicht auf die vorgenannten zurückgreifen will.

Auch die Verwendung von Ruß und Holzasche, die gegen Erdflöhe, gegen die Schwarze Bohnenlaus oder gegen Raupen an Sträuchern und Pflanzen empfohlen wird, stößt bei den vielfach vorhandenen Ölheizungen und Elektroheizungen auf Schwierigkeiten, da die erforderliche Ruß- und Aschemengen nicht zu beschaffen sind. Andererseits gibt es eine Reihe von bewährten Hausmitteln, die durchaus heute noch im Hausgarten ihre Berechtigung haben. Hierzu gehört z. B. die Verwendung von Leimbrettern, Bretter, die an der Unterseite mit Leim bestrichen sind und mit denen man öfter am Tage Erdflöhe bekämpfen kann, indem man diese Bretter wenige Zentimeter über den Boden bewegt. Die Flöhe springen hoch und bleiben an den Leimbrettern haften. Oder die Verwendung von halbierten Kartoffeln zur Bekämpfung von Drahtwürmern. Man legt die Kartoffeln mit der Schnittfläche nach unten auf den Boden und kann jeden Tag die Drahtwürmer aus den Kartoffelstücken auslesen. Gegen die sonst so schwer zu bekämpfenden Wühlmäuse sollen sich auch einige Pflanzenarten besonders bewährt haben. Zu ihnen gehört die Hundszunge (Cynoglossum vulgare), die Wolfsmilch (Euphorbia intybus), die Kaiserkrone (Fritillaria imperialis) und die Osterglocke (Narcissus pseudonarcissus). Jedoch konnte ich selbst bei dem Versuch mit diesen Pflanzen feststellen, daß die Wühlmäuse zwar die Stellen, die mit diesen Pflanzen besetzt wurden, meiden, daß sie aber daneben weiter wühlten.

In manchen Fällen ist man einfach gezwungen, zu den chemischen Mitteln zu greifen. Dann sollte man jedoch darauf achten, daß die betroffenen Kulturen nur mit solchen Präparaten behandelt werden, die amtlich zugelassen sind. Es ist auch empfehlenswert, sich nur auf wenige Präparate zu beschränken, deren Wirkstoffe sich in möglichst vielen Kulturen einsetzen lassen. Auf diese Weise halten wir den Bestand an Pflanzenschutzmitteln klein und übersichtlich.

Chemische Bekämpfungsmittel »für den Notfall«

Je nach den herrschenden Witterungseinflüssen können im Garten Pilzkrankheiten plötzlich und vermehrt auftreten. Sie verursachen Flecken auf Blättern und Früchten wie z. B. den Schorf, den Sternrußtau bei Rosen, den Falschen Mehltau, der aus weißgrauen Pilzrasen auf den Blattunterseiten und oft auch auf den Blattoberseiten besteht; auch die Blattfallkrankheit bei Stachel- und Johannisbeeren gehört dazu. Solche Pilzkrankheiten bekämpft man leicht mit Dithane-Ultra, einem Mittel, das wir bei Obst und Gemüse gleich gut verwenden können. Es muß jedoch bereits dann angewendet werden, wenn sich die ersten Anzeichen eines Befalls bemerkbar machen. Bei fast allen Mitteln gegen Pilzkrankheiten kann lediglich die Ausbreitung und Neuinfektion auf den Blättern und übrigen Pflanzenteilen verhindert werden. Meist sind die vorhandenen Schäden nicht mehr rückgängig zu machen.

Echter Mehltau, den wir an Schwarzwurzeln, Gurken, aber auch an Stachelbeeren finden können, bekämpfen wir zweckmäßig mit Mitteln wir Karathane, Morestan oder Saprol, das wir auch bei verschiedenen Rosenkrankheiten verwenden können.

Gefürchtet ist der Grauschimmel bei Erdbeeren, der besonders häufig in feuchten Jahren auftritt. Diesen Schimmelpilz bekämpft man am zuverlässigsten mit Euparen.

Saugende und beißende Insekten wie Blattläuse, Blattwanzen, Blattsauger u. ä. können nachhaltig mit Metasystox bekämpft werden. Dieses Gift wird von den Pflanzen direkt aufgenommen und mit dem Pflanzensaft an alle befallenen Stellen transportiert. Aus diesem Grund ist es besonders wirkungsvoll. Gegen Käfer

und Raupen kann z. B. Unden, Parexan (aus pflanzlichen Rohstoffen) oder auch Ortho-Dibrom verwendet werden. Diese Mittel sind gegen Warmblüter wenig giftig und haben eine kurze Wartezeit.
Schneckenkorn ist ein wirkungsvolles Präparat gegen alle Arten von Schnekken, wenn man dieser Plage nicht in der vorher geschilderten Weise Herr werden kann. Spinnenmilben, wie die Rote Spinne, die sich in trockenen, warmen Witterungsperioden stark vermehren, bekämpft man am besten mit Spezialmitteln wie Kelthane oder Thiodan, das sich bei Erdbeermilben besonders bewährt hat.
Engerlinge und Drahtwürmer können mit Birlane-Streumittel bekämpft werden. Das gleiche Mittel hat sich auch als wirkungsvoll gegen Erdraupen bewährt.
Gegen Gemüsefliegen, die bei Kohl, Zwiebeln und Möhren auftreten können, verwendet man Nexion-Streumittel.
Zur Beizung des Saatgutes kann ein Maneb-Mittel oder das bewährte Orthocid verwendet werden. Diese Mittel wehren die gefürchteten Bodenpilze ab.
Bei der Anwendung der Pflanzenschutzmittel sind die Herstellerangaben bezüglich der Anwendung genauestens zu beachten. Nachlässigkeit kann sich gefährlich auswirken. Auf jeden Fall ist die angegebene Wartezeit einzuhalten, d. h. die Zeit, die zwischen der Anwendung des Mittels und der Ernte liegt. Diese Wartezeit sollte nach Möglichkeit sogar überschritten werden, um ganz sicher zu gehen, daß keine Schäden für die menschliche Gesundheit auftreten. Die vorgeschriebene Anwendungskonzentration darf nicht überschritten werden.
Weitere Angaben über Spritzmittel werden bei den jeweiligen Kulturen gemacht. Bevor wir im Hausgarten mit chemischen Präparaten gegen die Schädlinge vorgehen, sollten wir jedoch stets zuvor prüfen, ob nicht mit einfachen, ungiftigen Methoden dem Übel in gleicher Weise beizukommen ist. Und noch eine grundsätzliche Bitte: Niemals mit Kanonen nach Spatzen schießen, d. h. nur die Mengen zur Bekämpfung aufwenden, die unbedingt hierfür erforderlich sind. Ein Zuviel kann leicht Umweltschäden anrichten, die unter Umständen erst in Jahren wieder gutzumachen sind.

Die Wühlmausplage

Eine Plage besonderer Art im Garten sind die Wühlmäuse. Sie richten beträchtliche Schäden an unseren Kulturpflanzen an und sind leider nur sehr schwer zu bekämpfen.

Schermaus

Die pflanzlichen Abschreckungsmittel haben sich nur als sehr wenig wirksam erwiesen. Eine Bekämpfung mit Ködermitteln verschiedener Art ist möglich, wenn auch sehr zeitraubend. Die Plage stellt sich nach kurzer Zeit immer wieder ein. Auch das Einbringen von Karbid oder Polytanol in die Gänge bringt keinen dauerhaften Erfolg. Eines der sichersten Mittel ist immer noch das Fallenstellen. Hierbei muß große Sorgfalt verwendet werden. Die Fallen sollen möglichst nur mit Handschuhen angefaßt werden, da Wühlmäuse einen sehr empfindlichen Geruchssinn haben. Eine einfache Bekämpfungsmethode besteht im Eingraben von Plastikeimern, die zu einem Drittel mit Wasser gefüllt werden. Dabei ist darauf zu achten, daß der Eimerrand bündig mit dem angrenzenden Boden abschließt. Da die Wühlmäuse hauptsächlich nachts aus ihren Gängen hervorkommen und sich dann auf der Erdoberfläche aufhalten, fallen sie leicht in die Eimer und ertrinken. Diese Methode habe ich seit mehreren Jahren im eigenen Hausgarten mit Erfolg praktiziert.

Geräte zur Schädlingsbekämpfung

Zur Bekämpfung der Schädlinge im Garten benötigen wir nur wenige Hilfsmittel. Die Stäubepräparate werden in geeigneten Stäubedosen in den Handel gebracht, die durch Druck das Stäubemittel leicht ausbringen lassen. Für die Spritzungen im Hausgarten genügt eine kleine Handdruckspritze, von denen es verschiedene Modelle gibt. Es ist zweckmäßig, sich vor dem Kauf einer solchen Spritze die Wirkungsweise vom Händler vorführen zu lassen. Bei höheren Obstbäumen, wo größere Mengen an Spritzmitteln erforderlich sind, haben sich Handrückenspritzen gut bewährt. Sie werden manuell auf einen Druck von 5 bar aufgepumpt. Zum Spritzen betätigt man eine Hebelvorrichtung am Spritzstab.
Für hohe Obstbäume gibt es Spritzstäbe, die sich auf die gewünschte Höhe verlängern lassen.

Obst- und Gemüseanzucht in Containern

Es hört sich zunächst etwas merkwürdig an: Obst und Gemüse aus Kübeln und Gefäßen gezogen? Aber warum sollte man darauf verzichten, selbst wenn nur ein Minimum an Platz zur Verfügung steht oder statt eines Gartens nur ein Atrium oder eine Loggia vorhanden sind. Man kommt auch mit dem geringsten Platz aus, um die Zukost im Haushalt zu bereichern.

Verschiedene Gründe sprechen für die Anzucht von Gemüse in Containern: die Qualität, die Bequemlichkeit, die Abwechslung und die Wirtschaftlichkeit. Letztere können wir außer acht lassen, denn es ist sicherlich nicht möglich, größere Mengen Gemüse heranzuziehen. Einschränkend müssen wir allerdings feststellen, daß selbstgezogene Nahrung so gut wie nichts kostet, weil die Kosten der Sämereien mit dem Ernteertrag nicht zu vergleichen sind, abgesehen einmal von dem Spaß, den man hat, wenn man die Pflanzen selbst heranzieht. Außerdem können die ungewöhnlichsten Arten und Kulturformen gezogen werden, besonders diejenigen, die normalerweise im Garten nicht gedeihen oder die nur schwer heranzuziehen sind. Und dann noch ein Wort zur Qualität: Selbstgezogene Früchte und Gemüse können bis zum letzten Augenblick vor dem Verzehr wachsen. Das heißt, sie werden frisch zubereitet.

Gemüse gedeiht eigentlich überall, es benötigt nur genug Luft und Sonne. Die Feuchtigkeit wird von uns gesteuert, das heißt, für das Gießen sorgen wir selbst.

Zunächst muß man überlegen, wo man das Gemüse heranziehen soll. Besitzt man einen kleinen Streifen Boden, so kann man mit einigen Planken, Bahnschwellen oder Kanthölzern ein erhabenes Beet von ca. 15–20 cm Höhe konstruieren, das Beet mit Blumenerde füllen, die in jedem Gartencenter und in jeder Blumenhandlung erhältlich ist, hier sei noch einmal auf die TKS 1 und 2 hingewiesen, und kann dann noch eine

Weißkohl gehört zu den starkzehrenden Gemüsearten. Tiefgründige Bodenbearbeitung, hohe Nährstoffzufuhr und viel Wasser sind erforderlich (oben).

Kopfsalat sät oder pflanzt man von März bis August im Abstand von 3 Wochen, um für die Wachstumszeit versorgt zu sein. Seine Kulturzeit dauert nur 5 bis 7 Wochen (unten).

gewisse Menge Gartenkompost hinzufügen.
Aber bei den meisten Stadtwohnungen ist es nicht möglich, solche Beete anzulegen. Meist sind nur ein Balkon oder Fensterbänke vorhanden. Bei Fensterbänken stellen wir Balkonkästen auf, in denen Tomaten, Buschbohnen, Zwiebeln und Küchenkräuter gezogen werden können. Dabei ist zu beachten, daß die Blumenkästen mindestens 15 cm tief und breit sein müssen.
Ist genügend Platz vorhanden, so lassen sich Kästen auch treppenförmig anordnen. Man muß nur darauf achten, daß zwischen den Kästen und der angrenzenden Wand ein Zwischenraum bleibt, damit die Luft zirkulieren kann, und die Wände trocken bleiben. Auf einem Balkon kann man auch ein freistehendes Beet anlegen, das am besten in Nord-Süd-Richtung ausgerichtet wird, damit es die größtmögliche Besonnung erhält. Als Umrandung lassen sich zum Beispiel Eisenbahnschwellen verwenden, die man auf der Innenseite mit Bauklammern befestigt. Das so entstandene Beet wird mit einem Kunststoffvlies ausgekleidet, damit es später keine Probleme bei der Wasserführung gibt. Nun verfüllt man dieses Beet mit Komposterde, den erwähnten Torfkultursubstraten (TKS) oder guter Blumenerde und das Gärtnern kann beginnen.
Man kann natürlich auch verschiedene Behältnisse für die Kultur verwenden: Holzkübel, ausgehöhlte Baumstümpfe, halbierte Fässer, große Tontöpfe, Kunststoffgefäße u.a. Sie sind besonders für Gewürzpflanzen wie Petersilie, Thymian, Minze, Lauch, Majoran, Kerbel und Koriander geeignet. Fässer sind sogar für rankende Pflanzen wie z.B. Melonen verwendbar. Wichtig ist nur, daß alle Arten von Containern auf der Unterseite Dränagelöcher besitzen, damit das Wasser abziehen kann. Am besten bedeckt man den Boden mit wasserdurchlässigem Material wie z.B. Kieselsteine, Schotter, Blumentopfscherben oder ähnlichem in etwa 3–5 cm Stärke. Darüber breitet man ein Kunststoffvlies aus, damit sich der Gartenboden (Kulturboden) nicht mit dem Dränagematerial vermischt und die Abflußlöcher verstopft.
Man kann auch durch das Zusammenstellen von verschiedenen Containern unterschiedlicher Höhe interessante Beete herstellen, in denen man Gemüse heranzieht, das durch seine unterschiedliche Laubform und Farbe zu einem interessanten Blickfang wird.
Auch die Anzucht von Obst in Containern ist möglich. Man sollte es damit jedoch nicht übertreiben. Großkronige Bäume wie Äpfel, Birnen, Pfirsiche und dergleichen sind hier fehl am Platz. Es kommen bei den Baum- oder Strauchformen lediglich Citrusfrüchte in Betracht, die man mit

Als leckeres Wintergemüse steht der Grünkohl auf dem Speisezettel. Anbau und Kultur dieser Kohlart, die wegen ihres hohen Gehaltes an Vitamin C und vielen Mineralstoffen einen hohen Stellenwert besitzt, sind sehr einfach. Da Grünkohl auch bei Hase und Kanin beliebt ist wird ggf. Schutz aus feinmaschigem Drahtgeflecht empfohlen.

dem Kübel im Winter gegebenenfalls im Haus aufstellen kann.
Eine Obstart, die jedoch sehr leicht zu kultivieren ist, und sich für diese Kulturform besonders eignet ist die Erdbeere.

Erdbeeren im Kübel? Es klingt unwahrscheinlich, doch auf diese Weise ist es uns leicht möglich, auch dann das begehrte Naschobst zu ernten, wenn uns hierfür kein Gartenland zur Verfügung steht.
Auch Küchenkräuter und Kopfsalat lassen sich leicht in Kübeln, Trögen oder Betonringen heranziehen. Wichtig ist das Feuchthalten der Pflanzen und ein guter Wasserabzug der Behälter.

Man nimmt zum Beispiel ein Bierfaß und bohrt in die Seitenwände etwa 15 Löcher von ca. 8 cm Durchmesser. In das Grundbrett bohrt man etwa 6 Löcher von 2,5 cm Durchmesser und deckt sie mit Steinen und Scherben ab, so daß der darüber eingefüllte Boden sie nicht verstopft. Die Wasserführung läßt sich mit einer Lage aus grobem Kies oder ähnlichem Material, das mit einem Glasvlies oder einem Kunststoffvlies überdeckt wird, noch wesentlich verbessern. Dann füllt man das Faß bis zu den ersten Löchern mit Komposterde und bepflanzt es. Von der Innenseite drückt man die Wurzeln kräftig an. So wiederholt man die Pflanzung bei den folgenden Löchern. Um die Wasserführung noch zu verbessern, kann man in die Mitte ein Dränagerohr aus Ton oder Kunststoff setzen. Dieses Rohr wird mit dem Auffüllen des Bodens entsprechend höher gezogen.
Erdbeeren vermehren sich durch Ausläufer. Man kann sie entweder entfernen oder man läßt sie weiterwachsen und das Faß völlig zuranken.
Mit einer Volldüngung (etwa 250 g/Jahr), die man als Kopfdünger gibt, sorgt man für ausreichende Nährstoffe. Am besten arbeitet man den Volldünger einige Zentimeter tief in den Boden ein.
Krankheiten und Schädlinge lassen sich leicht bekämpfen, sobald sie auftreten. Gegen den Grauschimmel gibt es geeignete Spritzmittel (z. B. Euparen).
In gleicher Weise lassen sich Melonen, Kürbisse, Zucchini und andere rankende Pflanzen leicht kultivieren.
Für die Erdbeerkultur gibt es eine ganze Reihe handelsüblicher Züchtungen. Auch die sogenannten Immertragenden, die ab Mitte Juni bis zum Herbst Früchte hervorbringen, sind hierfür geeignet.
Bei der Anzucht von Gemüse in Containern sollte man auf jeden Fall bedenken, daß nur bestimmte Kulturformen für die Kübelkultur geeignet sind. Hier ist sorgfältige Auswahl erforderlich, denn der zur Verfügung stehende Boden ist knapp begrenzt. Daher sollte man es mit stark-

wachsenden und starkzehrenden Arten wie Spargel und Rhabarber gar nicht erst versuchen. Buschbohnen sind dagegen wegen ihrer kleinen Form ideal. Man kann den Samen direkt an Ort und Stelle aussäen oder man zieht ihn im Zimmer in kleinen Töpfen heran, wobei man einen sonnigen Standort und nährstoffreichen Boden wählen muß. Das Verpflanzen geschieht mitsamt den Wurzelballen. Nach zweieinhalb Monaten sind die Bohnen bereits erntereif.

Stangenbohnen lassen sich durchaus auch in größeren Kübeln auf dem Balkon oder zur Berankung einer Loggia heranziehen. Die Feuerbohne bringt nicht nur zierende rote Blüten, sondern auch reichen Ernteertrag.

Unter den Kohlarten hat sich besonders der Chinakohl als geeignet erwiesen. Es ist jedoch zu beachten, daß Kohl zu den stark zehrenden Gemüsesorten gehört. Er benötigt viel Nahrung – vor allen Dingen Stickstoff für das Blattwachstum. Eine Kopfdüngung von 150 g Volldünger, die man etwa 4–6 Wochen nach der Keimung den Jungpflanzen verabreicht, ist besonders günstig.

Bei Wurzelgemüsen sollte man berücksichtigen, daß der Wurzelraum im Container begrenzt ist. Daher können nur kurzwurzelige Gemüse kultiviert werden. In diese Gruppe gehören z. B. Rote Bete, Radieschen oder Stielmus. Die Kultur der Radieschen und des Stielmus ist verhältnismäßig kurz. Bei Radieschen dauert sie knapp einen Monat. Hierfür eignet sich besonders leichter, sandiger Boden, der mit gut verrottetem organischem Dünger versetzt ist. Bei Stielmus muß der Boden gut wasserdurchlässig sein und trotzdem Feuchtigkeit halten können.

Besonders leicht zu kultivieren ist Grüner Salat. Er liebt nährstoffreichen Boden, z. B. Komposterde, der gut feucht gehalten wird. Die Aussaat kann direkt nach den Eisheiligen erfolgen. Der Pflanzabstand beträgt etwa 25 cm. Zu dicht gesäter Salat wird entsprechend ausgedünnt. Auch bei Salat ist ausreichende Feuchtigkeit sehr wichtig. Daher müssen wir sehr häufig gießen. Er benötigt etwa 6 Wochen bis zur Ernte. Bei Früh- oder Spätaussaaten kann die Kultur auch 8–10 Wochen dauern. Es gibt verschiedene Salatsorten im Handel. Frühe Sorten sind für Sommer- und Herbstkultur nicht geeignet, da sie leicht durchtreiben.

Auch die Kultur von Endiviensalat ist lohnenswert. Dieser Salat liebt ebenfalls einen humusreichen Boden. Gartenkompost ist am besten geeignet. Die Aussaat erfolgt im Container ab Juli, damit man den Salat ab August oder im späteren Herbst und Winter ernten kann. Endiviensalat kann gebleicht werden. Das geschieht in der Form, daß man die Pflanzen mit einem Band an den Blattenden zusammenbindet, sobald die Pflanzen erntereif geworden sind. Hierbei dürfen die fleischigen Blätter nicht beschädigt werden. Nach etwa 3 Wochen ist der Kopf in der Mitte hell und kann geerntet werden.

Bei den Zwiebeln wird auf die Kronenzwiebel verwiesen, eine Zwiebelart, die Brutzwiebeln an der Blüte ausbildet. Sie hat wirtschaftlich keine Bedeutung, ist aber eine sehr schmackhafte Salatzwiebel, die man im April aussäen und im Sommer bereits ernten kann.

Besonders interessant ist die Kultur von Gurken, Squashfrüchten und Kürbissen in Containern. Diese Gemüsearten ver-

Die Pflanzenanzucht im Plastiktunnel ersetzt gewissermaßen das früher so beliebte Mistbeet. Für Kulturen, die viel Wärme benötigen, wie z. B. Paprika und Tomaten, sind Plastiktunnel besonders geeignet. Salat und viele andere Gemüsearten können hier Wochen früher ausgepflanzt und geerntet werden, als im Freiland. Der Aufwand ist relativ gering und bringt guten Erfolg.

langen guten, nahrhaften Gartenkompost oder anderen nährstoffreichen Boden. Der Samen wird an Ort und Stelle oder im Zimmer in kleinen Töpfen vorgezogen, so daß die Pflanzen nach dem Verpflanzen ungestört weiterwachsen können. Solche Gemüsearten benötigen sehr viel Wasser, d.h. sie müssen häufig gegossen werden. Da sie zu den starkwachsenden Pflanzen gehören, genügt es meist eine Pflanze pro Behälter zu kultivieren.

Es ist zu beachten, daß man an den Pflanzen sämtliche Fruchtansätze bis auf einen oder zwei entfernt, um ein gutes Ernteresultat zu erzielen.

Dies gilt auch für Zucchinis. Statt großer Formen sollte man jedoch bei Kürbissen und Zucchinis kleinfrüchtige Formen verwenden.

Bei der Kultur von Tomaten stellt sich die Frage, ob man Jungpflanzen oder Sämlinge heranziehen will. Die Anzucht aus Samen erfolgt bereits im Februar oder März im Zimmer. Nach dem Erscheinen der ersten Blättchen pikiert man Tomaten in 9 cm-Töpfe und topft später, wenn sie sich gut entwickelt haben, nochmals in 13 cm-Töpfe um. Das Auspflanzen ins Freie kann erst nach den Eisheiligen geschehen. Da Tomaten viel Wärme benötigen, ist es angebracht, mit dem Auspflanzen bis gegen Ende Mai zu warten.

Tomatenpflanzen müssen abgestützt werden. Beim Anbinden ist darauf zu achten, daß sie nicht zu fest gebunden werden, da die Stengel mit zunehmendem Alter dicker werden. Die Seitentriebe bricht man aus, damit nur 4 oder 5 Trauben ausreifen können. Es gibt auch buschig wachsende Tomatensorten. Hier werden die Seitentriebe nicht ausgegeizt.

Auch Pfefferfrüchte und Auberginen (Eierpflanzen) lassen sich leicht in Kübeln ziehen. Der Samen muß bereits im März oder April im Zimmer oder unter Glas ausgesät werden. Ein einmaliges Pikieren wird empfohlen. Nach den Eisheiligen können sie mit Abstand von 1,20 m ins Freie gepflanzt werden. Wenn das Wachstum von Auberginen durch kaltes Wetter zum Stocken kommt, setzen sie keine Früchte mehr an.

Entsprechenden Schutz kann man durch ein Plastikzelt (Plastiktunnel) aus Folie und Draht leicht herstellen. Dann ist auch die Kultur bis zu einem Monat früher möglich.

Auch beheizte Beete können Hobbygärtnern viel Spaß bereiten.

Küchenkräuter aus dem Kübel

Küchenkräuter sind in Containern leicht zu ziehen. Man muß nur dabei beachten, daß man höher werdende Kräuter nach hinten pflanzt und niedrigere Arten wie z.B. Thymian, Petersilie, Schnittlauch und andere Arten an den Rand oder als Einfassung setzt. Sie alle lieben nährstoffreichen Boden und gute Belichtung, wenn sie ihr volles Aroma entfalten sollen. Daher benötigen Container reichlich organischen Dünger und einen lichten Platz.
Zu den am einfachsten zu ziehenden Kräutern gehört der Schnittlauch, der mit seinem milden Zwiebelgeschmack ein begehrtes Kraut ist. Schnittlauch setzt man büschelweise an den Rand von Containern oder Pflanzbeeten. Man kann ihn durch Frühjahrsaussaat heranziehen oder durch Teilung der Büschel vermehren.
Ein beliebtes Suppengewürz ist der Koriander. Diese einjährige Pflanze wird im April ausgesät. Die Jungpflanzen dünnt man dann auf 15 cm Abstand aus.
Lavendel wird zwar nicht so sehr zum Würzen verwendet, ist aber wegen seines angenehmen Duftes eine sehr begehrte Pflanze. Man kann kleinwüchsige Arten in jeder Staudengärtnerei erhalten. Die Pflanzung erfolgt im zeitigen Frühjahr. Lavendel läßt sich auch durch Stecklinge im Juli vermehren.
Als Teepflanze oder als interessante Würze von Eintöpfen und Suppen kann Majoran verwendet werden. Er gehört zu den Halbstauden und sollte wie eine einjährige Pflanze herangezogen werden. Die Aussaat erfolgt im Februar. Im Mai kann man die Jungpflanzen in etwa 25 cm Abstand auspflanzen.
Ein begehrtes Gewürz für viele Speisen ist die Petersilie. Die Anzucht ist einfach. Die Aussaat erfolgt im Juli direkt an Ort und Stelle.
Der als Bodendecker beliebte Thymian ist auch ein bekanntes Würzmittel. Als Fleischwürze verwendet man die aufrechtwachsenden Sorten. Thymian wird als Staude in Gärtnereien gezogen. Die Vermehrung erfolgt durch Abtrennen von bewurzelten Sprossen oder durch Teilung der gesamten Pflanze.
Weitere Küchenkräuter und eine genauere Beschreibung finden Sie im Abschnitt „Würzpflanzen" (Seite 136ff).

Was man bei der Anzucht von Gemüse im Garten beachten sollte

Bevor wir mit den Arbeiten im Gemüsegarten beginnen, müssen wir uns darüber Gedanken machen, wann welche Gemüseart zu setzen ist. Das hängt z. T. von der Zeit ab, die eine Kultur im Garten beansprucht, z. T. auch von der Jahreszeit, denn bestimmte Pflanzen gedeihen nicht zu jeder Jahreszeit gleich gut. Außerdem muß man darauf achten, daß stark zehrende Gemüsearten nicht mit empfindlicheren Schwachzehrern zusammengepflanzt werden, die unterschiedliche Düngegaben benötigen und vieles andere mehr. Den Zeitpunkt für das Ausbringen der verschiedenen Gemüsearten können wir tabellarisch festhalten. Wir machen uns eine Einteilung, in der die Gemüseart, der Saatmonat, die Pflanzzeit, der Reihenabstand und der Abstand in der Reihe, die Saatmenge je Quadratmeter und Gramm, der Erntemonat und die zu erwartende Erntemenge aufgeführt sind. An dieser Tabelle können wir leicht den jeweiligen Zeitpunkt und alle wichtigen Daten ablesen, die für das Bestellen des Gemüsegartens von Bedeutung sind:

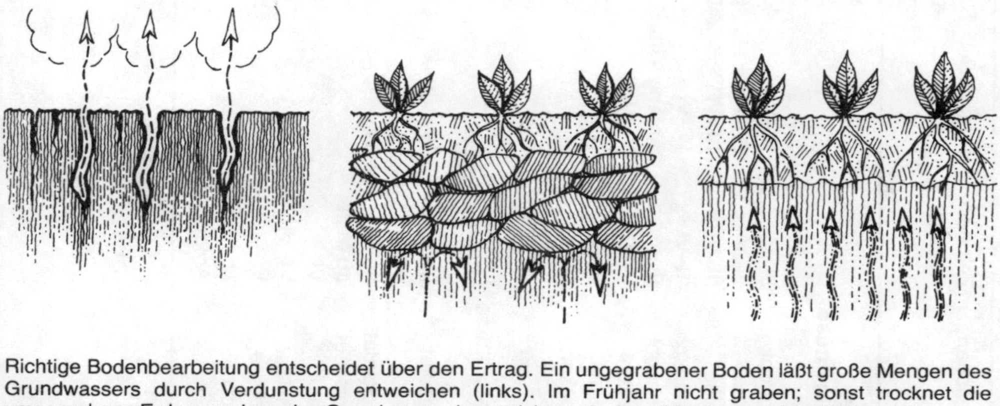

Richtige Bodenbearbeitung entscheidet über den Ertrag. Ein ungegrabener Boden läßt große Mengen des Grundwassers durch Verdunstung entweichen (links). Im Frühjahr nicht graben; sonst trocknet die umgegrabene Erde aus; denn das Grundwasser kann nicht nach oben (Mitte). Also: Oberfläche nur lockern, das Grundwasser steigt auf, aber verdunstet nicht (rechts).

Gemüseart	Zeit der Aussaat	Pflanzzeit	Reihenabstand cm	Pflanzenabstand in der Reihe	Saatmenge g/qm	Pflanzen Stück/qm	Erntezeit	Erntemenge kg/qm
Kohlgemüse								
Weißkohl	III–V	IV–VI	40–60	40–60	0,05	5–6	VI–IX	3–6
Rotkohl	III–V	IV–VI	40–60	40–60	0,05	5–6	VII–IX	2–5
Wirsing	III–VI	IV–VI	40–60	40–50	0,05	6	VI–IX	2–4
Blumenkohl	III–VI	IV–VI	40	50	3	6	VI–X	0,5–2
Rosenkohl	V	Anfang VII	60	50–60	2–3	4–5	IX–XII	0,5–1
Grünkohl	V–VI	VI–VII	40–50	50	2–3	6	IX–XII	0,5–2
Kohlrabi	III–VI	IV–VII	30	25–30	3	12	V–X	0,5–3
Chinakohl	VII	–	40–50	40–50	0,5	6	IX–XI	1,5–3,5
Salatgemüse								
Kopfsalat	III–V VIII–IX	IV–VII–IX	25	20–30	0,5	20	V–XI	1,5–2
Pflücksalat	ab IV	IV	25	15–20	0,5	25	ab Ende VI	2–3
Römischer Salat	ab Mitte VI		30	30	0,5	20	ab VIII	1,5–2,5
Endivie	VI–VII	VII–VIII	30	25–30	0,5	15	ab VIII–IX	2–3
Chicorée	V	–	25	15	0,5	30	VII	1,5–2
Broccoli	ab III–						ab V	2–3
	Anfang VI	IV	50	50–70	1	4	ab VII	2–3

Gemüseart	Zeit der Aussaat	Pflanzzeit	Reihenabstand cm	Pflanzenabstand in der Reihe	Saatmenge g/qm	Pflanzen Stück/qm	Erntezeit	Erntemenge kg/qm
Spinatgemüse								
Gartenspinat	III–V VIII	–	25–30	–	1,5	–	V–VI, X	0,5–1
Neuseeländer Spinat	IV	Ende V	60	35–40	–	3–4	Ende VI–Frost	3
Sauerampfer	IX, IV	–	20	–	1,5–2	–	ab VI, ab VIII	1
Mangold	IV	–	25–30	10–15	3	25–40	ab VI	2–3
Wurzelgemüse								
Möhren	II–VII	–	20	5–10	1	50–100	ab VI	3–5
Rote Rüben	III–IV, VI	–	25–30	10–15	2	40–60	bis X	2–3,5
Schwarzwurzel	VIII–IX III–IV	–	25–30	8–10	3	25–40	X bis Frost	1,5–2
Sellerie	II	V	35–40	40	–	7	ab IX	2–3
Rettich	III–IV	–	20–25	15–20	3	25	V–IX	1,5–2,5
Radieschen	III–VIII	–	15–20	3–5	5	–	IV–IX	0,5–1,5
Gurkengewächse								
Gurken	V	Ende V	60	20	1	4	VIII–IX	1,5–2,5
Kürbis	V	Ende V	einzeln	–	1	1	IX–X	5–50
Zucchini	V	–	100	100	1	1	ab VII	4–10

Gemüseart	Zeit der Aussaat	Pflanzzeit	Reihenabstand cm	Pflanzenabstand in der Reihe	Saatmenge g/qm	Pflanzen Stück/qm	Erntezeit	Erntemenge kg/qm
Zwiebelgemüse								
Saatzwiebel	III–IV	–	20	3	2	–	IX	1,5–4
Steckzwiebel		II–IV	20–25	8–10	100	50	VII–VIII	1,5–3
Porree	III–IV	ab V	20	15	2	–	ab VIII	3–5
Fruchtgemüse								
Tomate	III	Ende V	60–80	60–80	–	1,5	VII–X	2–4
Paprika	ab II	Ende V	50	50	–	4	VIII–X	1,5–3
Aubergine	ab II	Ende V	50	50	–	4	ab VIII	1–2
Blattstielgemüse								
Fenchel	ab VI	–	30	25	1,5	10–15	Ende VIII	2–3
Hülsenfrüchte								
Buschbohne	V–VII	Ende V	40	40	15–20	–	VII–IX	1–1,5
Stangebohne	V–VII	60–70	60–70	60–70	10–20	–	VII–IX	1–2
Puffbohne	II–III		40	20	20–30	–	VI	1–2
Erbse	ab III		60	2–5	15	–	VI–X	1–1,5

Aufzucht und Pflege der wichtigsten Gemüsearten

Um eine Übersicht über die für den Hausgarten geeigneten Gemüsearten zu bekommen, teilen wir sie nach ihrer Verwendung in verschiedene Kategorien ein.
Zu den wichtigsten Arten gehören zunächst die Kohlgemüse. Hierher gehören Weißkohl, Rotkohl, Blumenkohl, Rosenkohl, Wirsing, Grünkohl, Kohlrabi. Neuerdings hat der Chinakohl große Bedeutung gewonnen. Kohlgemüse verlangen kräftigen, humusreichen Boden, da sie zu den starkzehrenden Gemüsearten gehören.
Auch die Salatgemüse werden zu den Starkzehrern gerechnet. Hierzu gehören: Kopfsalat, Pflücksalat, Römischer Salat, Feldsalat oder Rapünzchen, Endiviensalat, die Gartenkresse und der Chikoree-Salat (Zichoriensalat). Auch für Salatgemüse ist ein nährstoffreicher Boden notwendig, wenn es sich gut entwickeln soll.
Für die gemüsearme Frühjahrszeit wird das Spinatgemüse empfohlen. Hierher gehören Gartenspinat, Neuseeländer Spinat, Mangold, Sauerampfer und die in einigen Gegenden noch angebaute Gartenmelde. Ihre Bodenansprüche sind denen der übrigen Salatgemüse gleichzusetzen.
In die Gruppe der Starkzehrer gehören auch die Wurzelgemüse: Mohrrübe, Rote Bete (Rote Rübe), Schwarzwurzel, Sellerie, Radies, Rettich, Wurzelpetersilie.
Aus der Familie der Gurkengewächse ziehen wir im Hausgarten Gurke, Speisekürbis, Melone und Zucchini. Sie gedeihen am üppigsten in windgeschützter Lage auf warmen Böden und verlangen neben hohen Nährstoffgaben eine reiche Wasserversorgung.
Weniger anspruchsvoll an die Nährstoffversorgung sind die Zwiebelgemüse, die am liebsten auf mildem Gartenboden wachsen, der nach Möglichkeit kalkhaltig sein sollte. Zu ihnen gehören die Speisezwiebel, die Perlzwiebel, die Schalotte, der Schnittlauch, der Porree, die Winterheckzwiebel und der Knoblauch.
Hochgeschätzt bei Jung und Alt sind die Fruchtgemüse. Diese Gemüsearten haben einen hohen Wärmebedarf. Hierher gehören Tomate, Pfeffer, Aubergine und Zuckermais. Auch die Artischocke rechnet man zu den Fruchtgemüsen.
Eine besondere Gruppe bilden die Blattstielgemüse. Hierzu zählen wir den Rübstiel (Stielmus), den Bleichsellerie und den Fenchel.
Zu den Schwachzehrern gehören die bekannten Hülsenfrüchte wie Erbsen, Stangenbohnen, Buschbohnen und Puff-

bohnen. Als letzte Kategorie sind die Dauergemüse zu erwähnen. Hierzu rechnen wir Rhabarber, Spargel und Meerrettich.
Wenn sie auch nicht unmittelbar zu den Gemüsearten gehören, so sollen die ein- und mehrjährigen Würzkräuter doch stets Bestandteile des Gemüsegartens sein. Hierzu gehören die einjährigen Küchengewürze Borretsch (Gurkenkraut), Dill, Majoran, Pfeffer- oder Bohnenkraut, Kerbel und die Petersilie.
Zu den ausdauernden Küchenkräutern gehören: Estragon, Liebstöckel, Pfefferminze, Thymian, Ausdauernder Majoran, Salbei, Beifuß, Kümmel, Ysop, Eberraute, Weinraute und der Rosmarin, der allerdings nur in geschützten Lagen oder mit entsprechendem Winterschutz zu kultivieren ist.

Die Kohlgemüse

Wie schon erwähnt, sind die Kohlgemüse Starkzehrer, das heißt, sie verlangen einen humusreichen, tiefgründigen, nährstoffreichen Boden. In leichten und trokkenen Böden versagen sie oft oder sie werden hier von Schädlingen stark befallen. Will man auf solchen Böden trotzdem Kohl anbauen, ist eine tiefgründige Bearbeitung und hohe Nährstoffzufuhr erforderlich. Kohl benötigt viel Wasser.
Reichen die Nährstoffverhältnisse nicht aus, so helfen wir am besten mit einem Naturdünger oder blauem Volldünger nach. Ist man allein auf Kunstdünger angewiesen, so gibt man vor der Pflanzung ca. 50 g/qm eines blauen Volldüngers (zum Beispiel Nitrophoska), drei bis vier Wochen später nochmals 30 bis 50 g/qm und zu Beginn der Kopfbildung abermals eine gleichgroße Menge. Diesen Kopfdünger streut man kreisförmig unmittelbar um die Pflanzen. Gute Bodenlockerung und reichliches Wässern bewirken ein rasches Wachstum.
Unsere Kohlarten enthalten hohe Anteile an Vitamin C. Bei der Verarbeitung zu Sauerkraut bleibt dieser Vitamin C-Anteil voll erhalten. Kohlsalat, der vor den Mahlzeiten gegessen wird, gilt als Appetitanreger.
Die Pflanzabstände bei WEISSKOHL betragen 40 × 40 cm. Bei späteren Arten wählt man bis zu 60 × 60 cm. Die Auspflanzung erfolgt Anfang bis Mitte April mit getopften Pflanzen. Überbaut man das Beet mit einem Folientunnel, läßt sich eine frühere Ernte erzielen. Hobbygärtner, die ihre Kohlarten gern selbst aussäen wollen, können den Samen etwa in den ersten beiden Aprilwochen ausbringen. Hierbei handelt es sich vor allem um die späten Kohlsorten sowie Früh- und Spätkohlrabi, Rosenkohl und Frühblumenkohl. Die Pflanzung dieser Sorten erfolgt dann in den ersten Maiwochen. Auch im Frühbeet kann Kohl herangezogen werden. Dann erfolgt die Aussaat etwa Ende Februar bis Anfang März. Man sät vor allem frühe Sorten von Kopfkohl und Kohlrabi.
Späte Weiß- und Rotkohlsorten kann man etwa Mitte Mai direkt ins Freie aussäen. Die Pflanzung erfolgt dann in den beiden letzten Juniwochen bis etwa Anfang Juli.

Da sich die frühen Kohlarten nicht lange halten, sollte man nur immer so viel anbauen, wie man direkt verbrauchen kann. Die späten Kohlarten, die wir auch als Lagerkohl bezeichnen, können etwa 8–10 Wochen auf dem Beet stehen.
Bei späten Kohlsorten ist es angebracht, weniger Dünger auszubringen, damit sich feste, nicht zu große Köpfe bilden, die sich gut lagern lassen. Die Ernte erfolgt etwa ab Ende Oktober. Die Erntemenge bei Rotkohl, Weißkohl und Wirsing beträgt etwa 5–6 Köpfe/qm.
Sämtliche Kohlarten, die in unserem Garten angebaut werden, haben je nach Art, Lage, Bodenbeschaffenheit und dergleichen unter Umständen unter Schädlingsbefall zu leiden.
Unter den tierischen Schädlingen sind es vor allem Flöhe und Raupen, die dem Kohl zu schaffen machen. Hier hilft oft schon, den Boden feucht zu halten und den Kohl in der bereits erwähnten Mischkultur anzubauen. Ein Überstäuben der Pflanzen mit Hexa-Staub oder Spritzen ist sofort wirksam. Die Anwendung von Ruß, Petroleum und Sand, die man früher vielfach verwendete, hatte nicht immer durchschlagenden Erfolg.
Ein anderer lästiger Schädling ist die Kohlfliege. Ihre Maden schwächen die Wurzeln der Pflanzen so stark, daß die Pflanzen eingehen. Sie färben sich bleigrau und welken. Gegen den Befall streut man einige Tage nach dem Auspflanzen ein Nexion-Streumittel (ca. 1 g/Pflanze) oder Birlane-Granulat.
Zeigen sich am Wurzelhals der Jungpflanzen runde Gallen, so haben wir es mit einem Befall durch den Kohlgallenrüßler zu tun. Diese runden Gallen erweitern sich später zu kropfartigen Gebilden, in denen die Larven des Käfers sitzen. Man entfernt sie mitsamt den Gallen mit der Hand und zerdrückt sie.
Zu den tierischen Schädlingen gehört auch der Kohlweißling, dessen Raupen in größeren Mengen auftreten können und besonders bei Spätkohl die Pflanzen erheblich schädigen. Kohleulen- und andere Raupenarten können die besten Kohlköpfe in kurzer Zeit zerfressen und mit ihrem Kot verschmutzen, so daß sie sehr unappetitlich aussehen. Bei den ersten Anzeichen empfiehlt sich eine Behandlung mit Unden. Es braucht nur eine kurze Wartezeit.
Feuchte, saure Böden begünstigen den Befall durch Kohlhernie (Kohlseuche). Es handelt sich hierbei um Schleimpilze, die sich als Schwärmsporen im Boden fortbewegen können. Diese Pilze verursachen krebsartige Geschwülste an den Wurzeln und können die Pflanzen dadurch so stark schädigen, daß sie im Wachstum stocken. Die Krankheit läßt sich nicht direkt bekämpfen. Hier sind vorbeugende Maßnahmen vonnöten. Zunächst ist es wichtig, gesundes Pflanzgut zu verwenden. Düngergaben von 40 bis 50 g/qm Kalkstickstoff, die gut mit dem Boden vermischt werden, haben sich bewährt. Für saure Böden wird eine Aufkalkung empfohlen. Auf keinen Fall darf man die Kohlstrünke dem Komposthaufen anvertrauen, da sich die Pilzsporen der Kohlhernie hier weiter ausbreiten könnten. Grundsätzlich werden alle Kohlstrünke der Müllabfuhr anvertraut oder verbrannt. Stellt man im Gemüsegarten

stärkeren Kohlherniebefall fest, so muß mehrere Jahre lang der Anbau von Kohl unterbleiben. Auch andere Kohlgewächse wie Radieschen, Rettich, die beliebten Gründünger Raps, Hederich oder Senf dürfen während dieser Zeit nicht angebaut werden, da sie ebenfalls von der Krankheit befallen werden können.

Zu den beliebtesten und schmackhaftesten Kohlgewächsen zählt der BLUMENKOHL. In manchen Gegenden wird er auch Karfiol genannt. Er ist sicher eines der anspruchsvollsten Kohlgemüse und verlangt besten Boden, gute Nahrung und reichlich Wasser. Frühblumenkohl pflanzt man Mitte April mit 40 bis 50 cm Abstand aus. Der Zwischenanbau von Sellerie hat sich als vorteilhaft erwiesen. Für spätere Pflanzungen kann Blumenkohl auch ausgesät werden. Das geschieht am besten auf kleinen Anzuchtbeeten. Späte Sorten pflanzt man von Mitte Juni bis Mitte Juli.

Blumenkohl gehört nicht nur zu den begehrtesten Kohlarten, er ist auch eine der empfindlichsten und reagiert sofort auf Fehler, die beim Anbau gemacht werden. Wenn Wasser und Nährstoffe fehlen, kann es schnell zu Wachstumsstockungen kommen, die Blumen bilden sich schlecht aus und bleiben klein. Es gilt daher für die Nährstoff- und Wasserversorgung dasselbe, was bereits für den Weißkohl gesagt wurde. Wenn sich die Blumen bilden, sollte man einige Blätter zum Schutz gegen starke Sonnenbestrahlung umknicken.

Die Schädlinge des Blumenkohls sind die gleichen wie beim Weißkohl und den anderen Kohlarten.

Weißkohl, Rotkohl und Wirsingkohl haben etwa die gleichen Ansprüche an Lage, Boden und Wasserversorgung.

Ein Kohlgemüse, das etwas aus dem Rahmen fällt, ist der ROSENKOHL oder Sprossenkohl. Er zeichnet sich durch hohen Vitamin C-Gehalt aus und wird ähnlich wie der Grünkohl erst durch Frosteinwirkung richtig schmackhaft (hierdurch wird allerdings der Vitamingehalt verringert!). Es handelt sich bei den Rosen des Rosenkohls um Miniaturformen von Kohlköpfen. Die Kultur dieser Kohlart ist verhältnismäßig einfach. Sie entspricht mehr oder minder der der anderen Kohlarten, mit dem Unterschied, daß die Pflanzung erst in der ersten Junihälfte erfolgt. Die Pflanzabstände sollten etwa 50 × 50 cm betragen. Pflanzen wir Rosenkohl zu früh, so kann es sein, daß sich die Köpfchen nicht genügend festigen, pflanzen wir ihn zu spät, so kann unter Umständen die Ausbildung der Rosen unterbleiben. Der Ertrag pro Pflanze liegt bei 300 bis 500 g. Als Zwischenkultur kann man in der ersten Zeit Salat oder Radieschen anbauen. Rosenkohlpflanzen kann man leicht selbst heranziehen. Die Aussaat erfolgt etwa Mitte April direkt ins freie Land. Um den Ansatz der Rosen zu fördern, kann man etwa Mitte September die Spitzenknospe aus der Pflanze herausbrechen. Die Seitenblätter müssen jedoch unbedingt erhalten bleiben.

Rosenkohl kann den ganzen Winter über geerntet werden. In rauheren Lagen empfiehlt es sich, die Pflanzen aus dem Boden herauszunehmen, einzuschlagen und mit Tannenreisig abzudecken. Auf

diese Weise bleiben die Rosen den ganzen Winter über frisch.
KOHLRABI sind ein begehrtes Frühjahrsgemüse, besonders die Frühsorten, die schon nach 40 bis 50 Tagen geerntet werden können. Spätere Sorten, die man Anfang April ins Freie aussät und mit größerem Abstand auf Beete pflanzt, ergeben große Knollen, von denen besonders die blauen empfohlen werden, da sie nicht so schnell verholzen. Aber auch verschiedene weiße Sorten sind zart und genießen den blauen gegenüber wegen der kürzeren Entwicklungszeit einen gewissen Vorteil. Die Kultur der Kohlrabi benötigt wenig Platz. Man kann sie am besten im Abstand von 4 Wochen immer neu pflanzen, um eine kontinuierliche Versorgung zu erreichen. Es wird empfohlen, die ersten Pflanzen beim Gärtner zu kaufen. Später zieht man sich die Pflanzen durch Aussaat selbst heran. Der Gehalt an Karotin, Vitamin C und Kohlenhydrate ist bei Kohlrabi sehr groß. Da die Pflanzen sehr wenig Platz brauchen, kann man sie auch leicht zwischen anderen Kulturen (z. B. zwischen Tomaten oder an den Rand eines Stangenbohnenbeetes pflanzen. Die Pflanzen sind so tief zu setzen, wie sie gestanden haben, wenn sie sich gut entwickeln sollen. Kohlrabi benötigen ständige Bodenfeuchtigkeit, da sie sonst leicht platzen. Frühernten sind bei der Tunnelkultur, d. h. mit einem Folienzelt möglich. Bei schlecht mit Nährstoffen versorgten Gartenböden wird empfohlen, einen Volldünger (etwa 50 g/qm) zu geben. Nach dem Anwachsen düngt man mit Stickstoffdünger (ca. 30 g/qm) als Kopfdünger.

GRÜNKOHL (Braunkohl, Krauskohl, Winterkohl) ist als typisches Wintergemüse sehr beliebt. Unter der Einwirkung von Frost wird er besonders schmackhaft. Grünkohl besitzt neben einem hohen Anteil an Vitamin C besonders viele Mineralstoffe. Unter diesen ist Kalzium hervorzuheben.

Der Anbau und die Kultur sind sehr einfach. Die Pflanzen sind leicht selbst heranzuziehen. Die Aussaat erfolgt etwa Anfang Juni auf ein Anzuchtbeet. Ab Ende Juni/Anfang August erfolgt die Auspflanzung im Abstand von ca. 40 × 50 cm. Man kann Grünkohl auch Anfang August direkt ins Freie säen, der Ertrag ist dann allerdings etwas geringer. Man sät ihn dann in Reihen von 25 cm Abstand aus. Der Ernteertrag liegt etwa bei 2–3 kg/qm. Bei nährstoffarmen Böden sollte eine Startdüngung von 50 g/qm mit einem blauen Volldünger gegeben werden. Während des Hauptwachstums kann im August oder September nochmals eine Düngung mit 30 bis 40 g/qm eines Stickstoffdüngers als Kopfdünger erfolgen.

Schädlinge und deren Bekämpfung siehe Weißkohl (Seite 92ff).

Eine besondere Kohlart ist der CHINAKOHL, eine ideale Pflanze für den Nachfruchtanbau. Er kann am besten an Ort und Stelle ausgesät werden. Der Pflanzenabstand sollte 40 × 40 cm betragen. Die Ernte erfolgt bereits nach zweieinhalb Monaten. Chinakohl verträgt bis zu 5 °C unter Null. Er ist eine sehr bekömmliche Kohlart, die sich auch zu schmackhaften Salaten zubereiten läßt.
Auf ausreichende Nährstoff- und Was-

serversorgung ist bei dieser raschwüchsigen Kohlart besonders zu achten. Nachdüngen ist nicht erforderlich. Man bringt bei nährstoffarmen Böden etwa 50 bis 70 g/qm eines blauen Volldüngers vor der Pflanzung in den Boden.

Die Salatgemüse

Kein Gemüsegarten ohne Salat! Salat kann man das ganze Jahr über ernten. Kopfsalat läßt sich über Monate hinweg immer wieder anbauen, und in der kalten Jahreszeit wird er durch den Feldsalat (Rapünzchen) ersetzt, so daß wir zu keiner Jahreszeit auf köstlichen Salat verzichten müssen. Der hohe Gehalt an Vitaminen (A, B_1, C und E), sein geringer Kalorien-(Joule-)Gehalt und sein erfrischender Geschmack infolge des Gehaltes an Bitterstoffen und Vitamin C machen ihn das ganze Jahr hindurch zu einer beliebten und beinahe unentbehrlichen Zukost. Salat regt die Magensäfte an und ist deshalb als Vorspeise besonders appetitanregend. Den höchsten Vitamingehalt finden wir jedoch nicht in den zarten gelben Blättchen, sondern vielmehr in den ausgereiften grünen Blättern, man sollte daher bei der Zubereitung von Salaten auch sämtliche grünen Blätter verwenden. KOPFSALAT gehört zu den dankbarsten und schnellwüchsigsten Gemüsen. Seine Wachstumszeit beträgt etwa 5–7 Wochen. Da er nur sehr geringen Platz beansprucht, kann er als Lükkenbüßer zwischen Kohl, Erdbeeren, Sellerie, Tomaten und vielen anderen Gemüsearten verwendet werden. Die Aussaat erfolgt ab Mitte März, eine Vorkultur in Multitöpfen oder Jiffypots ist angebracht. Auf diese Weise können die vorgetriebenen Pflanzen mit einem entsprechenden Wurzelballen direkt in das freie Land gesetzt werden. Da Salate zu den Tiefwurzlern gehören, ist es wichtig, daß die Pfahlwurzel nicht abgekniffen wird. Die Pflanzen kümmern sonst oder sie beginnen vorzeitig zu blühen. Salatsamen ist sehr fein. 1 g enthält beispielsweise 600 bis 800 Korn. Der Samen wird flach in den Boden gebracht. Man rechnet als Saattiefe etwa 0,5 cm. Es ist zweckmäßig, immer nur Partien von 10–15 Pflanzen heranzuziehen und dies alle 14 Tage oder 3 Wochen zu wiederholen. Auf diese Weise hat man stets genügend Vorrat im Garten. Salat verlangt nährstoffreichen, lockeren Boden. Frischer Dünger ist unbrauchbar. Böden mit guter Humusversorgung benötigen keine zusätzliche Düngung. Bei schlechter versorgten Böden gibt man etwa 14 Tage vor dem Pflanzen 40 g/qm eines Volldüngers. Nach der Bewurzelung genügen 20 g eines Stickstoffdüngers als Kopfdüngung. Ausreichende Boden-

Tomaten benötigen im Garten einen sonnigen Platz. Die Ernte beginnt zwar relativ spät, dafür können wir aber vollreife, saftige Früchte direkt von der Pflanze ernten und frisch verzehren. Selbst die Kultur im Kübel auf einem sonnigen Balkon ist möglich. Die starkwachsenden Pflanzen benötigen eine Stütze, da sie sonst bald abknicken.

feuchtigkeit und lichter Standort sind für die Salatgemüse lebensnotwendig. Alle Salatgemüse sind dankbar für Flüssigdüngung. Die Sortenwahl ist bei Kopfsalat von besonderer Bedeutung. Es gibt verschiedene Sorten, die sich für die Frühjahrskultur und Sorten, die sich für späteren Anbau besonders eignen. Bei Beetpflanzung ist ein Pflanzabstand von ca. 25 cm erforderlich. Späte Sorten werden auf 30 cm Abstand gesetzt. Wichtiger Hinweis: Die Pflanzen müssen hoch genug gesetzt werden, damit die unteren Blätter nicht in Fäulnis übergehen. Im Freiland können wir Kopfsalat bereits Anfang bis Mitte März im Folientunnel kultivieren. Die Pflanzen ziehen wir am Zimmerfenster oder in einem Kasten vor. Die letzte Aussaat sollte etwa Mitte August erfolgen. Spätere Aussaaten bringen nur in sehr milden Lagen Erträge.

Zu den tierischen Schädlingen der Salatgemüse gehören zunächst die Schnekken, die beträchtlichen Schaden an den Jungpflanzen anrichten können. Ihre Bekämpfung erfolgt durch Absammeln, durch Aufstellen von Schalen mit Bier oder durch Ausstreuen von Schneckenkorn.

Eine der selteneren und nicht ganz einfachen Kulturen ist der Anbau von Gemüsepaprika. Diese wärmeliebende Pflanze eignet sich besonders für Tunnelkultur. Sie bringt hier sichere und reichliche Erträge. Nur die milden Sorten werden als Gemüse gegessen. (Der scharfe Geschmack mancher Sorten beruht auf dem Gehalt an Kapsizin.)

Älchen, Drahtwurm und Engerling können dem Salat ebenfalls sehr zu schaffen machen. Die sicherste und einfachste Bekämpfung besteht im Herausnehmen welkender Pflanzen und in der Vernichtung des Schädlings. Vor Älchenbefall schützen wir uns vorsorgend durch Zwischenpflanzung von Tagetes.

Eine gefährliche Krankheit ist die Salatfäule. Sie bewirkt ein Welken und Vergilben der Blätter. Die Köpfe faulen. Befallene Pflanzen sind sofort zu entfernen und zu vernichten. Niemals auf den Komposthaufen damit, sondern stets in den Müll! Gründliches Wässern ist besser als oberflächliches Spritzen. Durch letzteres kann die Ausbreitung der Salatfäule ebenfalls gefördert werden. Zur Vorbeugung gegen solche Erkrankungen wird eine Beizung des Saatgutes empfohlen.

Der PFLÜCKSALAT hilft uns die Zeit zwischen den Kopfsalaternten zu überbrücken. Er kann in Folgesaaten als Beeteinfassung gesät werden und wird durch Schnitt oder Auspflücken geerntet. Die Aussaat erfolgt ab Mitte April in Reihen, wobei ein Reihenabstand von 25 cm zu beachten ist. Innerhalb der Reihen genügt ein Abstand von 15–20 cm. Schon nach 7 Wochen sind die ersten Blätter erntereif. Sie werden von unten nach oben geerntet, damit immer wieder neue Blätter nachwachsen, so daß man von Mitte Juni bis zum Spätsommer ständig Salatblätter ernten kann. Bei einer so langen Kultur empfiehlt es sich, gelegentlich mit einem blauen Volldünger nachzudüngen, um das Wachstum der Pflanzen zu erhalten. Pflücksalat benötigt viel Feuchtigkeit und

gedeiht auch noch im Halbschatten. Die Schädlinge sind die gleichen wie beim Kopfsalat.
Ein anspruchsvoller, sehr schmackhafter Salat ist der sogenannte RÖMISCHE SALAT (Sommerendivie, Kochsalat, Bindesalat), eine Salatsorte, die sich leicht ab Mitte Mai aussäen läßt. Die Kultur beträgt etwa 2,5–3 Monate. Der Römische Salat benötigt einen Pflanzabstand von 30 × 30 cm. Reichliche Humusgaben und Kopfdüngung mit einem blauen Volldünger (50 g/qm) nach dem Anwachsen bzw. 30 g eines Stickstoffdüngers im Abstand von etwa 3–4 Wochen können die hohen Nährstoffansprüche dieser Salatsorte befriedigen. Früher war es nötig, die Blätter 14 Tage vor der Ernte zum Bleichen zusammenzubinden, heute sind allerdings selbstschließende Sorten im Handel, so daß wir uns bei richtiger Sortenauswahl diese Mühe ersparen können.
Die ENDIVIE ist ein bekannter und bewährter Salat im Haushalt. Man unterscheidet ganzblättrige und krause Sorten mit geschlitzten Blättern. Der Geschmack ist leicht bitter.
Vielfach werden die Köpfe oben zusammengebunden, um den Salat zu bleichen und den bitteren Geschmack etwas abzumildern. Die gelblichen Blätter besitzen jedoch einen geringeren Gehalt an Nährstoffen und Vitaminen, als die grünen. Setzt man die Pflanzen in Abständen von 25–30 cm, so stehen sie zur Erntezeit so dicht zusammen, daß sie von selbst bleichen und nicht gebunden werden müssen. Wenn man jedoch die Salatköpfe zum Bleichen zusammenbindet, so sollte dies nur bei trockener Witterung erfolgen, damit Fäulnis vermieden wird.
Das Auspflanzen von Endiviensalat erfolgt in der zweiten Julihälfte oder Anfang August. Aussaattermin ist die letzte Juniwoche oder Anfang Juli. Bei zu früher Aussaat schießen die Pflanzen in Blüte. Bei späterer Aussaat bleiben sie klein. Endiviensalat ist nicht frosthart. Vor dem Eintreten von Nachtfrösten kann man die Pflanzen mit Wurzelballen herausnehmen und in einem trockenen, luftigen Raum in Sand einschlagen. Auf diese Weise kann man die Erntezeit wesentlich verlängern. Stehen frostfreie Räume nicht zur Verfügung, so kann man sich durch rechtzeitigen Folienschutz helfen.
Wer ganz besonders schnell Salat ernten will, der sollte es einmal mit GARTENKRESSE versuchen. Diese schmackhafte, an Karotin, Vitamin C und an Mineralstoffen reiche Zukost (Kalium, Kalzium) wird bereits geerntet, sobald die ersten Blättchen zu sehen sind. Die Aussaat erfolgt im Frühjahr in Folgesaaten in vierzehntägigem Abstand. Das Saatgut kann in warmem Wasser vorgeweicht werden und keimt dann schneller. Durch Kultur unter Folie oder im Plastiktunnel können wir frühere Ernten erzielen. Im Winter läßt sich die Kresse im warmen Zimmer auf der Fensterbank heranziehen. Die Kultur erfolgt in flachen Schalen oder Kistchen, die man mit einem Torf/Sand-Gemisch gefüllt hat. Spezialkulturen in Keimwatte sind möglich, kosten aber entsprechend mehr.
Der FELDSALAT gehört zu den anspruchslosesten Salaten und wird im Garten von Ende August bis Anfang

September als Nachfrucht ausgesät. Er kann in milden Wintern bis zum Frühjahr aus dem Freiland geerntet werden und benötigt nur leichten Winterschutz (Tannenreisig). Auch die Kultur im Tunnel ist leicht und empfehlenswert. Feldsalat wird in Reihen ausgesät. Für reiche Humusgaben ist er besonders empfänglich. Der Reihenabstand sollte 15 cm betragen. Die Entwicklungszeit des Feldsalates beträgt etwa 8–10 Wochen. Feldsalat enthält die Vitamine A und C.

Als Wintersalat bietet sich der CHICORÉE-SALAT (Zichorie, Salat-Zichorie oder Brüsseler Witlof) an, der sehr einfach zu kultivieren oder zu treiben ist. Die gebleichten, dichten Blattschöpfe werden als frischer Salat während der Wintermonate sehr geschätzt. Sie gedeihen gut in nicht zu schwerem sandigem Lehm mit guter Humusversorgung. Zichoriensalat wird im Abstand von 25 cm in Reihen (nicht zu tief!) gesät. Die Aussaat erfolgt Mitte bis Ende Mai. Früher ausgesäte Salatzichorien schießen leicht. Man kann die Aussaat an Ort und Stelle durchführen und die Pflanzen später in den Reihen auf etwa 15 cm Abstand ausdünnen. Bis zum Spätherbst haben sich die Wurzeln verdickt. Dann werden die Pflanzen herausgenommen und vorsichtig von anhaftendem Laub befreit. Dabei ist darauf zu achten, daß die Herzblätter nicht beschädigt werden. Man schlägt die Wurzeln im dunklen Keller in feuchtem Sand ein – notfalls deckt man sie zusätzlich mit schwarzer Folie ab. Es hat sich auch folgende Methode gut bewährt: Wurzeln aus dem Garten ausgraben und in Plastikeimer einsetzen, die unterseits gelocht sein müssen. Man füllt die Eimer mit 5–10 cm Komposterde und setzt die Wurzeln dicht an dicht hinein. Sind sie zu lang, können sie bis auf 15 oder 20 cm zurückgeschnitten werden. Nun füllt man die Eimer mit TKS (Torfkultursubstrat) oder Komposterde bis zum Rand. Man kann auch ein Torf/Erde-Gemisch verwenden. Anschließend wird kräftig gewässert. Dann bringt man die Eimer in einen warmen dunklen Raum (z.B. Heizungskeller). Hier treiben die Pflanzen rasch und sind etwa Anfang bis Mitte Dezember erntereif. Es ist zweckmäßig, einen Teil der so vorbereiteten Eimer zunächst noch kühl zu stellen und erst nach und nach im wärmeren Keller anzutreiben, um die Erntezeit zu strecken.

Der BROCCOLI-KOHL oder Spargelkohl ist ein naher Verwandter des Blumenkohls. Diese Kohlart wird noch viel zu wenig im Garten angebaut. Sie läßt sich im Haushalt sowohl als Salat als auch im gekochten Zustand sehr gut verwenden. Die Anzucht des Spargelkohls ist verhältnismäßig einfach. Wie alle anderen Kohlarten liebt er aber einen humusreichen, mit Nährstoffen und Wasser gut versorgten Boden. Man kann ab Februar/März unter Glas Jungpflanzen heranziehen, die man im April im Freiland auspflanzt. Für eine Herbsternte sät man die Pflanzen Anfang Juni an Ort und Stelle und verzieht sie dann auf etwa 50–70 cm Abstand. Die Grunddüngung vor der Pflanzung sollte aus 50–60 g eines blauen Volldüngers bestehen sowie etwa 30–40 g eines Stickstoffdüngers (Kalksalpeter) nach etwa sechs bis zehn Wochen. Die Ernte des Broccoli-Kohls erstreckt sich über einen längeren Zeitraum. Der Kohl läßt sich im Gegensatz zum Blumenkohl mindestens zwei- bis dreimal schneiden. Wenn man die Blütenknospen bei der ersten Ernte nicht zu tief abschneidet, entwickeln sich weitere kleinere Blütenstände. Die etwa 15 cm langen Stiele werden ähnlich wie Blumenkohl zubereitet. Schädlinge wie beim Weißkohl. Bei unseren Salatgemüsen geht die Tendenz immer mehr zu festen, knackigen Blattsalaten, z.B. dem Eissalat, dem Krachsalat und den Zichoriensalaten mit ihrem pikant bitteren Geschmack. Es gibt eine ganze Reihe von Zichoriensalaten mit verschieden gefärbten Blättern von weißgelb bis violettrot. Wie unsere Winterendivie sind diese Arten Verwandte des roten RADICCHIO-SALATES. Dieser Salat, der vor wenigen Jahren noch fast unbekannt war, ist über Italien und die Schweiz auch in die anderen mitteleuropäischen Länder vorgedrungen. Die leichte Kultur und die vielseitige Verwendung in der Küche machen ihn zu einer beliebten Zukost, zumal die farbenprächtigen Blätter auch für das Auge ein Genuß sind.

Die Aussaat erfolgt am besten ab Mitte Juni. Ähnlich wie beim Kopfsalat sät man den Radicciosalat in Reihenabständen von 20–25 cm und verzieht die Pflanzen innerhalb der Reihe auf 15–20 cm. Da der »Radicchio rosso« keine festen Köpfe bildet, sondern nur aus Blattrosetten besteht, kommen wir mit diesen Abständen aus. Die jungen Pflanzen sind zunächst grün und werden erst im Herbst, wenn die Nächte kälter werden, braun, rosa oder intensiv dunkel- oder violettrot, wobei die Blattrippen ihre weiße Farbe behalten. Die Widerstandsfähigkeit dieser Salatsorten gegenüber den bekannten Salatkrankheiten ist sehr groß. Bekämpfungsmaßnahmen sind allgemein nicht nötig. Um den Blattschopf zusammenzuhalten, sollte man bei der Ernte ein Stück von der Wurzel mitschneiden. Mit Beginn des Winters kann man den Radicchio mit der Wurzel herausnehmen und im Keller in eine Kiste mit Sand oder in einen Mistbeetkasten einschlagen. Der Salat zum Überwintern wird zweckmäßigerweise erst im August gesät. Im Spätherbst kürzt man die Blätter ein, um Fäulnis zu vermeiden. Durch Überdecken mit Reisig oder Stroh kann man die Pflanzen vor starken Frösten und austrocknendem Wind schützen.

Mit Beginn des Frühjahrs, wenn der Frost aus dem Boden ist, treibt der Radicchio wieder neu. Man kann das Beet dann mit einem Folientunnel oder gelochten Flachfolien überdecken, wodurch eine Verkürzung der ersten Ernte von 3–4 Wochen möglich ist.

Die Spinatgemüse

Alle Spinatgemüse verlangen nahrhaften, feuchten Boden. Spinatgemüse sollten in der gemüsearmen Frühjahrszeit bereits geerntet werden und verlangen daher eine sehr frühe Aussaat. Während der heißen Sommermonate ist der Anbau von Spinat nicht möglich, da er dann schnell zum Blühen kommt.

Der GARTENSPINAT. Dieses Gänsefußgewächs, das sehr vitaminreich ist (Vitamine A, B_1, B_2 und C) und darüber hinaus einen hohen Eisengehalt aufweist, wurde schon bei den Mönchen des Mittelalters als Fastenspeise empfohlen. Er zählte bereits damals als wertvolles Gemüse und wird heute besonders als Nahrung für Kleinkinder und wegen seines hohen Eisengehaltes auch gegen Blutarmut empfohlen.

Spinat gedeiht zwar auch auf leichteren, trockenen Böden, muß dann aber stark gedüngt und gewässert werden. Die Reihenabstände sollen etwa 20 cm betragen, damit die Reihen gut gehackt werden können. Die Aussaat für den Frühjahrsbedarf erfolgt von August bis Oktober, und zwar etwa in Abständen von drei Wochen. Bei gutem Herbstwetter gibt es bereits eine Ernte vor dem Wintereinbruch. Etwas Winterschutz durch Deckreisig ist in kalten Lagen ratsam. Spinat benötigt viel Stickstoff im Boden. Bei Stickstoffmangel vergilben die Blätter leicht. Der Abstand innerhalb der Reihe sollte nicht zu dicht sein. Notfalls müssen die Pflanzen ausgedünnt werden. Spinat läßt sich nicht verpflanzen. Die Frühjahrsaussaat erfolgt am besten sehr zeitig. Im Folientunnel geht die Entwicklung besonders rasch vonstatten. Bis Ende April können weitere Aussaaten im Freiland ausgebracht werden. Spinat ist eine typische Langtagspflanze, daher setzt er bei längerer Lichteinwirkung schnell Blüten an. Deshalb eignet er sich nur für Frühjahrs- oder Herbstkultur.

Erntereifer Spinat muß schnell verwendet werden, weil er sonst leicht bitter wird. Die Bodenverbesserung bei Spinat wird am besten mit Hilfe von Kompost und Torf vorgenommen, niemals jedoch mit Stallmist. Vor der Saat kann man bei unterversorgten Böden etwa 50 g/qm eines blauen Volldüngers ausbringen. Im Frühjahr gibt man zum besseren Austrieb von Winterspinat nochmals etwa 20 g/qm eines Stickstoffdüngers.

Der NEUSEELÄNDER SPINAT ist ein guter Ersatz für den Gartenspinat während der Sommermonate. Diese Spinatsorte, die in Australien beheimatet ist, wird Anfang April im Zimmer vorkultiviert. Hierzu kann man die bekannten Torftöpfe verwenden. Es kommt jeweils ein Korn in einen Topf. Die Auspflanzung des Neuseeländer Spinats erfolgt erst nach den Eisheiligen. Neuseeländer Spinat verlangt einen weiten Reihenabstand. Es sollen nicht mehr als zwei Reihen je Beet angelegt werden, in denen wir die Pflanzen im Abstand von 35–40 cm in der Reihe setzen. Es genügen etwa fünf Pflanzen für einen dreiköpfigen Haushalt, von denen einmal jede Woche geerntet werden kann. Die Pflanzen verlangen einen sonnigen Standort, gedeihen aber auch noch gut im Halbschatten. Es können also auch weniger günstige Plätze im Garten ausgenutzt werden. Die Ernte erfolgt ab Ende Juni bis zu den ersten Herbstfrösten. Man verwendet nur zarte, fleischige Blätter und Triebspitzen. Der Ertrag liegt etwa bei 3 kg/qm.

Spinat gehört zu den Gänsefußgewächsen wie Rote Bete und Mangold und sollte deshalb niemals auf der gleichen Stelle nacheinander angebaut werden. Für gute Erträge ist mindestens ein dreijähriger Fruchtwechsel erforderlich.

Als Ersatz für Spinat während der Sommermonate kann auch der MANGOLD gewertet werden. Wir unterscheiden Blatt- und Rippenmangold. Obwohl die Pflanzen überwintern, ist es wegen ihrer raschen Wüchsigkeit ratsam, jährlich neue Aussaaten vorzunehmen. Die Aussaat erfolgt im April in Reihen von 25–30 cm Abstand und einem Abstand in der Reihe von etwa 10–15 cm. Bei Rippenmangold sollte der Abstand etwa 30–40 cm betragen. Mangold benötigt viel Wasser. Die Ernte beginnt ab Mitte Juni und kann den ganzen Sommer über fortgesetzt werden. Man erntet nur die äußeren ausgereiften Blätter. Als Grunddüngung kann vor der Saat ein blauer Volldünger (50 g/qm) gegeben werden. Haben wir den Mangold einige Male geerntet, so empfiehlt sich eine Nachdüngung von etwa 20 g/qm Stickstoffdünger.

Der SAUERAMPFER ist ein ausgesprochener Wildsalat. Dieses Knöterichgewächs wird zu den Spinatgemüsen gerechnet. Es ist in Europa und Asien weit verbreitet und läßt sich wegen seines hohen Vitamin C-Gehalts und wegen seines feinen säuerlichen Geschmacks sehr gut als Kräutersuppe und als Beimischung zu Spinat verwenden. Man sät ihn im Herbst oder Frühjahr auf ein Saatbeet. Der Reihenabstand sollte etwa 20 cm betragen. Auch der Abstand in der Reihe sollte nicht geringer sein. Die Saat geht sehr rasch auf. Durchtreibende Blütenstiele sind abzuschneiden. Sauerampfer wird als Heilpflanze zur Darmreinigung empfohlen. Er fördert die Blutbildung und kräftigt das Knochenmark. Empfindliche Menschen und Kranke sollten ihn wegen seines reichen Gehalts an Oxalsäure jedoch meiden, da er Herz und Nieren angreifen könnte.

Auch die GARTENMELDE ist ein Wildgemüse, das in verschiedenen Gegenden noch als Sommerspinat angebaut wird. Die Kultur ist sehr einfach. Melde wird bis etwa 1 m hoch. Sie ist vollkommen unempfindlich gegen winterliche Temperaturen, so daß sie bei offenem Wetter sogar bereits ab Januar ausgesät werden kann. Der Reihenabstand sollte 25 cm betragen. Die Ernte erfolgt ab einer Höhe von 20 bis 25 cm. Zusatzdüngungen sind nicht erforderlich. Es ist darauf zu achten, daß die Melde nicht zur Samenreife

Melde

kommt, weil sie sich im Garten leicht als lästiges Unkraut ausbreiten kann.
Als Schädlinge der Spinatgemüse kommen im wesentlichen die gleichen Schädlinge wie bei den Salatgemüsen in Frage. Wichtig ist, daß auch bei den Spinatgemüsen das Saatgut vor der Aussaat gebeizt wird, um eine gewisse Abwehr vor allem gegen pilzliche Schädlinge zu erreichen.

Die Wurzelgemüse

In der Wurzel steckt die Kraft – das kann man für keine andere Gemüseart so bezeichnend sagen, wie gerade für die Gartenmöhre, die an der Spitze der Wurzelgemüse rangiert. Sie wird auch als Mohrrübe, Wurzel, Karotte oder Gelbrübe bezeichnet. Ihre Bodenansprüche sind gering. Sie gedeiht auf jedem durchlässigen, kalkhaltigen Boden, ja selbst auf feuchten Sandböden. Böden mit stauender Nässe und saure Böden sowie schwere Lehmböden sagen ihr nicht zu. Es ist auch zu vermeiden, Möhren auf frisch mit Stallmist gedüngten Böden anzubauen.
Der Kali- und Phosphorgehalt des Bodens ist für das Gedeihen der Wurzelgemüse besonders wichtig. Daher ist vor Anbau der MÖHREN der Nährstoffgehalt zu überprüfen. Ist nicht genügend Kali im Boden, so müssen Kalidüngesalze in stärkerem Maße gegeben werden. Das geschieht bei Jahresanfang mit Gaben von etwa 70 g 40% Kali und 50 g Thomasmehl, um auch eine ausreichende Menge Phosphorsäure in den Boden zu bringen. Sehr sandiger Boden wird mit Kainit bindig gemacht. Schwefelsaures Ammoniak als Düngemittel für Möhren ist unbedingt zu vermeiden!
Die Aussaat früher Möhrensorten erfolgt bereits im März/April oder sogar noch zeitiger bei offenem Boden. Der Samen benötigt etwa drei bis vier Wochen zur Keimung. Um die Reihen zu markieren, können sie z. B. mit einigen Korn Radieschen gemischt werden. Da die Radieschenkultur sehr kurz ist, kann man die Reihen bereits frühzeitig erkennen. Der Reihenabstand sollte etwa 20–25 cm betragen. Der feine Samen darf nicht tiefer als einen halben Zentimeter in den Boden gebracht werden. Der Abstand innerhalb der Reihe sollte etwa 5 cm betragen. Dichter stehende Möhren ergeben schwache Pflanzen, weiter Stand sichert von vornherein eine Ernte großer schwerer Karotten und Möhren. Sät man Frühkarotten gegen Ende Juni ins freie Land, so erhält man bereits im späten Herbst zarte Karotten. Sie können im Winter mit einer Laub- oder Torfmulldecke abgedeckt werden und liefern auf diese Weise den ganzen Winter hindurch frische, schmackhafte Mohrrüben. Die Erntemenge bei Möhren beträgt etwa 3 bis 4 kg/qm. Möhren enthalten die Vitamine A, B, C und D. Daneben enthalten Möhren einen besonders hohen Karotingehalt, der als Vorstufe von Vitamin A mit Fett oder Öl im Körper zu diesem wertvollen Vitamin umgewandelt werden kann.
Möhren können besonders zur Reifezeit bei starkem, plötzlichem Regen nach anhaltender Trockenheit leicht aufplat-

zen. Deshalb ist für eine möglichst gleichmäßige Feuchtigkeit zu sorgen.
Zu den Feinden und Schädlingen der Wurzelgemüse, speziell der Möhren rechnen wir folgende tierische Schädlinge: Die Möhrenfliege, sie erzeugt die »Eisenmadigkeit« der Wurzeln und zeigt sich darin, daß das Laub welkt und gelb wird. Aus diesem Grund sollte man die Möhren mit Zwiebeln zusammen anbauen, auch frühe Aussaaten beugen gegen den Befall vor.
Bei starkem Befall sind Lindan- oder Pyrethrum-Präparate anzuwenden.
Auch die Raupe des Schwalbenschwanzes kann Schädigungen am Laub der Mohrrüben hervorrufen. Der Schwalbenschwanz gehört jedoch zu den wenigen in Europa noch vorkommenden Seglerfaltern und sollte schon aus diesem Grund unbedingt geschützt werden, auch wenn hierdurch einige Möhren geopfert werden müssen!
Sehr lästige Schädlinge sind Erdraupen, Engerling, Drahtwurm und Ameisen. Sie fressen die Wurzeln von außen an. Man sollte jedoch auch hier nur bei stärkerem Befall zu Mitteln wie Lindan, Nexion, Nexid und desgleichen greifen.
Auch der Anbau der ROTEN RÜBE (Rote Bete) ist für den Hobbygärtner interessant. Die Bodenansprüche entsprechen denen der Möhren. Die Rote Bete ist für hohe Humusgaben und für eine im Herbst vorausgegangene Stalldüngung außerordentlich dankbar. Die Aussaat dieser frostempfindlichen Pflanzen geschieht bei Frühkultur im Frühbeet. Die Jungpflanzen dürfen nicht vor den Eisheiligen ins freie Land gesetzt werden. Die Freilandaussaat wird Ende April/Anfang Mai vorgenommen. Die Reihenabstände sollen etwa 25 cm betragen, die Abstände in der Reihe sollen bei 10–15 cm liegen. Rote Rüben müssen vor Beginn der neuen Frostperiode, also etwa Mitte Oktober, geerntet werden. Die Lagerung erfolgt frostfrei, in Sand eingeschlagen, im Keller. Bei der Ernte der Roten Bete ist zu beachten, daß die Rüben nicht verletzt werden, weil sie sonst leicht verbluten. Auch das Kraut darf nicht abgeschnitten werden, sondern man dreht es ab. Rote Rüben enthalten die Vitamine B_1, B_2 und C. In der Medizin gelten sie als blutbildend.
In Essig eingemacht sind sie eine willkommene Beilage zu vielen Gerichten.
Die SCHWARZWURZEL oder der sogenannte Winterspargel ist ein schmackhaftes Wintergemüse, dem schon im Mittelalter ein hoher Nähr- und Heilwert nachgesagt wurde. Sie liebt lockeren, tiefgründigen Boden, weil die Wurzeln sehr lang werden. Man kann sie als sogenannte zweite Tracht anbauen, auf Beeten nach Kohl, Gurken und dergleichen. Die Herbstaussaat erfolgt im August/September. Die Beete sind bis zum Aufgang der Saat gleichmäßig feucht zu halten. Als Frühjahrsaussaat bringt man die streichholzähnlichen Samen im zeitigen März bis April in den Boden. Die Reihenweite beträgt etwa 25 cm. Um starke, kräftige Wurzeln zu erhalten, sind sie auf 8–10 cm innerhalb der Reihen zu verziehen. Bei großer Trockenheit sollte reichlich gegossen werden. Schwarzwurzeln sind winterhart und können daher im Freien überwintern. Die Ernte kann dann

jederzeit bei offenem Wetter erfolgen. Es ist auch möglich, Schwarzwurzeln im Herbst zu ernten und im Keller in einer Kiste mit Sand einzuschlagen. Dabei ist zu beachten, daß der Saft der Wurzeln nicht eintrocknen darf.
Schwarzwurzeln benötigen reichlich Nährstoffe. Man kann vor der Saat 60 g/qm eines blauen Volldüngers geben oder entsprechend hohe Gaben von Horn- oder Knochenmehl, die mit etwa 20 g Patentkali ergänzt werden. Zweimal im Sommer, Juni und August, ergänzt man diese Düngung mit Gaben von etwa 30 g/qm Kalksalpeter oder Kalkammonsalpeter. Gefährlichster Feind der Schwarzwurzeln ist die Wühlmaus. Ihre Bekämpfung ist außerordentlich schwierig. Das Aufstellen von Fallen und das Eingraben von Eimern, die zum Teil mit Wasser gefüllt sind, haben sich hier als sehr wirksam erwiesen.
Der SELLERIE gehört zu den beliebtesten Wurzelgemüsearten. Er wird in verschiedenster Form roh oder gekocht genossen, besitzt einen hohen Mineralstoff- und Vitamingehalt und liefert den ganzen Sommer über frisches Suppengrün für die Küche. Seine Kultur versagt in kalkarmen Böden. Daher sind höhere Kalkgaben für sein Gedeihen wichtig. Dazu kommt aber auch eine hohe Nährstoffversorgung. Gut verrotteter Stallmist, der in hohen Gaben im Herbst in den Boden gebracht wird, ist für ihn gerade das beste. Als Grunddüngung kann auch eine kräftige Humusdüngung gegeben werden, die mit 50 g/qm eines blauen Volldüngers ergänzt wird. Ende Juni kann diese Gabe nochmals wiederholt werden. Während des Wachstums ist er ständig gut feucht zu halten. Hierdurch wird die Knollenbildung besonders gefördert. Das Auspflanzen von Jungpflanzen erfolgt ab Ende Mai ins freie Land. Will man die Pflanzen selbst heranziehen, so ist die Aussaat Ende März in ein Frühbeet oder im Zimmer vorzunehmen. Sellerie darf auf keinen Fall zu tief gepflanzt werden, da er dann schlecht gedeiht und nur sehr schwer Knollen bilden kann. Man setzt die Jungpflanzen nur so tief, wie sie gestanden haben. Der Pflanzabstand ist mit 40 × 40 cm ausreichend. Da Selleriewurzeln sehr flach verlaufen, ist bei der Bodenbearbeitung darauf zu achten, daß nicht zu tief gehackt wird. Das Entfernen gesunder Sellerieblätter an den Knollen führt zu geringerem Ertrag. Die beste Erntezeit ist ab Anfang November gegeben. Sellerie verlangt einen hohen Kali- und Phosphorsäuregehalt des Bodens, daher sollte man vor der Kultur eine entsprechende Bodenuntersuchung durchführen. Gegebenenfalls sind Grunddüngungen mit Superphosphat im Frühjahr oder Thomasmehl im Herbst und Patentkali erforderlich.
Eine besondere Art des Sellerie, die in den letzten Jahren immer mehr an Beliebtheit gewinnt, ist der BLEICHSELLERIE. Diese Sellerieart wird genauso herangezogen, wie der Knollensellerie. Auch die Düngung ist die gleiche. Bleichsellerie, der im Herbst ausgepflanzt wird, kann bereits im August geerntet werden. Bei Junipflanzung erfolgt die Ernte ab September. Der Pflanzabstand soll 30 × 30 cm betragen. Früher wurde Bleichsellerie angehäufelt, um bleiche

Stengel zu erhalten, heute gibt es dagegen selbstbleichende Sorten, die insofern wesentlich einfacher zu kultivieren sind. Im Plastiktunnel läßt sich die Ernte des Bleichsellerie bis in den Winter hinein verlängern. Auch für Bleichsellerie ist zu beachten, daß sie nicht zu tief gepflanzt werden. Sie müssen frei über der Erde stehen.

Es sind in der Hauptsache zwei Krankheiten, die dem Sellerie zu schaffen machen: Die Blattfleckenkrankheit und der Sellerieschorf. Die Blattfleckenkrankheit äußert sich in braunen Flecken auf den Blättern, die zum raschen Absterben des Laubes führen. Meist kann man sich im Hausgarten damit helfen, daß man die befallenen Teile sofort entfernt und der Müllabfuhr anvertraut. Bei starkem Befall, der besonders in nassen und kalten Sommern auftreten kann, muß jedoch mit einem Fungizid gespritzt werden, wenn man gesunde Knollen ernten will (z. B. Dithane-Ultra). Zur Vorbeugung sollte man vermeiden, Sellerie spät abends noch zu gießen, da die Vermehrung der Pilzsporen und ihre Ausbreitung durch die Feuchtigkeit gefördert wird.

Sellerieschorf kommt relativ selten vor. Er befällt die Knolle und bildet dort Flecken, die leicht in Fäulnis übergehen. Zur Vorbeugung wird eine Beizung des Saatgutes empfohlen. Eine Entseuchung der Anzuchterde ist nicht immer möglich. Auf jeden Fall sollte man aber, wenn diese Krankheit festgestellt wird, einen dreijährigen Fruchtwechsel vornehmen, damit eine Übertragung durch im Boden vorhandene Sporen nicht mehr erfolgen kann.

Eine Gemüsepflanze, der man große Heilwirkungen nachsagt, ist der RETTICH. Rettich gilt als bewährtes Gallenmittel, er soll Gallensteine, Gallengriesbildung verhindern, harntreibend wirken und die Nierentätigkeit anregen. Darüber hinaus wirkt er sich auf den Stoffwechsel günstig aus, regt den Appetit an und fördert die Verdauung. Rettich gilt aber auch als besonderes Mittel gegen Erkältungskrankheiten. Er wirkt schleimlösend. Als altes Hausmittel bereitet man ihn folgendermaßen zu: Man setzt einen Rettich auf ein Glas, höhlt ihn zur Hälfte aus, sticht ihn unterseits durch und füllt diesen halb ausgehöhlten Rettich mit Kandiszucker. Der Zucker löst sich allmählich im Rettichsaft auf und fließt damit in das Glas. Dieser Saft wird bei Katarrhen aller Art und bei starker Verschleimung als bewährtes Hausmittel angewendet. Es gibt verschiedene Retticharten, den Treibrettich, den Sommerrettich und den Herbst- oder Winterrettich. Die Aussaat erfolgt bei den frühen Sorten im Abstand von etwa 12 × 15 cm. Spätere Sorten wie z. B. die Winterrettiche können auf 20 × 25 cm Abstand gesät werden. In milden Gegenden kann die Aussaat bereits im zeitigen Frühjahr vorgenommen werden (Februar/März). Die Kultur im Plastiktunnel hat sich gut bewährt. Auf diese Weise kann die Ernte vorverlegt werden. Dann folgen Aussaaten im Abstand von 14 Tagen, um fortlaufend Rettiche ernten zu können. Die Aussaat der Sommerrettiche erfolgt etwa ab Mitte April. Die letzte Aussaat (Herbst- oder Winterrettiche) wird Ende Juni gesät. Rettiche verlangen einen lockeren, humosen Boden, der nicht mit frischem Mist gedüngt sein darf. Rettiche lassen sich leicht als Zwischenkultur auf Beete oder in Saatreihen zwischen langsam keimenden Gemüsearten ausbringen. Sie sind auch als Markierungssaat z. B. zwischen Möhren angebracht. Rettiche können auf der Fensterbank vorkultiviert werden. Die jungen Pflänzchen werden beim Pikieren senkrecht bis zu den Keimblättern eingepflanzt. Es ist darauf zu achten, daß die Wurzel nicht beschädigt wird. Der Rettich bildet sich jedoch nicht aus den Wurzeln, sondern aus dem Zwischenstück, das sich zwischen Wurzel und Keimblättern befindet. Das Auspflanzen erfolgt möglichst bei bedecktem Himmel oder feuchtem Wetter.

Rettiche sind vor allem dankbar für gute Kompostgaben. Schwerer, schlecht durchlüfteter Boden kann mit reichlich Torf und Sand verbessert werden. Die Nährstoffansprüche sind relativ hoch. Man gibt eine Vorratsdüngung von etwa 60 g/qm eines blauen Volldüngers und etwa 30 g eines Stickstoffdüngers (z. B. Kalksalpeter), wenn die Pflanzen gut angewachsen sind. Reichliches Wässern sorgt dafür, daß keine Verbrennungsschäden entstehen können. Rettich braucht ohnehin viel Wasser, es ist darüber hinaus auf eine gleichmäßige Bodenfeuchte zu achten.

Zu den Feinden der Rettiche gehören vor allem die Erdflöhe. Ihre Bekämpfung siehe Radieschen. Daneben kann Befall durch die Kohlfliege auftreten. Ihre Bekämpfung siehe unter Kohlgemüse.

Besonders lohnenswert ist im Garten die Kultur der RADIESCHEN. Sie benötigen von der Aussaat bis zur Ernte etwa 25–30 Tage. Radieschen sollen frisch aus dem Garten auf den Tisch kommen. Sie wirken durch ihr leuchtendes Aussehen appetitanregend. Ihr pikanter Geschmack beruht auf dem hohen Gehalt an Senfölen. Radieschen können vom Frühjahr bis zum Herbst ständig ausgesät werden. Es ist nicht ratsam, Radieschen auf eigene Beete auszusäen. Sie sind ideal für die Zwischenkultur, wo sie als Lückenbüßer Verwendung finden können. Um große, runde Knollen zu erhalten, müssen Radieschen nach dem Keimen auf etwa 5 cm Seitenabstand ausgedünnt werden. Die Nährstoffansprüche sind nicht ganz so hoch, wie beim Rettich. Lockerer, humoser Boden eignet sich für ihre Kultur am besten. Je wärmer die Witterung ist, desto mehr Feuchtigkeit wird von den Radieschen benötigt. Erhalten Radieschen zu wenig Wasser, werden sie innen holzig.

Wenngleich sie sehr lichthungrig sind, mögen sie doch keine hohen Temperaturen. Bei 15–18° gedeihen sie am besten. Daher ist es erforderlich, besonders bei Frühbeet- oder Folienkulturen, die Radieschenkultur reichlich zu belüften.

Radieschenkulturen sind vor allem durch Erdflohbefall gefährdet. Die Bekämpfung der Erdflöhe erfolgt bei kleineren Partien mit Hilfe von Leimbrettern oder bei sehr starkem Befall mit Hilfe von Stäubemitteln. Gutes Feuchthalten des Bodens hat sich als bestes Vorbeugungsmittel gegen diesen Schädling bewährt.

Die WURZELPETERSILIE rechnet man ebenfalls zu den Wurzelgemüsen. Sie gilt jedoch vor allem als Würzpflanze, da sie

ein besonders kräftiges Aroma besitzt. Petersilie ist reich an Vitaminen. Besonders hoch ist der Vitamin C-Gehalt. Daneben kommt aber auch ein hoher Gehalt an Vitamin A vor und das Vitamin E. Petersilie ist reich an Mineralstoffen wie Eisen, Kalzium, Kalium, Phosphor. Sie gilt nicht nur als Appetitanregungsmittel, sondern wird auch in der Medizin als Blutreinigungsmittel und als harntreibend verwendet. Ihre Kultur bereitet keine Schwierigkeiten. Sie läßt sich leicht als Einfassung oder als Zwischensaat von Radieschen im zeitigen März aussäen. Der Reihenabstand soll etwa 20 cm betragen. Wurzelpetersilie verzieht man in der Reihe auf etwa 5 cm Abstand. Da das Saatgut lange im Boden liegt (etwa 3–4 Wochen) wird empfohlen, das Saatgut vorher zu beizen. Petersilie gedeiht am besten in der Sonne, verträgt aber auch Halbschatten. Schwerer Boden wird schlecht ertragen. Hier empfiehlt sich eine Verbesserung mit Kompost und Torf. Petersilie kann in Form von Wurzelpetersilie auch leicht im Winter getrieben werden. Zu diesem Zweck nimmt man im Herbst einige Wurzeln heraus, setzt sie in Töpfe und gräbt diese Töpfe so tief in den Boden ein, daß man sie mit einer Lage Reisig oder Laub gut abdecken kann. Je nach Bedarf holt man im Winter diese Töpfe auf die Fensterbank und kann sie hier antreiben.
Krankheiten und Schädlinge der Petersilie treten nicht sehr häufig auf. Manches Mal können Schädigungen durch Wurzelläuse, Blattläuse, Älchen oder von Maden der Möhrenfliege hervorgerufen werden. Gegen diese Parasiten hilft eine Bekämpfung durch ein Insektenmittel, das durch Gießen auf die Pflanzen und den Boden gebracht wird (z. B. Unden). Auf die Saatgutbeizung zur Vorbeugung wurde bereits hingewiesen.

Die Gurkengewächse

Gurken stammen aus dem Fernen Osten. Sie sind Pflanzen, die sich in wärmeren Zonen heimisch fühlen. Das läßt bereits darauf schließen, daß sie viel Wärme und Feuchtigkeit beanspruchen. Am liebsten haben sie es windgeschützt. Warmer, durchlässiger Humusboden, der reich mit Wasser und Nährstoffen versorgt ist, ist für Gurken die Voraussetzung für gutes Gedeihen. Als Windschutz kann man auch eine Reihe von Stangenbohnen pflanzen oder aber man verwendet Straucherbsen oder Tomaten, die heckenartig um die Beete wachsen, um auf diese Weise ein möglichst gleichmäßiges, warmes Klima über den Gurkenbeeten zu schaffen.
Da die GURKEN erst bei 10–12° Bodentemperatur keimen, können wir sie erst Mitte bis Ende Mai im Freiland aussäen. Auf jeden Fall sollte man bis zu den sogenannten Eisheiligen warten. Als Düngegabe hat sich vor allen Dingen Pferdemist bewährt, der jedoch heute kaum erhältlich ist. Pferdemist hat den Vorteil, daß er den Boden beträchtlich erwärmt. Aber man kann sich auch mit künstlichen Düngern und Tunnelkultur helfen. 25 g Kalkammonsalpeter, 30 g

Thomasmehl und 40 g Patentkali pro Quadratmeter sind ausreichend, um eine günstige Entwicklung der Gurken zu bewirken. Wenn Gurken zu ranken beginnen, kann noch zusätzlich eine Kopfdüngung von etwa 40 g/qm eines blauen Volldüngers gegeben werden. Grundsätzlich werden Gurken nicht in zweiter Tracht angebaut, d. h. sie wollen ausgeruhten Boden in erster Tracht. Bei dem Auspflanzen der Gurken ist zu beachten, daß genügend Platz auf den Beeten vorhanden ist. Auf einem 1 m bis 1,20 m breiten Beet legt man die Gurken daher nur in einer Reihe und wählt die Abstände in der Reihe von 20 cm. Beim Stecken der Gurkenkerne legt man immer 3–4 Samenkörner etwa 3 cm tief in ein Loch. Gurkensaat kann in warmem Wasser oder Milch vorgequollen werden. Auf diese Weise geht die Keimung schneller vonstatten. Nach dem Erscheinen des dritten Blattes kneift man die Spitze aus, um dadurch bessere Tragranken zu erhalten. Die Beetflächen können für die Zwischenkultur von Salat und Radieschen oder Sommerrettichen verwendet werden, da es sich hierbei um sehr kurzzeitige Kulturen handelt.

Bei der Ernte ist darauf zu achten, daß die Ranken nicht beschädigt werden. Hierdurch kann nämlich der Ertrag verringert werden. Die Früchte an geknickten Ranken wachsen nicht mehr weiter. Gurken soll man frühzeitig ernten. Kleine Gurken sind kernlos. Je älter sie werden, desto ausgeprägter sind auch die Kerne in der Gurke.

Durch Übertunnelung des Saatbeetes mit Folie läßt sich die Gurkensaat einige Wochen früher in den Boden bringen. Man kann Gurken auch in Töpfen auf dem Fensterbrett vorkultivieren. Zu diesem Zweck legt man zwei Gurkenkerne jeweils in einen Topf und vereinzelt sie nach der Keimung. Sobald die Gurken zwei bis drei Laubblätter gebildet haben, kann man sie ins Freie oder in einen Folientunnel pflanzen. Gurken für die Treiberei im Frühbeet oder Kleingewächshaus können ebenfalls bereits Ende April gepflanzt werden.

Wer auf großen Ertrag Wert legt, kann Gurken auch im Großtunnel ziehen. Hierbei überspannt man ein etwa 1,20 m hohes Drahtgeflecht mit einer Plastikfolie und läßt die Gurken an diesem Drahtgeflecht emporklettern. Da die Gurken von sich aus schlecht klettern, ist hier entsprechende Nachhilfe erforderlich. Bei dieser Form der Gurkenkultur ist auf gute Belüftung zu achten, d. h. die Tunnelenden müssen etwa ab Mitte Juni offengehalten werden.

Schädling der Gurken ist die Rote Spinne, die durch ihre Saugetätigkeit ein Vergilben der Blätter bewirkt.

Unter den Pilz-Krankheiten ist vor allem der Gurkenmehltau zu nennen. Der Befall kann mit Mehltaumitteln (z. B. Morestan, Karathane oder Netzschwefel u. a.) bekämpft werden. Hierbei sind unbedingt die Wartezeiten zu beachten. Tritt der Befall erst ab Mitte August auf, so ist eine Bekämpfung nicht mehr notwendig.

Häufig stellt man bei Gurken Magnesiummangel fest. Hier hilft eine 2%ige Magnesiumsulfatlösung.

Der sogenannte Falsche Mehltau verursacht auf den Blättern oberseits gelbbraune größere Flecken und unterseits violettschmutzige Schimmelrasen. Die Blätter vertrocknen und sterben ab. Zur Bekämpfung wenden wir ein Grünkupferspritzmittel an.

Stellt man bei warmer Witterung fest, daß Gurkenblätter plötzlich welken, ja, daß die ganze Pflanze schlaff am Boden liegt und daß an den Wurzeln watteartige, weiße Pilzrasen ausgebildet sind, so handelt es sich hier um die gefürchtete Gurkenwelke. Dieser Pflanzenkrankheit ist schwer beizukommen. Es wird empfohlen, die befallenen Pflanzen sofort mit ihren Wurzeln zu entfernen und Fruchtwechsel vorzunehmen.

Die Riesenfrüchte der Kürbisse waren immer schon eine besondere Schau im Freizeit- und Hobbygarten.

KÜRBISSE gedeihen im Garten ohne große Schwierigkeiten, wenn sie nährstoffreichen, lockeren Boden vorfinden. Aus diesem Grund pflanzte man Kürbisse früher gern auf den Komposthaufen, besser ist es aber, den Kürbis an den Komposthaufen zu pflanzen, d.h. man hebt am Rande des Haufens eine etwa 40 × 40 cm tiefe Grube aus, die man mit Komposterde, frischem Stallmist (falls vorhanden) und anderen Naturdüngern auffüllt, wobei alles kräftig gemischt wird. So kann der Kürbis mit seinen großblättrigen Ranken leicht den Komposthaufen überziehen und gleichzeitig entsprechend beschatten.

Die Aussaat erfolgt Anfang Mai im Freien oder Mitte April in 10 cm-Töpfen im Zimmer. Diese vorkultivierten Pflanzen setzt man nach den Maifrösten ins Freiland. Die Früchte können in wenigen Monaten zu stattlichen Kugeln heranwachsen. Kürbisse von 40–50 kg sind keine Übertreibung. Da man im Haushalt nur sehr geringe Mengen von Kürbis verarbeiten kann, empfiehlt es sich nicht, mehr als eine Pflanze zu kultivieren. Man läßt etwa drei bis vier Früchte an der Pflanze. Alles andere wird entfernt.

Kürbis benötigt viel Feuchtigkeit, an heißen Sommertagen bis zu 40 l Wasser. Um das Faulen der Früchte zu verhindern, kann man sie auf eine Unterlage aus Platten, Hartfaserplatten oder ähnlichem Material legen, wenn sie etwas größer geworden sind. Mit einigen größeren Blättern oder einem leichten Tuch können wir die Frucht an heißen Tagen abdecken, damit sie nicht platzt oder rissig wird.

Kürbis läßt sich natürlich auch in gewöhnlichem Gartenboden kultivieren. Hierzu benötigen wir humushaltigen, durchlässigen Boden, der mit einer entsprechenden Vorratsdüngung versehen ist. Da Kürbis zu den stark zehrenden Pflanzen gehört, ist eine Vorratsdüngung von etwa 100 g eines blauen Volldüngers angebracht. Ein oder zwei Kopfdüngungen mit mineralischem Dünger Ende Juni oder Ende Juli sorgen für den nötigen Nachschub während der Vegetationszeit. Anfälligkeiten wie Gurken.

Eine schmackhafte Frucht aus der Familie der Gurkengewächse ist die MELONE. Zum Gedeihen benötigt sie sehr viel Wärme. Es gibt Freilandmelonen, die auch in unseren Breiten in geschützter, sonniger Lage reifen. Es wird jedoch empfohlen, Melonen entweder im Frühbeet oder im Folientunnel zu ziehen, da

die Früchte in vielen Fällen nicht reif werden.
Die Aussaat der Melonen erfolgt ab Ende April in 10 cm-Töpfe. Nach den ersten drei bis vier Blättern pflanzen wir sie ins freie Land. Melonen benötigen ähnlich wie der Kürbis viel Platz. Der Abstand von Pflanze zu Pflanze sollte mindestens 1,00 m betragen. Bei Melonen ist die Feuchtigkeit wichtig. Aus diesem Grund bilden wir im Boden einen Gießrand um die Pflanze aus. Nach dem dritten Blatt entspitzt man den Haupttrieb, nach dem fünften Blatt die Seitentriebe. Die Früchte der Melonen sollte man ähnlich wie beim Kürbis auf Holzbretter, Lattenroste und dergleichen legen, damit sie nicht faulen. Jeder Trieb der Melone sollte nur einen Fruchtansatz, und zwar den stärksten behalten. Alle anderen werden entfernt. Es wird empfohlen, die Triebe zwei oder drei Blätter oberhalb der Früchte abzuschneiden, um dickere Früchte zu erhalten. An geschützten Südwänden ist es möglich, Melonen auch am Spalier zu ziehen. Das gleiche gilt für Melonenkultur im Gewächshaus. Die Düngeransprüche der Melone sind die gleichen, wie bei der Gurke. Schädlingsbefall wie bei den Gurken.
In die Gurkenfamilie gehören auch die ZUCCHINI oder Zucchetti, die eine Art Flaschenkürbis darstellen. In den Vereinigten Staaten sind sie sehr beliebt. Auch bei uns vergrößert sich ihre Anbaufläche ständig.
Sie sind nicht so wärmeliebend wie z. B. die Melonen, sondern gedeihen bei uns sehr leicht auch während kühler Witterungsperioden. Mitte Mai steckt man je etwa 2–3 Kerne zusammen 3 cm tief in den Boden. Der Pflanzabstand zwischen den Pflanzen muß etwa bei 1 m liegen. Nach der Keimung verzieht man die Pflanzen auf je ein Stück.
Bei Tunnelkultur und Frühbeetkultur können die Zucchini selbstverständlich früher ausgesät werden. Vorkultur in Töpfen auf der Fensterbank etwa ab Mitte April ist möglich. Die Auspflanzung erfolgt dann Anfang Mai, wobei man zunächst einen Folientunnel oder ein Folienzelt darüber baut. Ende Mai, wenn sich die Pflanzen gut entwickelt haben, kann die Folie entfernt werden.
Dieses Gemüse benötigt hohe Düngergaben. Aus diesem Grund empfiehlt sich eine Grunddüngung von ca. 60 g–100 g eines blauen Volldüngers pro Quadratmeter und ein oder zwei Nachdüngungen im Juni oder Juli. Wie alle Gurken- und Kürbisgewächse benötigen sie viel Wasser. Ab Mitte Juli sind die Früchte erntereif. Bei einer Länge von etwa 15–25 cm sind sie besonders zart. Bei der Ernte ist im übrigen darauf zu achten, daß die Schale noch weich ist und sich mit dem Fingernagel einritzen läßt. Man rechnet etwa mit 6–8 Früchten je Pflanze. Krankheiten wie bei den Gurken.

Die Zwiebelgemüse

Die Kultur der Zwiebeln ist uralt. Man vermutet, daß die Zwiebel aus Westasien stammt. Sie war bereits bei den Ägyptern im Altertum ein hochgeschätztes Würzkraut. In den Zwiebeln sind die Vitamine

B_1 und C enthalten. Aber nicht dieser Vitamingehalt, sondern der typische Zwiebelgeschmack ist für den Anbau dieser Gemüseart bestimmend. Er wird durch Zuckergehalt und durch schwefelhaltige ätherische Öle hervorgerufen, die uns bei der Zubereitung von Zwiebeln so leicht das Wasser in die Augen treiben.

Zwiebeln können sowohl als Gemüse, als auch zum Würzen verwendet werden. Auch in der Heilkunde findet die Zwiebel Verwendung. Bandwürmer und Spulwürmer lassen sich durch eine Zwiebelkur vertreiben. Rohe Zwiebeln gelten als probates Hausmittel bei Verdauungsstörungen. Sie wirken darüber hinaus appetitanregend und sollen sich günstig auf das Nervensystem auswirken. Zwiebelsaft mit Honig oder Zucker wird bei hartnäckigem Husten oder Heiserkeit empfohlen. Abgekochter Zwiebelsaft und zerdrücktes Zwiebellaub werden zu Umschlägen bei Verbrennungen verwendet. Bei Insektenstichen reibt man die Stichwunde mit einer rohen Zwiebel ein, und gegen Schlaflosigkeit hilft der Verzehr einer rohen Zwiebel vor dem Schlafengehen.

Wir unterscheiden verschiedene Arten von Zwiebeln, die wir entweder aussäen können oder als Steckzwiebeln setzen. Die Aussaat erfolgt bei offenem Boden im zeitigen Frühjahr. Zwiebelsamen liegt lange im Boden. Durch Beimischen von Spinat oder Salat können die Reihen gekennzeichnet werden. Der Reihenabstand bei Zwiebeln sollte 20 cm betragen, in der Reihe verziehen wir die Zwiebeln auf 2–3 cm Abstand. Der Samen wird 1 cm tief in Furchen gesät. Zwiebeln sollten stets mit Karotten abwechselnd in Reihen auf Beeten ausgesät werden, um die günstigen Wirkungen der Mischkulturen auszunutzen. Auf diese Weise wird dem Befall durch die Zwiebelfliege entgegengewirkt. Zwiebeln lieben keinen feuchten Boden. Sie können als zweite Tracht am besten auf altgedüngtem milden Gartenboden kultiviert werden. Auf frischgedüngtem Land kommen Zwiebeln schlecht zur Reife, weil sie zu lange treiben. Darüber hinaus kommt es auf Kosten der Zwiebeln zu starker Laubentwicklung. Auf sandigen Böden werden meist bessere Erträge erzielt, als auf Lehmböden. Zwiebelboden wird im Herbst gegraben und im Frühjahr nur mit dem Rechen gelockert, da die Pflanzen sonst in die Tiefe wachsen und keine festen Zwiebeln ausbilden. Für den Zwiebelanbau ist außerdem eine freie, sonnige Lage wichtig. Ausgesäte Zwiebeln sind etwa in der zweiten Augusthälfte erntereif. Zu zeitig herausgenommene Zwiebeln halten sich nicht lange. Man erkennt die Reife der Zwiebeln an ihrer Festigkeit und an dem Vergilben der Außenhäute, der sogenannten Schlotten. Nach dem Herausnehmen trocknet man

Nur wenige kennen die heilsame Wirkung des allbekannten Apfels. Wildäpfel (Kirschäpfel) wie der abgebildete Malus sieboldii, »Wintergold«, enthalten in ihren Früchten viele gesundheitsfördernde Wirkstoffe.
Viele Wildapfelsorten lassen sich zu delikatem Apfelgelee verarbeiten.

die Zwiebeln in der Sonne und bewahrt sie in einem luftigen, frostfreien Raum auf.
Für den Hobbygärtner ist auch die Kultur der Frühlingszwiebeln interessant. Diese Zwiebeln werden bereits Anfang August in ein Saatbeet oder ins freie Land ausgesät. Sobald kleine Pflänzchen ausgebildet sind, werden sie auf Beeten mit etwa 20 cm Reihenabstand gepflanzt. Die Entfernung in der Reihe soll etwa 5 bis 7 cm betragen. Die Zwiebeln werden im Spätherbst mit Laub oder Tannenreisig abgedeckt. Bereits im Mai sind die ersten Frühlingszwiebeln erntereif.
Die Steckzwiebelkultur ist im Hausgarten besonders beliebt. Hier gilt der Grundsatz: Je größer die Zwiebel, desto leichter neigt sie zum Schossen. Die beste Größe für Steckzwiebeln liegt bei Haselnußgröße, d. h. etwa bei 1 cm Durchmesser. Man steckt die Zwiebeln bei dieser Kulturform in Reihen mit einem gegenseitigen Abstand von etwa 20–25 cm. Der Abstand in der Reihe beträgt etwa 8–10 cm. Bei der Bodenbearbeitung im Sommer muß man vorsichtig zu Werke gehen, Zwiebeln sind Flachwurzler. Die feinen Wurzeln können leicht beschädigt werden.

Nicht nur die zierenden pfeilförmigen Blätter und die aparten Blüten machen den Aronstab (Arum maculatum) im Garten interessant. Die Früchte prangen im Spätsommer in leuchtender Farbe. Beeren und Wurzelstock dieser Pflanze sind jedoch stark giftig. In der Volksmedizin müssen wir daher auf diese Heilpflanze verzichten.

Bei der Kultur von Zwiebeln ist generell zu beachten, daß die Beete alljährlich gewechselt werden.
Eine beliebte Zwiebel für die Zubereitung der Speisen ist die PERLZWIEBEL. Sie eignet sich auch besonders gut für Einmachzwecke (Mixed Pickles). Die Kultur erfolgt im August durch Brutzwiebeln, die man in Gruppen von 6–10 Stück im Abstand von 10 cm im Freiland steckt. Im Juli oder August des Folgejahres, wenn das Laub vergilbt, können sie geerntet werden. Die kleinsten Zwiebelchen verwendet man für die Nachzucht. Auch bei der Kultur von Porree ist die Gewinnung von Perlzwiebeln möglich. Man schneidet zweijährigem, stengeltreibendem Porree den Schaft ab. Hierdurch wird die Pflanze zur Bildung von Brutzwiebeln angeregt, die man im August/September herausnimmt und sofort stecken kann. Hierdurch gewinnt man im nächsten Jahr ebenfalls Perlzwiebeln. Darüber hinaus kann man das von diesen Perlzwiebeln hervorgebrachte Laub den ganzen Winter über wie Schnittlauch ernten.
Eine der feinsten Zwiebelarten, deren Vermehrung aus Brutzwiebeln erfolgt, ist die SCHALOTTE. Hierbei verwenden wir große, gut ausgewachsene Zwiebeln, die gesteckt werden. Sie garantieren eine gute Ernte. Bei der Schalotte gilt der Grundsatz: große Zwiebeln – große Ernte, kleine Steckzwiebeln – kleine Ernte. Da die Schalotten aus wärmeren Gegenden stammen und in unseren Klimaten nicht zum Blühen kommen, müssen wir ihnen auch einen warmen Standort geben. Schalotten werden in Reihen im Abstand von etwa 20 × 20 cm ge-

steckt. Beim Stecken von Schalotten und anderen Steckzwiebeln ist darauf zu achten, daß sie so tief in den Boden gesetzt werden, daß sie eben darin verschwinden. Schalotten keimen bald mit mehreren Trieben und bilden ganze Zwiebelnester aus, die bereits im Juli geerntet werden können. Nach dem Herausnehmen läßt man sie noch einige Tage zum Abtrocknen im Freien liegen. Wir bewahren Schalotten in frostfreien, trockenen Räumen über Winter auf. Ihre Haltbarkeit ist sehr groß. Schalotten können bis zur nächstjährigen Ernte bequem aufbewahrt werden.

Eine andere Zwiebelart, die vornehmlich zum Würzen geeignet ist, ist die WINTERHECKZWIEBEL (auch Winterzwiebel oder Schnittzwiebel genannt). Diese anspruchslose Zwiebelart kann man im März/April aussäen. Man verwendet das Lauch ähnlich wie beim Schnittlauch. Sehr würzig ist die kleine Zwiebel. Bei den Winterheckzwiebeln handelt es sich um mehrjährige, ausdauernde Zwiebeln, die nur eine unscheinbare Hauptzwiebel ausbilden. Mit zunehmendem Alter bilden sich eine Reihe von Nebenzwiebeln, die ihrerseits wieder neu gesteckt werden können, oder für die Küche Verwendung finden. Eine Besonderheit unter den Winterheckzwiebeln ist eine lebendgebärende Art, die an ihren Trieben einige kleine Luftzwiebeln bildet. Diese Luftzwiebeln schmecken sehr aromatisch und können bis in den Herbst hinein geerntet werden. Die Vermehrung erfolgt über eben diese Luftzwiebeln, die man einfach in den Boden steckt.

Wie alle alten Kulturpflanzen haben auch die Zwiebeln einige Tier- und Pilzschädlinge. Zu ihnen gehört zunächst der Zwiebelbrand, der in erster Linie Saatzwiebeln befällt. Er äußert sich in hellstreifigem Laub, das beulenartig anschwillt. In diesen Beulen bilden sich die Sporen, die nach dem Aufplatzen den Boden verseuchen. Die Bekämpfung erfolgt durch Ausreißen der befallenen Zwiebeln und durch Bodenentseuchung (z. B. mit Brassicol).

Nicht minder übel ist Befall der Pflanzen durch die Zwiebelfliege. Man erkennt ihn am Verkümmern des Lauches bzw. am Faulen der Blätter bei älteren Pflanzen. Zwiebelfliegen legen Ende April/Anfang Mai ihre Eier an den Pflanzen ab. Aus diesen Eiern schlüpfen Maden, die das Innere der Zwiebel von unten heraus ausfressen.

Zur Bekämpfung empfiehlt sich die mehrfach erwähnte Mischkultur mit Möhren. Eine chemische Bekämpfung ist bei Befall nicht angebracht. Hier hilft nur ein Ausreißen der befallenen Pflanzen und zur Vorbeugung das Ausbringen von Nexion-Streumitteln, die man bereits mit dem Zwiebelsamen einbringt.

Seltener ist der Befall durch Falschen Mehltau, den man an den bleichen, blaugrünen Flecken auf den Blättern erkennen kann. Er ist durch Grünkupferspritzungen zu bekämpfen.

Der PORREE (Lauch, Breitlauch) sollte in keinem Gemüsegarten fehlen. Er wird wegen seines Vitamingehalts besonders in der Winterzeit geschätzt.

Porree liebt tiefgründigen, nährstoffreichen Boden, der allerdings nicht frisch mit Mist gedüngt sein soll. Die Anzucht von Porreepflanzen ist sehr einfach. Man sät den Samen ab März/April auf ein Saatbeet und kann bereits ab Mai die jungen Pflänzchen an Ort und Stelle auspflanzen. Hierzu wird empfohlen, den Porree möglichst tief zu pflanzen, damit ein schöner weißer Schaft gebildet wird. Der Reihenabstand beträgt etwa 20 cm und der Abstand in der Reihe ca. 15 cm. Porree pflanzt man in etwa 15 cm tiefe Furchen, die später angehäufelt werden, so daß lange Schäfte entstehen. Porree ist außerordentlich winterhart, daher kann er als Nachfrucht für alle abgeernteten Beete auch noch verhältnismäßig spät in den Boden kommen. Auch die Anzucht im Frühbeet Anfang März ist lohnend.

Zur besseren Entwicklung, kann mit einem blauen Volldünger (Nitrophoska, Hakaphos) nachgeholfen werden.

Was für die Zwiebelkultur gilt, gilt auch für den Porree. Um Porreepflanzen gesund zu erhalten, empfiehlt es sich, abwechselnd eine Reihe Möhren zwischen den Porree zu setzen. Auch beim Porree sollte beachtet werden, daß ein Zwischenfruchtanbau erforderlich ist. Porreepflanzen gedeihen nicht gern in jedem Jahr auf den gleichen Beeten. Wie alle alten Kulturpflanzen hat auch der Porree eine Reihe von Schädlingen. Es sind dies der Grauschimmel, die Zwiebelfliege, die Papierfleckenkrankheit, Schädigungen durch Erdraupen, Drahtwürmer, Engerlinge und durch den Falschen Mehltau. (Bekämpfung wie bei den Zwiebeln.)

Man kann darüber streiten, ob der SCHNITTLAUCH zu den Gemüsearten oder schon zu den Würzkräutern zu rechnen ist. Dieser an Vitaminen (A, B, C) so reiche Vertreter der Zwiebelfamilie wird jedenfalls das ganze Jahr über im Haushalt gebraucht. Die Anzucht bereitet keine Schwierigkeiten. Man sät Schnittlauch ab April auf ein Saatbeet und kann ihn später in Reihen von 20 cm Abstand auspflanzen. Je nach Bodenwärme dauert die Keimung etwa 3–4 Wochen. Schnittlauch verlangt kräftigen, feuchten Gartenboden. Man kann die Pflanzen alle zwei Jahre teilen und neu verpflanzen oder man sorgt für entsprechende Nachzucht durch Neuaussaat.

Gefürchtet im Geruch – geschätzt im Geschmack, so könnte man den KNOBLAUCH als letzten, aber keineswegs als geringsten Vertreter der Zwiebelfamilie im Gemüsegarten bezeichnen. Beim Knoblauch handelt es sich um eine Heilpflanze, die bereits seit Jahrtausenden kultiviert wird. Knoblauch gilt als Reinigungsmittel für Luftwege und für den Darm, als Vorbeugungsmittel gegen Infektionen, vor allem bei Grippekrankheiten, als Abtreibungsmittel für Würmer und Bandwürmer und als probates Mittel zur Stärkung des Kreislaufs. Aber auch als Gewürz zu Fleisch und Bratentunken ist Knoblauch ein wertvolles Attribut.

Knoblauch ist leicht zu kultivieren. Er wird mit jedem Gartenboden fertig, liebt aber eher einen etwas trockenen Standort und eine sonnige Lage. Die Kultur erfolgt durch das Teilen von Zwiebeln in Einzelzehen, die man ab März in 15 cm Reihenabstand und etwa 5 cm Abstand innerhalb der Reihe und zwar 4 cm tief in den Boden steckt. Da die Pflanzen nur wenig Platz benötigen, kann man sie auch gut als Randpflanzung von anderen Beeten kultivieren. Die Ernte erfolgt im Juli, wenn das Grün abstirbt. Man nimmt die Zwiebeln aus dem Boden, wenn das Kraut richtig trocken geworden ist und läßt sie noch einige Tage nachtrocknen. Dann hängt man sie trocken auf.

Die Fruchtgemüse

Besondere Freude bereitet im Gemüsegarten die Anzucht der Fruchtgemüse, die zwar sehr wärmeliebend und darum in der Kultur nicht ganz einfach sind, die andererseits aber sehr schmackhafte und leuchtend farbige Früchte ausbilden wie z. B. die Tomate, der Pfeffer, die Aubergine, die eine willkommene Bereicherung unseres Küchentisches darstellen.

Die TOMATE ist aus unserem Speisezettel nicht mehr wegzudenken. Noch um die Jahrhundertwende kannte man die Tomaten nur als Zierpflanzen (Paradies- oder Liebesäpfel), die aus Südamerika (Peru) eingeführt wurden. Lange Zeit galten die Früchte der Tomate als giftig. Heute zählt dieses vitaminreiche (A, B_2, C und K) Fruchtgemüse zu den beliebtesten Volksnahrungsmitteln.

Nichtsdestoweniger ist die Kultur der Tomaten nicht gerade als einfach zu bezeichnen, denn sie ist in bezug auf ihren Wärmeanspruch ihrer tropischen Heimat treu geblieben und verlangt zu gutem Gedeihen einen sehr sonnigen Standort. So nimmt es denn nicht Wunder, daß Tomaten, die in der Sonne gewachsen sind, einen wesentlich höheren Gehalt an Vitamin C besitzen, als Tomaten aus halbschattiger Lage.

In unserem subatlantisch getönten Klima kann die Ernte selbstgezogener Tomaten erst sehr spät beginnen. Wir sollten uns dadurch aber nicht von der Kultur von Tomaten abschrecken lassen, denn selbstgezogene Tomaten schmecken immer noch am besten, können wir sie doch bis zur Vollreife an den Pflanzen belassen und frisch verzehren.

Wer Tomatenpflanzen selbst heranziehen möchte, sollte sie ab Mitte März im Frühbeet oder in Töpfen am Zimmerfenster aussäen. Nach dem Ausbilden der Keimblätter pikiert man sie in 10 cm-Töpfe (Ton- oder Torftöpfe) und setzt sie in ein Frühbeet. Das Auspflanzen erfolgt erst nach den Eisheiligen.

Einfacher ist es jedoch, die Anzucht der Pflanzen den Gärtnereien zu überlassen. Beim Einkauf junger Tomatenpflanzen sollte man darauf achten, daß sie möglichst große Wurzelballen besitzen und daß es sich um gedrungene, kräftige Pflanzen handelt.

Für den Standort wählen wir die wärmste Stelle im Garten. Hierzu eignet sich am besten die Südseite eines Hauses, eine Mauer oder ein Plankenzaun, von dem die Wärme noch reflektiert wird. Tomaten können an solchen Stellen viele Jahre immer wieder kultiviert werden, ohne daß Ermüdungserscheinungen bei den Kulturen feststellbar sind. Wichtig ist nur, daß der Boden bereits im Herbst tief bearbeitet wurde, wobei – soweit vorhanden – viel Stallmist eingegraben werden sollte. Aber auch die Verbesserung des Bodens bei der Pflanzung mit Kompost und Torf hat sich als vorteilhaft erwiesen. Tomaten lieben zwar einen sonnigen

Standort, müssen bei großer Trockenheit aber stark gegossen werden. Der Pflanzabstand zwischen den Pflanzen sollte 80 – 100 cm betragen. Nach der Pflanzung häufelt man Tomaten an und steckt Holz- oder Welldrahtstäbe (ca. 180 cm Gesamtlänge) daneben in die Erde, so daß man sie nach und nach anbinden kann, wenn sie größer werden. Zum Anbinden verwendet man Bast, wobei zu beachten ist, daß die Tomate mit zunehmendem Alter dicker wird und sich nicht abschnüren darf. Bequemer geht es noch mit Tomatenringen, die Pfosten und Tomatenpflanze leicht miteinander verbinden lassen. Diese Ringe kann man nach der Ernte aufheben und im nächsten Jahr wieder verwenden. Bei der Pflanzung ist darauf zu achten, daß keinesfalls zu früh ausgepflanzt wird. Kalte Nächte verursachen Wachstumsstockungen, die den Pflanzen noch lange Zeit zu schaffen machen. Es ist in solchen Fällen günstiger, die Tomaten im Tunnel oder unter Plastikzelten anzubauen.

Tomaten werden eintriebig gezogen. Alle in den Blattwinkeln entstehenden Nebentriebe werden ausgegeizt (ausgeknipst). Das Ausbrechen der Jungtriebe erfolgt im achttägigen Turnus. Bis zur Ausbildung des vierten Blütenstandes läßt man die Pflanze wachsen, dann entfernt man den Spitzentrieb. Tomaten benötigen hohe Düngergaben und sind für Flüssigdüngungen in Abständen von 14 Tagen sehr empfänglich.

Viele Früchte reifen bis zum Einsetzen der ersten Nachtfröste (etwa gegen Ende September) nicht aus. In solchen Fällen wird empfohlen, die ganzen Pflanzen mit den Wurzeln auszureißen und an trockenem, frostfreiem Ort zum Nachreifen aufzuhängen. Man kann auch die Früchte ernten und zur Nachreife in dunklen Räumen warm stellen.

In kalten und nassen Sommern ist der Krankheitsbefall bei Tomaten sehr groß. Auf bindigen und nassen Böden lassen sich Tomaten in solchen Sommern kaum kultivieren.

Besonders bewährt hat sich die Folienkultur, d. h. Tomaten werden auf schwarzer Folie kultiviert, die man auf dem Boden ausbreitet und in deren Schlitze man die Tomaten pflanzt. Diese Kultur ist auch für Buschtomaten hervorragend geeignet, denn die Tomaten bekommen durch die schwarze Folie zusätzlich Wärme zugeführt. Folien haben darüber hinaus den Vorteil, daß die Früchte nicht faulen oder verschmutzen.

Buschtomaten benötigen weder Pfähle noch müssen sie ausgegeizt werden. Man zieht sie aus Saatgut im April am Zimmerfenster oder im Frühbeet selbst heran, Jungpflanzen sind kaum im Handel.

Wie schon gesagt, ist die Tomate für Flüssigdüngung besonders empfänglich. Wir dürfen jedoch zu Beginn der Kultur nicht zuviel Dünger geben, da hierdurch ein starkes Blattwachstum entsteht, Ernte und Fruchtreife aber verzögert werden können. Der größte Nährstoffbedarf liegt in der Zeit von Juli bis September. Von Juli ab geben wir regelmäßige Kopfdüngungen, wobei etwa 20–30 g eines blauen Volldüngers oder die gleiche Menge eines Stickstoffdüngers (Kalkammonsalpeter) in 14tägigen Abständen gegeben werden können. Flüssigdüngung hat sich als sehr wirkungsvoll erwiesen. Zu diesem Zweck wird der Dünger in der Gießkanne aufgelöst.

Als besonders vorteilhaft hat sich die Kultur der Tomaten unter Folie (Tunnel) bzw. unter Glas erwiesen. Hierdurch kann die Ernte der Tomaten gegenüber dem Freilandanbau um etwa drei bis vier Wochen vorverlegt werden. Darüber hinaus läßt sie sich hierdurch – je nach Witterungsverhältnissen – bis zu vier Wochen verlängern.

Plastiktunnel kann man sich leicht selbst herstellen. Die zum Übertunneln vorgesehenen Beete sollen möglichst wegen der günstigeren Besonnung und Belichtungsverhältnisse in Nord-Südrichtung ausgerichtet sein. Über diese Beete, die eine Breite von etwa 100–120 cm haben sollen, steckt man in Abständen von 50–100 cm Bögen, die aus feuerverzinktem Draht, ∅ 5–7 mm, hergestellt sind. Die Bogenhöhe sollte etwa 170 cm betragen. Wenn man die Drähte ca. 50 cm tief in den Boden steckt, wird eine Firstfertighöhe von etwa 120 cm erreicht. Die Firstenden verbinden wir mit einem quer gezogenen Spanndraht, der an zwei Außenpfählen (auf Holzpfosten) befestigt wird, so daß wir ein stabiles Gefüge bekommen. Nun pflanzt man z. B. Buschtomaten in Abständen von etwa 40 cm auf das Beet (Beetmitte) und spannt die Folie über das Gerüst. An den Seiten gräbt man sie in den Boden ein, so daß sie fest verankert ist. An den Tunnelenden muß die Folie jeweils so lang gelassen werden, daß sie sich leicht verschließen läßt. Bei sonnigem Wetter sollte der Tunnel Tag und Nacht geöffnet sein (für eine gute Durchlüftung muß gesorgt werden). Mit Einsetzen der wärmeren Jahreszeit kann man die Folie auf der Ostseite des Tunnels ganz öffnen. Die Bewässerung im Tunnel erfolgt mit perforierten Regenschläuchen.

Eintriebig gezogene Tomaten müssen auch im Tunnel gestäbt werden, d. h. man bindet sie an Pfählen oder Drähten an. Man kann auch Drahtbögen in den Boden stecken, an denen die Tomaten entsprechend befestigt werden. Beim Formieren bzw. Anbinden der Tomaten ist darauf zu achten, daß der Spitzentrieb nur sehr vorsichtig angebunden werden darf, denn er ist äußerst brüchig.

Wie schon erwähnt, gibt es eine Reihe von Krankheiten, die der Tomate schaden können. In der Hauptsache treten Pilzschädlinge auf, die besonders durch das Gießen begünstigt werden. Zur Vorbeugung ist zu sagen, daß man den Boden mulchen kann, um ihn gut feucht zu halten und nicht zu oft gießen zu müssen. Auch das Entfernen absterbender unterer Blätter kann zur Vorbeugung wirkungsvoll sein. Häufig tritt bei Tomaten die Kraut- und Fruchtfäule (ähnlich wie bei Kartoffeln) auf. Sie ist an braunen Flecken erkennbar, die sich an den Spitzen der unteren Blätter ausbilden. Auf ihrer Unterseite entsteht ein grauweißer Schimmelrasen. Die Blätter vertrocknen, die Früchte bekommen braune Flecken und beginnen zu faulen. Hier helfen nur Spritzungen mit Cupravit, Dithane-Ultra und ähnliche, die ab Mitte Juni in 14tägigen Abständen bei feuchter Witterung wiederholt werden müssen, um Pflanzen

und Früchte gesund zu halten. Es ist jedoch unbedingt vor der Ernte die erforderliche Wartezeit zu beachten und möglichst noch zu überschreiten, um keine schädigenden Auswirkungen beim Genuß der Früchte zu erleben!
Die sogenannte Blattrollkrankheit ist eine Viruserkrankung, die sich nicht mit chemischen Mitteln bekämpfen läßt. Bei starkem Befall sind die Pflanzen zu entfernen und zu vernichten. Hier ist in den Folgejahren Fruchtwechsel erforderlich.
Auch die Braunfleckigkeit ist eine gefürchtete Tomatenkrankheit. Man erkennt sie an den gelblich-grünen Flecken auf der Oberseite der Blätter und am grünlich-braunen Überzug der Unterseite. Diese Krankheit, die ein Zusammenrollen und Absterben der Blätter zur Folge hat, beginnt an den unteren Pflanzenteilen und bringt allmählich die ganze Pflanze zum Absterben. Hier hilft nur ein sofortiges Entfernen der befallenen Blätter, notfalls ganzer Pflanzen und Bodendesinfektion vor einer neuen Kultur.
Bei Stengelfäule oder Tomatenkrebs, der sich in schwarzen Flecken an den Stengeln der Pflanze dicht über der Erde zeigt, sollten die befallenen Pflanzen ebenfalls entfernt werden und eine Bodenentseuchung (Brassicol) vorgenommen werden.
Die Kultur der GEMÜSEPAPRIKA ähnelt der der Tomate. Allerdings hat Paprika wesentlich höhere Temperaturansprüche, weshalb man sie am besten im Gewächshaus oder im Frühbeet zieht. Auch die Tunnelkultur bringt gute Erträge. Paprikapflanzen sind salzempfindlich, deshalb düngt man besser mit organischem Dünger als mit anorganischen Düngern. Gute Ergebnisse kann man mit Hornspänen, Knochen- und Blutmehl erzielen. Auch spielen der Humusgehalt des Bodens und die Wasserversorgung eine sehr große Rolle.
Es wird schwierig sein, Jungpflanzen beim Gärtner zu erhalten. Aus diesem Grund ist man meist gezwungen, Selbstaussaat vorzunehmen. Diese Aussaat erfolgt sehr zeitig, etwa ab Februar im Frühbeet oder im Zimmer. Die Aussaat erfolgt am besten in 10 cm-Töpfen in Torfkultursubstrat (TKS). Paprika brauchen viel Wärme zum Keimen. Man legt die Körner etwa zwei Tage vorher in lauwarmes Wasser, um den Keimungsvorgang zu beschleunigen. Die Keimungstemperatur liegt zwischen 20 und 25 °C. Jungpflanzen benötigen einen vollsonnigen Standort und Temperaturen, die nicht unter 18 °C liegen sollten. Bei Topfkultur erfolgt die Auspflanzung ins Frühbeet Mitte Mai oder in den Tunnel etwa gegen Ende Mai. Die Pflanzweiten sollen 50 × 50 cm betragen. Die Kapseln sind etwa nach 70–80 Tagen erntereif. Es gibt verschiedene Paprikasorten, milde wie den Gemüsepaprika oder scharfe, wie den sogenannten Gewürzpaprika. Paprika enthält neben der Petersilie den höchsten Vitamin-C-Gehalt aller Gemüsearten. Auch der Karotingehalt und der Gehalt anderer gesundheitsfördernder Wirkstoffe ist beachtlich hoch.
Paprikapflanzen müssen ähnlich wie Tomaten angebunden werden. Dabei ist mit größter Behutsamkeit vorzugehen, denn die Triebe knicken leicht ab. Das Entgeizen der Seitentriebe ist überflüssig. Der Ertrag liegt etwa bei 8–10 Früchten pro

Pflanze. Man erntet die Früchte grün, sobald sie ausgewachsen sind.

Die bei Paprikapflanzen vorkommende Viruserkrankung wird vor allem durch Blattläuse übertragen. Es ist daher erforderlich, Blattläuse sofort beim ersten Auftreten zu bekämpfen. Die Bekämpfung erfolgt mit einem Insektenmittel mit kurzer Wartezeit wie z. B. Parexan oder Unden, bei geringen Stückzahlen lohnt dieser Einsatz jedoch nicht! Hier hilft man sich durch Absammeln der Schädlinge.

Freilandkultur bei Paprika ist möglich, sollte aber nicht vor Ende Mai erfolgen. Hierbei ist darauf zu achten, daß die Pflanzen gut durchwurzelte Ballen besitzen, da sie sonst sehr schlecht anwachsen. Das Abdecken der Beete mit schwarzer Folie hat sich wegen der hiermit verbundenen zusätzlichen Wärmereflexion als sehr nützlich erwiesen. Besonders in der ersten Zeit, wenn die Nächte noch empfindlich kühl werden ist es zweckmäßig, die Kulturen mit einem Folientunnel zu überspannen.

Für den experimentierfreudigen Gartenfreund wird hier noch eine besondere Kultur empfohlen, nämlich der Anbau von AUBERGINEN. Die Aubergine oder Eierfrucht ist ein Nachtschattengewächs wie die Kartoffel oder die Tomate, und ihre Kultur ist auch dem Anbau der Tomaten gleichzusetzen. Eierfrüchte brauchen wohl mehr Sonne als Tomaten, gedeihen also in Weinklimaten besser als in den übrigen Teilen Nord-, West- und Süddeutschlands. Hier müssen wir uns mit zeitweisem Abdecken mit Fenstern oder mit Folie (Folientunnel) abfinden, wenn die Kultur Spaß machen soll. Auch das Abdecken des Bodens mit schwarzer Folie hat sich gut bewährt.

Man beläßt etwa vier bis fünf Früchte an jeder Pflanze, damit diese schön groß werden können. Alle übrigen Fruchtansätze werden ausgebrochen. Die Ernte erfolgt dann, wenn die Früchte eine glänzend violette Farbe zeigen, d. h. etwa im August. Rechtzeitige Ernte ist vonnöten, weil dann die Samenkörner in den Früchten noch weich sind. Bei älteren Früchten mit ausgereiften Samenkörnern muß bei der Zubereitung der Samenansatz entfernt werden.

Krankheiten sind kaum bekannt. Auberginen können vom Kartoffelkäfer befallen werden. Man sammelt die Käfer und ihre Larven im Hausgarten zweckmäßigerweise ab, statt mit Schädlingsbekämpfungsmitteln zu operieren.

In angelsächsischen Ländern ist die Anzucht von ZUCKERMAIS sehr beliebt. Auch bei uns hat diese Gemüseart bereits zahlreiche Liebhaber gefunden. Die Kultur ist denkbar einfach. Man legt die Maiskörner vor der Aussaat 12 Stunden in warmes Wasser und pflanzt sie dann im Abstand von 50 × 50 cm etwa 5 cm tief in die Erde. Man legt jeweils 2–3 Körner in ein Loch. Nach der Keimung bleibt die kräftigste Pflanze stehen.

Mais wird durch Wind bestäubt. Deshalb sollte man Mais stets in Reihen oder als geschlossenes Beet pflanzen. Bei Reihenpflanzung wird die Anlage von Doppelreihen empfohlen. Die Aussaat erfolgt Anfang Mai. Mais liebt Sonne und kräftigen Boden. Es wird daher eine Grunddüngung von 50 g eines blauen Volldüngers vor der Aussaat und eine oder zwei

Nachdüngungen im Juni und Ende Juli empfohlen. Die Ernte erfolgt dann, wenn die aus der Kolbenhülle heraushängenden Haarbüschel noch grün sind, d.h. also vor der Vollreife. Das ist etwa im August der Fall. Die unreifen, milchigen Körner schmecken erbsenähnlich süß und sind sehr nahrhaft.
Krankheiten beim Zuckermais sind nicht bekannt.
Viel Spaß bereitet die Kultur der ARTISCHOCKE, die als Gemüse für Feinschmecker bekannt und hoch geschätzt ist. Artischocken gehören zu den perennierenden Gewächsen und können bis zu 2 m hoch werden. Man erntet die Blütenköpfe, die noch knospig sein müssen. Der fleischige Blütenboden gilt als besondere Delikatesse. Auch die unteren Blütenhüllblätter, die am Ende fleischige Verdickungen aufweisen, können verwendet werden. Der leicht bittere Geschmack wird durch das Cynarin bewirkt. Dieses Cynarin wirkt anregend auf die Gallentätigkeit und darüber hinaus günstig auf den Cholesterinspiegel und den Lepoidgehalt des Blutes. In den Artischockenböden ist außerdem das Inulin enthalten, das für Diabetiker sehr wertvoll ist. Es wird im menschlichen Körper in Fruchtzucker umgewandelt. Die Kultur der Artischocke ist verhältnismäßig einfach. Man kann Artischocken leicht aussäen. Die Aussaat erfolgt im März/April in ein Frühbeet oder am Zimmerfenster, wobei die Sämlinge in 10 cm-Töpfe getopft werden. Das Auspflanzen erfolgt nach dem 20. Mai. Artischocken wachsen zu stattlichen Stauden heran. Man wählt deshalb Pflanzabstände von etwa 80 – 100 cm. Da sie längere Zeit auf ein und demselben Beet verbleiben können, ist es wichtig, den Boden vorher mit entsprechend starken Vorratsdüngergaben zu versehen. Reichliche Kompostgaben und zusätzliche Düngergaben von etwa 50–80 g eines blauen Volldüngers sind für gutes Gedeihen dieser Distelart wichtig. Auch Kopfdüngergaben im Juni und Juli mit etwa 30 g je Quadratmeter eines blauen Volldüngers sind empfehlenswert.
In unseren Breiten ist die Artischocke nicht völlig winterhart. Es empfiehlt sich vor Anbruch des Winters eine Abdeckung mit Fichtenreisig, Laub- oder Strohschüttung vorzunehmen. Falls erhältlich, kann auch eine Abdeckung mit gut verrottetem Stallmist erfolgen. Auf diese Weise ersparen wir uns die erste Düngung im April/Mai.
Im ersten Jahr bilden Artischocken keine oder nur wenig Blüten aus. Daher erfolgt die Ernte erst im Folgejahr, sie kann ab Juni bis in den Herbst hinein vorgenommen werden. Man schneidet die Blütenknospen sehr zeitig, und zwar dann, wenn die äußeren Schuppen leicht abstehen. Blühende Pflanzen sind für den Genuß nicht mehr geeignet. Sie können aber für dekorative Blumensträuße empfohlen werden, denn die blauen oder violetten Blüten der Artischocke sind außerordentlich dekorativ und können sogar in getrocknetem Zustand für Blumengebinde Verwendung finden.
Die Pflanzen können mehrere Jahre hindurch an derselben Stelle kultiviert werden. Nach vier bis fünf Jahren ersetzt man sie durch neue oder man teilt sie und versetzt sie an einen anderen Platz.

Die Blattstielgemüse

Die Blattstielgemüse bilden eine besondere Gruppe im Rahmen der Gemüsepflanzen. Auf Bleichsellerie und Rübstiel (Stielmus) wurde bereits hingewiesen. Lohnenswert für die Gartenkultur ist aber der Anbau einer anderen Gemüseart aus dieser Gruppe, nämlich des Fenchels. In Italien gehört FENCHEL zu den alltäglichen Gemüsesorten. Bei uns ist er noch zu wenig bekannt, doch gewinnt dieses bekömmliche und leichtverdauliche Gemüse gerade in den Herbst- und Wintermonaten zunehmend auch bei uns an Bedeutung. Fenchel ist als Diätgemüse bekannt, besonders bei Magenleiden. Man genießt ihn roh als Salat oder gedünstet oder gebacken als Gemüse.
Die Kultur ist verhältnismäßig leicht. Man verwendet Fenchel als Nachkultur nach Kohl, Kohlrabi, Kopfsalat und anderen Gemüsearten. Die Aussaat erfolgt von Mitte Juni bis Mitte Juli an Ort und Stelle im Reihenabstand von etwa 30 cm, und man verzieht die Jungpflanzen auf etwa 25 cm Abstand in der Reihe. Auch bei Fenchel ist eine Grunddüngung von etwa 50 g/qm eines blauen Volldüngers anzuraten, wobei zuvor reichliche Kompostgaben zur Aufbereitung des Bodens gegeben werden können. Fenchel ist besonders dem Stickstoff zugetan, daher hat sich eine Nachdüngung oder Kopfdüngung von etwa 20 g eines Stickstoffdüngers im August als lohnenswert erwiesen (z. B. Kalkammonsalpeter). Es ist bei der Kultur darauf zu achten, daß sich der Boden in gut gelockertem Zustand befindet. Ab September häufelt man die Knollen nach und nach mit Erde an. Hierdurch werden sie hell und zart. Die Ernte erfolgt Ende Oktober/Anfang November. Vor starken Nachtfrösten sollte man den Fenchel durch Abdecken der Beete mit trokkenem Laub, Folie oder Stroh schützen. Beim Herausnehmen kürzt man die Wurzeln und die Außenblätter um die Hälfte ein. Die Knollen werden in einem trockenen, frostfreien Raum in feuchten Sand oder feuchte Erde eingeschlagen. Auf diese Weise halten sie sich mehrere Wochen frisch. Schädlingsbefall an Fenchelknollen ist kaum zu verzeichnen. Größter Feind sind die Schnecken, die einer Kultur beträchtlichen Schaden zufügen können. Hier müssen wir uns durch Aufstellen von Schalen mit Bier oder Schneckenkorn helfen, um die Kulturen entsprechend zu schützen.

Die Hülsenfrüchte

Was wäre ein Gemüsegarten ohne Hülsenfrüchte! Sie gelten im Gemüsegarten als die Pflanzen mit den bescheidensten Ansprüchen an Boden und Pflege, denn die Hülsenfrüchte oder Leguminosen gedeihen selbst noch auf sandigen Böden gut, wenn sie einigermaßen feucht gehalten werden. Wir rechnen sie zu den schwachzehrenden Pflanzen und bauen sie in der dritten Tracht, dann, wenn die Starkzehrer wie z. B. die Kohlpflanzen und danach die schwächeren Zehrer der zweiten Tracht abgeerntet sind. Hülsenfrüchte sind dankbar für eine Aufbereitung des Bodens mit Kompostdünger, dem wir etwas Kali und Thomasmehl beifügen, sie vertragen allerdings keine großen Stickstoffmengen im Boden. Aus diesem Grund ist fetter Boden oder frische Stallmistdüngung für ihre Kultur nicht geeignet. Sie schießen ins Kraut und bleiben unfruchtbar, d.h. sie bilden kaum Früchte aus. Leguminosen haben die Eigenschaft, den Stickstoff selbst zu produzieren, d. h. sie beziehen den Stickstoff aus der Luft über die an ihren Wurzeln vorhandenen Knöllchenbakterien, die ihn pflanzenverfügbar machen. Fetter, mastiger Boden kann durch Kalkgaben neutralisiert werden, um den Anbau von Leguminosen zu ermöglichen.

Zu den wichtigsten Gemüsearten aus dieser Gruppe gehören die BOHNEN. Man unterscheidet STANGENBOHNEN und BUSCHBOHNEN. Beide haben etwa die gleichen Kulturansprüche. Es empfiehlt sich, im Januar oder Februar bei offenem Wetter eine Düngung von 40 g vierzigprozentigem Kali und 50 g Thomasmehl/qm für die Bohnenbeete vorzunehmen. Ist dies aus Witterungsgründen nicht möglich, so streut man Mitte April 80 g Patentkali und 60 g Superphosphat je Quadratmeter und hackt diesen Dünger flach unter. Bei der Kultur von Stangenbohnen setzt man je Beet zwei Reihen Stangen schräg gegeneinander und verbindet sie oben durch eine Längsstange. Die Entfernung der Stangen in der Reihe soll etwa 60 cm betragen, der Reihenabstand etwa 70 cm. Dann legt man um jede Stange im Abstand von etwa 10–15 cm jeweils 5–6 Bohnen etwa 3 cm tief in den Boden. Die Aussaat darf nie vor Mitte Mai erfolgen, da die Keimung erst bei + 10 °C Bodentemperatur möglich ist, d.h., daß die Tagestemperatur bereits zwischen 12 und 18 °C liegen muß. Bohnen, die zu früh gelegt worden sind, quellen auf, kommen aber nicht zum Keimen und verfaulen im Boden. Bei Stangenbohnen setzt man grundsätzlich zuerst die Stangen und sät dann die Bohnen aus. Statt der Setzstangen können auch Welldrähte verwendet werden. Wenn die Stangenbohnen austreiben, ist es gelegentlich erforderlich, den Ranken etwas nachzuhelfen, damit sie an den Stangen leicht emporranken können. Dabei ist zu beachten, daß sämtliche Bohnen Linkswinder sind, d. h., sie ranken im entgegengesetzten Sinne des Uhrzeigers.

Wenn man eine befriedigende Ernte erwarten will, darf man Stangenbohnen ab Anfang Juli nicht mehr aussäen, da sie für die Kultur etwa 75–100 Tage benötigen. Bohnen sind nicht sehr anspruchsvoll in der Pflege. Gelegentliches Hacken und reichliches Wässern bei Trockenheit sind die einzigen Maßnahmen, die für gutes Gedeihen erforderlich sind.

Der Standort für Stangenbohnen im Garten hat eine gewisse Bedeutung. Wie bereits erwähnt, kann man Stangenbohnen um einen Komposthaufen setzen. Auf diese Weise wird der Kompost schattig gehalten und kann ohne große Verluste an bodenbürtiger Kohlensäure heranreifen. Im Gemüsegarten pflanzen wir sie möglichst in den Nordteil, so daß sie mit ihrem Schatten die übrigen Pflanzbeete nicht beeinträchtigen. Stangenbohnen kann man auch als Lauben oder als

Sichtschutzwand pflanzen. Sie ranken dann gern an einem Maschendraht oder Baustahlgewebe und können sehr rasch große Flächen mit Ranken und Laub bedecken. Besonders dekorativ sind hier die rotblühenden Feuerbohnen.

Stangenbohnen haben den großen Vorteil, daß man von ihnen wochenlang ernten kann, denn sie bringen einen vielfachen Ertrag gegenüber den Buschbohnen.

Bohnen dürfen nicht in rohem Zustand gegessen werden, da sie eine giftige Stickstoffverbindung (Phasin) enthalten. Diese Verbindung wird erst durch Erhitzen zerstört.

Bei Stangenbohnen ist darauf zu achten, daß sie in windgeschützter Lage gepflanzt werden, wenn man größere Erträge ernten will.

Die Buschbohnen stellen nicht so hohe Ansprüche an den Boden wie die Stangenbohnen, denn sie benötigen wesentlich weniger Nährstoffe. Ihre Kultur ist auch entsprechend kürzer. Buschbohnen vertragen sogar halbschattige Lagen. Bei der Anschaffung des Saatguts sollte man fadenlose, grüne oder gelbe Buschbohnen wählen. Die Aussaat erfolgt ab Mitte Mai bis Anfang Juli direkt an Ort und Stelle. Spätsaaten bringen gute Herbsternten. Buschbohnen sät man im Abstand von etwa 40 × 40 cm. Dabei legt man etwa 4–6 Körner dicht bei dicht je Pflanzstelle und bringt sie etwa 2–3 cm tief in den Boden. »Bohnen wollen die Glocken läuten hören«, sagt eine alte Bauernregel. Man darf sie also nicht zu tief pflanzen, wenn sie gleichmäßig keimen sollen. Die Kulturzeit beträgt etwa 8–10 Wochen. Bei Tunnelkultur kann man die Bohnen bereits zwei bis drei Wochen früher aussäen, die Erntezeit ist entsprechend früher. Hierbei ist jedoch zu beachten, daß bei warmer Witterung reichlich gelüftet wird.

Auch die Buschbohne ist gegenüber Stickstoffdüngung empfindlich. Gute Humusversorgung des Bodens mit Kompost und Herbstdüngung mit Kali und Thomasmehl sind für das Gedeihen der Buschbohnen wichtige Voraussetzung, und auch der Windschutz spielt eine große Rolle. Der Boden darf niemals austrocknen. Bei trockenem Wetter ist reichlich zu wässern. Es ist darauf zu achten, daß der Boden nach dem Wässern vorsichtig gelockert wird, Buschbohnen verlangen wie die Stangenbohnen einen gut durchlüfteten Boden.

Die Bohnen sind für viele Pilzkrankheiten anfällig. Aus diesem Grund wird eine Beizung des Saatgutes unbedingt empfohlen.

Auch die Brennfleckenkrankheit tritt häufig bei Bohnen und Erbsen auf. Es entstehen rote bis rotbraune Flecken auf den Früchten, die immer größer werden. Der Befall kann auch an Stengeln und Blättern festgestellt werden. Hier führt er zum Vertrocknen der Blätter oder Pflanzen. Die Bekämpfung erfolgt durch Vernichten befallener Pflanzen und Pflanzenteile und durch Bodenentseuchung. Bei Mehltaubefall entfernen wir stark befallene Pflanzen. Stickstoffdüngungen sind unbedingt zu vermeiden. Die Ernterückstände werden verbrannt. Bei Falschem Mehltau wenden wir Kupfermittel zur Bekämpfung an. Echter Mehltau kann mit

Schwefel bekämpft werden. Darüber hinaus gibt es eine Reihe tierischer Schädlinge wie z.B. den Blattrandkäfer. Ein Befall zeigt sich durch bogenförmige Fraßbilder an den Blatträndern. Seine Larven ernähren sich von den Knöllchenbakterien an der Wurzel. Hier ist mit einem entsprechenden Insektizid (z.B. Unden) mit kurzer Wartezeit vorzugehen.
Gegen Vögel (Sperlinge, Krähen, Tauben, Hühner) kann man die Beete mit Reisig oder Kunststoffnetzen abdecken. Bewährt hat sich auch das Anhäufeln bei der Keimung. Kommen die behäufelten Keimlinge ans Licht, so schmecken sie den Vögeln bereits bitter und bleiben verschont.
Die vielgepriesenen blinkenden und knisternden Aluminiumfolien, Katzenköpfe, Vogelscheuchen und ähnliche Dinge sind als Abschreckungsmittel völlig unwirksam. Der »zeitgenössische« Vogel besitzt eine große Anpassungsfähigkeit und läßt sich durch mechanische Vorrichtungen aller Art nicht mehr abschrecken.
Bohnen spielen auch in der Heilkunde eine gewisse Rolle. Aus Bohnenhülsen (40 g Bohnenhülsen getrocknet in 3 l Wasser bis auf 1 l eingekocht) zubereiteter Tee gilt als Mittel gegen Rheuma, Gicht, Nierensteine. Auch bei Zuckerkrankheit kann man Tee aus Bohnenschalen als Hausmittel anwenden.
Die PUFFBOHNE (Dickebohne, Große Bohne, Gartenbohne) ist eine der schmackhaftesten Bohnen und gilt in vielen Gegenden als ausgesprochene Delikatesse. Sie beansprucht im Gemüsegarten Platz (ca. 10 qm/Haushalt). Dickebohnen werden bis zu 1 m hoch und tragen etwa ein Dutzend dicke, aufgeblähte Früchte, in denen sich die begehrten Dickebohnen befinden, die im halbreifen Zustand gegessen werden. Puffbohnen lieben eine sonnige Lage und einen luftigen Standort. In dichtem Bestand können sie leicht von Blattläusen befallen werden. Puffbohnen kann man auch einreihig im Garten pflanzen, auf diese Weise können sie als Windschutz für andere Pflanzen (z.B. Gurken, Salat) dienen.
Ihre Aussaat erfolgt schon sehr zeitig im Februar oder Anfang März. Zweckmäßigerweise legt man die Bohnen vor dem Ausbringen etwa 12 Stunden in lauwarmes Wasser, um die Keimung zu beschleunigen. Der Abstand der Reihen voneinander soll mindestens 40 cm betragen, wenn man mehrere Reihen nebeneinander setzt. Innerhalb der Reihen ist auf einen gegenseitigen Abstand von etwa 20 cm zu achten. Man kann sie auch zu jeweils 4 Stück im Abstand von 40 × 40 cm setzen.
Bei späterer Aussaat kommt es gerade bei den großen Bohnen leicht zum Befall durch Blattläuse. Die Bekämpfung ist leicht mit einem chemischen Präparat mit entsprechender kurzer Wartezeit durchzuführen. Die Kulturdauer beträgt 4–5 Monate von der Aussaat bis zur Ernte.
Die Düngung der Puffbohnen erfolgt ebenfalls bereits im Herbst oder zeitigen Frühjahr durch Gaben von Kali und Thomasmehl (siehe Stangenbohnen).
Puffbohnen sind eine ausgezeichnete Vorfrucht. Die frühe Ernte (Ende Mai bis Ende Juni) ermöglicht eine Reihe von Kulturen auf demselben Beet, z.B. Salat,

Buschbohnen, Rote Rüben, Blumenkohl u. a.

Die Kultur der ERBSEN bereitet im Garten genausowenig Schwierigkeiten, wie die Kultur der Bohnen. Erbsen können ebenfalls in der dritten Tracht angebaut werden, d. h. nach stark- und mittelzehrenden Gemüsearten. Man unterscheidet zwischen den sogenannten Pahl-, den Mark- und den Zuckererbsen. Unter den Pahlerbsen versteht man die glattkörnigen Schalerbsen, die man »auspahlt« und jung verwendet (Prinzesserbsen). Markerbsen haben dagegen runzelige Körner. Sie sind wesentlich größer als Pahlerbsen und sehr süß. Die Zuckererbsen werden nicht als Frucht geerntet, sondern man verbraucht sie mit der ganzen Schale.

So unterschiedlich wie die einzelnen Erbsensorten in ihrem Aussehen sind, so unterschiedlich ist auch ihre Kultur. PAHLERBSEN, die Kälte und Nässe vertragen können, werden bereits Anfang April an Ort und Stelle ausgesät. Wenn es die Witterung zuläßt, können sie auch früher ausgebracht werden. Die Aussaat erfolgt in Reihen, die man zweckmäßigerweise so über den Garten verteilen sollte, daß die Erbsen gleichzeitig Windschutz für empfindlichere Gemüsearten übernehmen können. Der Abstand in der Reihe beträgt etwa 2–5 cm. Zum Schutz gegen Vogelfraß kann man das Saatgut beizen und die Reihen anhäufeln. Das Überdecken der Beete mit Reisig oder das Überspannen mit Kunststoffnetzen hat sich ebenfalls bewährt.

Bereits bei der Aussaat bringen wir das als Kletterhilfe für die Erbsen nötige Reisig oder ein entsprechendes Drahtgeflecht, das an in den Boden geschlagenen Pfählen befestigt wird, auf die Beete. Die Höhe des Drahtgeflechtes sollte etwa 1,20 m betragen. Zweckmäßig ist es, das Drahtgeflecht in der Mitte zwischen zwei Reihen zu errichten. Auf diese Weise dient es beiden als Rankhilfe.

Ab Mitte April erfolgt die Aussaat der MARKERBSEN, die etwas größere Wärmeansprüche haben als die Pahlerbsen. Sie liefern nicht nur höhere Erträge als die Pahlerbsen, sondern sie haben auch einen besonders süßen Geschmack und gelten als die eigentlich anbauwürdigen Erbsensorten. Dazu kommt, daß sie nicht so schnell mehlig werden wie die Pahlerbsen und ihren Zuckergeschmack lange behalten. Markerbsen können wir dann in 14tägigen Folgesaaten bis Juli ausbringen. Auf diese Weise kann die Erntezeit bis in den Herbst verlängert werden. Als Rankgerüst dient ein Drahtgeflecht wie bei den Pahlerbsen oder Erbsenreisig.

Ab Mitte April erfolgt auch die Aussaat der ZUCKERERBSEN. Sie gehören zu den Langtagspflanzen und können deshalb nicht in Folgesaaten zu späterer Jahreszeit ausgesät werden. Zuckererbsen besitzen im Gegensatz zu den Pahl- und Markerbsen keine Pergamentschichten in den Hülsen. Aus diesem Grund kann man nicht nur die jungen Körner, sondern auch die Hülsen in jungem Zustande essen. Ihre Kulturansprüche sind die gleichen wie bei den Markerbsen.

Erbsen sind genau wie die Bohnen gut als Vorfruchtkultur geeignet. Da ihre Kulturzeit zwischen zweieinhalb bis vier Mona-

ten liegt, sind verschiedene Nachkulturen möglich.
Neben den höher werdenden sogenannten Reisererbsen unterscheidet man die BUSCHERBSEN. Sie sind besonders dann zu empfehlen, wenn das Errichten von Drahtgeflechten oder die Beschaffung von Reisig nicht möglich sind. Die niedrigen Erbsensorten benötigen keine Kletterhilfen. Man sät sie in drei Reihen auf ein Gartenbeet und sorgt für Abstände in der Reihe von 3–5 cm. Die weiteren Kulturmaßnahmen sind die gleichen, wie bei den anderen Erbsen auch.
In frischen Erbsen sind die Vitamine A, B_1, B_2 und C enthalten. Trockene Erbsen enthalten die Vitamine A, B, C und E. Für die Düngung gelten die gleichen Ansprüche wie bei den Buschbohnen.
Erbsen lieben wie Bohnen einen lichten, luftigen Standort, müssen jedoch in ungeschützten Lagen mit starkem Windeinfall parallel zur Windrichtung gepflanzt werden, weil sie sonst leicht umgeweht werden können. In eingeschlossenen Lagen können sie leicht von verschiedenen Krankheiten befallen werden, unter denen vor allem der Mehltau zu nennen ist. Auch der Erbsenrost, eine wirtswechselnde Krankheit, die auch auf Wildpflanzen (z.B. Wolfsmilchgewächsen) vorkommt, muß sofort bekämpft werden, wenn erste Anzeichen dafür gegeben sind. Befallene Pflanzen sind zu vernichten. Vorbeugende Spritzungen mit Kupfermitteln von Mai bis Juni sind möglich.
Die grüne Erbsenblattlaus, den Erbsenblasenfuß oder Thrips, der ein gleiches Krankheitsbild erzeugt wie die Läuse und der Erbsenwickler, der für die Maden in den Erbsen verantwortlich ist, und dessen Eiablage von Mitte Mai bis Mitte Juni erfolgt, sind mit den bekannten Insektiziden mit kurzer Wartezeit zu bekämpfen.
Der Erbsenkäfer, der die Erbsen während der Blüte befällt und seine Eier in die jungen Fruchtknoten legt, ist schwieriger zu erkennen, denn seine Larve lebt in der Erbse, wo sie sich auch verpuppt und als fertiger Käfer überwintert. Bei Befall hängt man bereits im Februar Beutel mit Saatgut in einem warmen Raum auf. Die schlüpfenden Käfer kann man dann leicht vernichten oder man weicht die Saaterbsen in Hexa-Lösung ein.

Die Dauergemüse

Rhabarber, Spargel und Meerrettich rechnet man zu den Dauergemüsen. Diese Gemüsearten halten viele Jahre auf der gleichen Stelle im Garten aus. Bei ihnen müssen wir den Boden ganz besonders sorgfältig vorbereiten. Auch auf die Grunddüngung ist größter Wert zu legen.
Auf einige RHABARBERSTAUDEN im Garten wollen wir nicht verzichten. Dieses schmackhafte Stengelgemüse, das einen hohen Gehalt an Apfel- und Oxalsäure besitzt, ist als Nachspeise oder Süßspeise im Haushalt besonders beliebt.
Man hört immer wieder den Einwand, daß Rhabarber wegen seines Oxalsäuregehaltes für die menschliche Gesundheit nicht zuträglich sei. Das ist jedoch nicht zutreffend. Zwar liegt ein hoher Gehalt an

Oxalsäure vor, der sogar im Laufe der Vegetationsperiode noch zunimmt. Ein großer Teil dieser Oxalsäure ist jedoch an Kalzium oder Magnesium gebunden und ist daher für den menschlichen Genuß völlig unschädlich. Es sind nur etwa 60% der Oxalsäure in löslicher Form vorhanden. Sie können sich erst beim Genuß größerer Mengen nachteilig auswirken.

Rhabarber wird zweckmäßigerweise nicht aus Samen herangezogen. Abgesehen davon, daß es sehr lange dauert, gebrauchsfertige Pflanzen zu bekommen, fällt Rhabarber bei der Aussaat so unterschiedlich aus, daß es besser ist, sich Jungpflanzen aus einem Anzuchtbetrieb zu besorgen. Es gibt rotstengeligen und grünstengeligen Rhabarber. Kenner behaupten, daß der rotstielige Rhabarber besser schmeckt, grünstieliger Rhabarber soll jedoch höhere Erträge bringen. Das ist für den Haushalt allerdings nicht von Bedeutung, denn es genügen zwei oder drei Pflanzen für die Versorgung eines Haushalts.

Rhabarber pflanzt man im Herbst. Er liebt lockeren, humosen Boden, selbst anmoorige Böden sind möglich. Wir sorgen zunächst vor der Pflanzung für eine ausreichende Humusversorgung. Je mehr Komposterde auf ein Rhabarberbeet gebracht wird, desto besser entwickeln sich die Pflanzen. Als Zusatzdüngung kann man größere Gaben an kohlensaurem Kalk, Thomasmehl und Kali (etwa 200–300 g pro Quadratmeter) verabreichen. Am besten pflanzt man den Rhabarber wie einen Obstbaum, d.h. man hebt eine 60–80 cm im Geviert große Grube etwa 60 cm tief aus und lockert den darunter liegenden Boden gründlich auf. Der Bodenaushub wird mit Komposterde und dem Vorratsdünger gründlich durchmischt und locker in die Gruben eingefüllt. Dann erfolgt die Pflanzung des Rhabarbers. Wir müssen etwa 10–15 cm Sackungen beim Anfüllen des Bodens hinzurechnen.

Rhabarberpflanzen werden etwa im Abstand von 1 m–1,50 m gepflanzt. Die Ernte erfolgt ab dem zweiten Jahr nach der Pflanzung. Es ist darauf zu achten, daß beim Pflanzen die Knospen etwa 5 cm mit Erde bedeckt sind. Jeweils im Frühjahr kann kurz vor dem Austrieb eine Kopfdüngung mit einem blauen Volldünger gegeben werden. Je nach der Qualität des Gartenbodens werden etwa 50–80 g/qm empfohlen.

Rhabarberblüten werden, sobald sie erscheinen, ausgebrochen. Um die Pflanzen nicht zu stark zu schwächen, bricht man die Blütenstengel in Abständen von mehreren Tagen aus. Hierbei ist darauf zu achten, daß keine Stengel stehen bleiben.

Bei der Ernte werden möglichst nie mehr als vier bis fünf Stiele je Pflanze abgenommen. Man läßt dem Rhabarber dann

Fingerhut (Digitalis) dient der pharmazeutischen Industrie zur Herstellung hochwirksamer Herzmittel. Die prächtige Schmuckstaude, die einen halbschattigen oder schattigen Standort liebt, ist uns im Garten unentbehrlich.
Als Heilkraut kommt sie jedoch wegen ihrer Giftigkeit nicht in Betracht.

wieder Zeit, sich zu erholen. Auf diese Weise kann die Ernte bis Ende Juni fortgesetzt werden. Nach der Ernte sind reichliche Kompostgaben nötig, um die durch die Ernte entzogenen Nährstoffe wieder zur Verfügung zu stellen. Geerntet werden nur die Blattstiele. Die Blätter sind wegen des hohen Oxalsäuregehaltes giftig.

Rhabarberpflanzen beläßt man 8–10 Jahre auf der gleichen Stelle. Dann werden die Pflanzen aufgenommen, geteilt und erhalten einen neuen Standort.

Durch Abdecken der Pflanzen mit Folie, Körben, Kisten, Eimer oder Kübel kann man die Stauden bereits im Februar zum Treiben anregen. Auf diese Weise kann schon Ende März geerntet werden.

Rhabarberpflanzen benötigen viel Wasser. Es ist wichtig, für entsprechende Feuchtigkeit besonders bei trockenen Wetterlagen zu sorgen.

Nicht ganz so einfach, jedoch unter Umständen sehr lohnend ist die Kultur von SPARGEL. Spargel verlangt leichten Boden, möglichst Sandboden oder sandigen Lehmboden, der genügend Kalk enthält. Auch schwerere Böden sind geeignet, wenn sie tiefgründig genug und wasserdurchlässig sind. Man sagt allgemein, daß der Grundwasserstand mindestens einen Meter unter der Oberfläche liegen muß. Spargel benötigt Platz im Garten. Man muß also genügend große Flächen zur Verfügung haben, wenn man Spargelbeete anlegen will.

Während der Erntezeit liefert eine Spargelpflanze etwa 300–600 g Spargelstangen, die Ernte verteilt sich jedoch über einen Zeitraum von sechs bis acht Wochen, so daß etwa 40–50 Pflanzen erforderlich sind, wenn für die Mahlzeiten im Haushalt die erforderliche Menge gleichzeitig geerntet werden soll.

Über die Anlage von Spargelbeeten gibt es viele unterschiedliche Meinungen und wohlgemeinte Ratschläge. Guten Erfolg hat man mit folgender Methode: Zum Pflanzen werden grundsätzlich nur einjährige, gesunde Pflanzen eingekauft und gesetzt. Auf diese Weise kann man die Ernte bereits ein Jahr vorverlegen. Die Pflanzung soll etwa Mitte April erfolgen, wenn der Spargel zu treiben beginnt. Man hebt hierzu möglichst schon im Herbst mit Abständen von 90 cm etwa 40 cm breite und tiefe Gräben aus. Dann wird die Grabensohle mit gut verrottetem Stallmist oder einer Lage von etwa 10 cm Kompost umgegraben. Man kann auch eine Vorratsdüngung von etwa 50 g eines blauen Volldüngers pro Quadratmeter mit einarbeiten. Die Reihen werden zweckmäßigerweise mit Pfählen markiert.

Die Pflanzen setzt man im Abstand von 40–50 cm, am besten auf kleine Erdhügel, über die man die Wurzeln gleichmäßig nach allen Seiten ausbreitet. Dann deckt man mit der seitlich lagernden Erde

Wollten wir alle giftigen Pflanzen aus unseren Gärten verbannen, so müßten wir auf die meisten Zierpflanzen verzichten. Auch auf den Blütenrausch des Goldregens (Laburnum). Diese Pflanze genoß in der Heilkunde hohes Ansehen. Sie ist aber in allen Teilen stark giftig. Der Genuß der Früchte kann tödlich sein.

die Pflanzen so an, daß sie mit Erde bedeckt sind, drückt sie gut an und sorgt für das übliche Angießen.
Die Gräben werden im ersten Jahr nicht bis oben angefüllt. Die Pflege beschränkt sich auf die Unkrautvernichtung. Die zwischen den Spargelreihen liegenden Flächen kann man durch Anbau anderer Gemüsearten (Salat, Buschbohnen etc.) nutzen.
Das abgestorbene Kraut wird im Herbst sorgfältig abgeschnitten und entfernt, damit eventuell vorhandene Schädlinge und Krankheiten ebenfalls vernichtet werden.
Im zweiten Jahr verfüllt man die Gräben im Frühjahr (April/Mai) mit dem seitlich lagernden Boden so, daß eine ebene Fläche auf dem gesamten Beet erreicht wird. Es ist zweckmäßig, diesen Boden mit einem blauen Volldünger (etwa 100–150 g/qm) anzureichern. Darüber hinaus ist es angebracht, den Boden mit reichlichen Kompostgaben zu mischen und zu verbessern.
Im Herbst werden die trockenen Staudenteile wiederum entfernt, um mögliche Krankheitsherde und Schädlinge an der Ausbreitung zu hindern.
Im dritten Jahr häufelt man die Reihen mit einem 15–20 cm hohen Erdwall an. Man zieht zu diesem Zweck den Boden zwischen den Reihen hoch und klopft ihn mit einer Schaufel fest.
An den Rissen im Boden erkennt man, wo der Spargel nun austreibt und das Stechen kann beginnen. Die Spargelstangen werden mit einem langen Spargelmesser gestochen. Hierbei ist zu beachten, daß andere nachwachsende Stangen nicht beschädigt werden, um sie nicht in ihrem Wachstum zu unterbrechen. Diese erste Spargelernte soll Anfang bis Mitte Juni abgebrochen werden, damit sich die Pflanzen für das kommende Jahr wieder kräftigen können. In den Folgejahren kann bis Ende Juni geerntet werden. Stichtag für das Ende des Spargelstechens ist der Johannistag, der 24. Juni. Man ebnet nach der Ernte die Wälle wieder ein, damit die Pflanzen leichter austreiben können und häufelt erst im nächsten Frühjahr wieder an. Um kräftige, gut tragende Spargelpflanzen zu erhalten, wird empfohlen, in Abständen von etwa 4–6 Wochen die Flächen mit etwa 50 g/qm eines blauen Volldüngers zu düngen. Eine zusätzliche jährliche Bodenverbesserung mit kurzstrohigem, abgelagertem Stallmist oder Kompost ist unbedingt anzuraten. Auf diese Weise können Spargelbeete etwa 15–20 Jahre oder sogar länger beerntet werden, ohne daß sie erneuert werden müssen. Zum Schluß noch ein wichtiger Hinweis: Spargelbeete sollten wegen günstigerer Belichtungsverhältnisse möglichst in Nord-Süd-Richtung angelegt werden.
Die Industrie beschert uns auch für die Spargelkultur ein wichtiges Hilfsmittel, nämlich die schwarze Folie. Mit ihrer Hilfe ist es auch möglich, Spargelbeete zu übertunneln und sich auf diese Weise das jährliche Anhäufeln zu ersparen. Die Spargel werden allerdings im Tunnel erst gestochen, wenn sie eine Höhe von etwa 15–20 cm über dem Erdboden erreicht haben. Es ist unbedingt darauf zu achten, daß der Tunnel absolut lichtdicht gehalten wird, da sonst die Spargel rasch vergrünen und holzig werden.

Wie viele alte Kulturpflanzen hat auch der Spargel einige Schädlinge und Krankheiten.

Besonders gefürchtet ist die Spargelfliege. Sie kann Neuanlagen bei starkem Befall vernichten. Die Spargelfliege legt im April/Mai ihre Eier in die austreibenden Spargelköpfe. Die Maden schlüpfen bereits nach zwei Wochen und fressen sich allmählich bis in den Wurzelstock hinein. Im Juli verpuppen sie sich etwa 5–10 cm unter der Erdoberfläche. Das ist der Grund, warum man Spargelkraut im Herbst möglichst tief unter der Erdoberfläche abschneiden und verbrennen soll. Als relativ einfaches Bekämpfungsmittel für den Hausgarten haben sich »hölzerne Spargelköpfe« bewährt, die man mit Leim bestreicht. Auf diese Weise kann man die Fliegen vernichten. Befallene Spargeltriebe zeigen einen gekrümmten Wuchs. Sie sind sofort abzuschneiden und zu verbrennen.

Der Spargelkäfer oder das sogenannte Spargelhähnchen gehört ebenfalls zu den tierischen Schädlingen beim Spargel. Es handelt sich um einen roten Käfer, der das Laub und die Früchte befällt. Bei kleineren Kulturen kann man die befallenen Pflanzen in den Morgenstunden absammeln oder man spritzt mit einem geeigneten Insektenmittel.

Der Spargelrost ist eine pilzliche Erkrankung, die die Pflanzen im frühen Herbst rostgelb färbt. Man schneidet befallene Triebe sofort ab und vernichtet sie.

Neben dieser Kultur des sogenannten Bleichspargels sollte man es auch einmal mit dem sogenannten Grünspargel versuchen. Grünspargel braucht für seine Kultur kein Anhäufeln und keine schwarzen Folien. Die Triebe färben sich beim Austreiben grün. Da der Austrieb dieser Spargelart sehr frühzeitig erfolgt, ist sie für spätfrostgefährdete Lagen ungeeignet. Sie liebt einen sonnigen Standort. Die Pflanzung erfolgt genau wie beim Bleichspargel, auch die Düngeansprüche sind die gleichen. Die Ernte erfolgt, wenn die Spargel eine Höhe von 15–20 cm erreicht haben. Man schneidet die Köpfe etwa 5 cm unter dem Erdboden ab. Der richtige Zeitpunkt ist dann gekommen, wenn sich noch keine Blätter an den Köpfen gebildet haben. Das Stechen der Grünspargel erfolgt auch erst ab dem dritten Jahr.

MEERRETTICH (Kren, Maressig, Pfefferwurzel). Diese Dauergemüsepflanze ist das denkbar anspruchsloseste, was man sich im Garten vorstellen kann. Er gedeiht an jedem Platz ohne Pflege und kann dort sogar verwildern. Aus tiefgründigem, lehmigem Sand oder sandigem Lehmboden erhält man die besten Ernteergebnisse, denn er liebt gut durchlüfteten Boden mit entsprechendem Feuchtigkeitsgehalt und ist natürlich auch für Humusstoffe und sonstige Düngergaben sehr empfänglich. Auf schweren oder trockenen leichten Böden gedeiht er zwar, jedoch sind die Resultate weniger zufriedenstellend, da die Wurzeln relativ dünn bleiben.

Meerrettich wurde schon in früher Zeit in der Heilkunde verwendet. Er gilt als gutes Gegenmittel bei Erkältungen und bei Erkrankungen der Atmungswege. Er wird auch als Heilkraut bei Mittelohrentzündungen empfohlen. Der Name Fleischkraut kommt jedoch daher, daß man ihn in der Küche besonders zum Würzen von Fleischsoßen verwendet. Alles in allem gehört dieses Dauergemüse mit seinem hohen Vitamingehalt und dem herzhaften Geschmack zu den gesündesten Gemüsen, die wir im Freizeitgarten heranziehen können.

Man pflanzt im Frühjahr etwa 30–40 cm lange Wurzelenden, sogenannte »Fechser«, die vor der Pflanzung mit einem Tuch kräftig abgerieben werden, damit man Wurzeln und Knospen an der gesamten Stange entfernt. Hierdurch erzielt man kräftige Hauptwurzeln.

Die Pflanzung des Meerrettichs erfolgt in schräger Form.

Man kann Gräben ausheben und die Wurzeln oder Fechser im Winkel von 30° bei einem gegenseitigen Abstand von etwa 25–30 cm in den Boden legen. Zum Erzielen möglichst dicker Wurzeln ist es nötig, die Wurzeln Mitte Juni wieder freizulegen, die neu entstandenen Wurzeln und Knospen abzuschneiden und die Erde wieder anzufüllen. Im Oktober/November kann die Ernte dann erfolgen. Jungwurzeln verwendet man als Fechser für das nächste Jahr. Sie können den Winter über im Freien eingeschlagen werden. Meerrettich kann aber auch an Ort und Stelle verbleiben und je nach Bedarf im Winter bei offener Witterung herausgenommen werden.

Kein Garten ohne Würz- und Heilkräuter

Der Traum vom eigenen Kräutergärtchen kann in jedem Hausgarten leicht Wirklichkeit werden. Zwar gibt es heute eine Reihe von fertig zubereiteten, gemahlenen Gewürzen, die wir im Lebensmittelgeschäft fix und fertig abgepackt in Tüten, Flaschen oder Dosen kaufen können, und die zum Würzen der Speisen nur noch ausgestreut zu werden brauchen, aber sie können uns die einheimischen Kräuter, die meist bekömmlicher sind und die wir frisch im Garten ernten, niemals ersetzen. Küchenkräuter benötigen nicht viel Platz im Garten. Man kann sie sehr einfach an verschiedenen freien Stellen im Gemüsegarten pflanzen, ja, sie sind oftmals auch willkommene Lückenbüßer in einer Staudenrabatte oder können zur Überleitung zwischen Gehölzpflanzungen und Rasenflächen dienen. Selbst im Steingarten können viele Arten gezogen werden, da sie sich mit diesen Pflanzen sehr gut vertragen (stammen sie doch meist aus sonnigen Lagen, wo sie ihre Aromastoffe voll entwickeln können).

Besonders reizvoll ist es, sich ein eigenes Kräutergärtchen anzulegen, d.h. auf einer bestimmten Fläche sämtliche benötigten Kräuter zusammenzupflanzen. Man teilt hierzu die fragliche Fläche in mehrere quadratische Beete ein, die jeweils etwa 1 × 1 m groß sein sollen. Hierdurch wird a) die Einteilung der Flächen wesentlich erleichtert und b) die Sauberhaltung der Kräuter problemlos, denn aufkommende Unkräuter müssen – zumal dann, wenn es sich um Gewürzstauden handelt – jederzeit leicht entfernt werden können. Die Wege zwischen den Beeten sollte man mindestens 25–30 cm breit anlegen. Sie können einfach aus festgetretener Erde bestehen, oder aber man legt einfache Betonplatten in entsprechender Breite in Form von geschlossenen Bändern zwischen die Beete, so daß auf diese Weise auch ein Begehen der Flächen bei feuchtem und nassem Wetter und damit die Ernte der Pflanzen kurz vor dem Gebrauch möglich sind, ohne daß man sich schmutzige Schuhe im Garten holt.

Steht nicht so viel Platz zur Verfügung, kann man sich auch mit einem Gewürzbeet begnügen. Dann ist darauf zu achten, daß man höher werdende Gewürzpflanzen an die Nord- oder Ostseite des Beetes setzt, dann abgestuft die niedrigeren Arten bis zu den Bodendeckern nach Westen und Süden. Auf diese Weise erhalten alle Gewürzpflanzen genügend

Licht und Sonne, und gerade die Sonne ist für die Ausbildung der Aromastoffe besonders wichtig.
Man unterscheidet ausdauernde (staudige) Würzkräuter und einjährige Würzkräuter. Um sich die Kultur zu erleichtern, sollte man staudige und einjährige Gewürzkräuter stets getrennt pflanzen, d.h. die einjährigen und staudigen Gewürzkräuter für sich zusammenfassen. Auf diese Weise erleichtert man sich die Kultur der Einjährigen, die ja stets wieder neu ausgesät oder ausgepflanzt werden müssen.
Grundsätzlich sollte man beim Anbau von Würzpflanzen niemals frischen Stalldung im Boden verwenden. Der hohe Nährstoffgehalt frischer Dünger regt zwar das Wachstum sehr stark an, läßt aber die Pflanzen sehr spät ausreifen und beeinträchtigt die Ausbildung der Aromastoffe. Statt dessen werden hohe Gaben von Komposterde empfohlen, die den Pflanzen in gut verträglicher Form all die Nährstoffe liefert, die sie zur vollen Entfaltung ihrer Wirkstoffe benötigen.
Die Anlage kleinerer Beete empfiehlt sich aber auch aus einem anderen Grund. Je nach ihrer Herkunft sind einige Pflanzen feuchtigkeitsliebend, andere lieben warme, trockene Standorte, einige lieben schwere Böden, andere leichte, gut durchlüftete. Es ist leichter, auf kleinen Beeten die jeweiligen Standortansprüche zu berücksichtigen und die erforderlichen Voraussetzungen hierfür durch Beimischungen von Sand, durch hohe Kalkgaben oder durch Anreicherung des Bodens mit Humus zu schaffen.
Bei Gewürzen und Heilkräutern spielt die Zeit der Ernte eine bedeutende Rolle. Kräuter, bei denen man die Wurzeln verwendet, werden meistens erst nach Abschluß des Wachstums im Herbst geerntet. Samengewürze (wie z.B. Kümmel, Dill, Anis) werden unmittelbar nach der Reife der Saat geerntet. Bei Blattgewürzen erfolgt die Ernte kurz vor der Blüte. Hier gehen zwar die Meinungen vieler Fachleute auseinander, ob man sie in den frühen Morgenstunden, nach Abtrocknen des Taus oder am Abend, nach einem sonnigen Tag ernten soll. Es ist aber nicht erwiesen, ob die Tageszeit hier eine große Rolle spielt. Wichtig ist jedoch, daß die Ernte vor der Blüte erfolgt. Die Blattgewürze werden an einem schattigen, aber luftigen Ort getrocknet. Der Trocknungsprozeß soll relativ rasch verlaufen, damit die Pflanzen möglichst wenig von ihren ätherischen Stoffen verlieren. Das Trocknen in der Sonne ist jedoch aus diesem Grund nicht anzuraten, ebensowenig wie eine Trocknung im Backofen, wo durch eine zu starke Erhitzung leicht viele wertvolle Aromastoffe verloren gehen können. Ein trockener, luftiger Dachboden oder ein schattiger Platz im Garten unter einem Baum bei trockener Wetterlage eignen sich für diesen Zweck am besten.
Bevor man mit der Anlage eines Kräuterbeetes oder Kräutergärtchens beginnt, sollte man sich natürlich über diejenigen Kräuter im klaren sein, die man gerne anbauen möchte. Nicht jedes Würzkraut oder Heilkraut findet im Haushalt oder in der Hausapotheke gleich starke Verwendung. Manches wird nur sparsam in winzigen Prisen benötigt, andere Kräuter

lassen sich in größeren Mengen zum Würzen von Speisen verwenden. Hochwerdende Stauden oder einjährige, die ein großes Volumen bilden, werden in geringerem Maße benötigt als schwächer treibende, polsterartig wachsende Gewürze.

Nachfolgend einige Angaben über die Höhe von Küchenkräutern und Würzpflanzen, die bei der Anlage von Kräuterbeeten oder Kräutergärtchen berücksichtigt werden müssen:

Ausdauernde Kräuter

Liebstöckel	1,50–2,20 m
Angelika	1,50–2,00 m
Alant	2,00–2,50 m
Beifuß	1,20–1,50 m
Beinwell	0,80–1,00 m
Estragon	0,80–1,30 m
Melisse	0,60–1,00 m
Salbei	0,40–0,70 m
Pimpinelle	0,40–0,60 m
Raute	0,40–0,70 m
Lawendel	0,30–0,50 m
Bohnenkraut	0,30–0,40 m
Pfefferminz	0,30–0,80 m
Thymian	0,30–0,40 m
Tripmadam	0,30–0,40 m
Waldmeister	0,20–0,30 m

Einjährige Kräuter

Dill	0,80–1,40 m
Fenchel	0,80–1,00 m
Koriander	0,40–0,70 m
Bohnenkraut	0,40–0,60 m
Borretsch	0,40–0,60 m
Kamille	0,40–0,50 m
Basilikum	0,40–0,50 m
Majoran	0,30–0,50 m
Portulak	0,30–0,50 m
Kresse	0,02–0,05 m

Die Höhen der übrigen im folgenden genannten Heil- und Würzkräuter sind jeweils bei den Pflanzen genannt und die Standortansprüche näher beschrieben.

Die wichtigsten Würzpflanzen und ihre Bedeutung als Heilkräuter

Anis *(Pimpinella anisum)*
Die Pflanze aus der Familie der Doldenblütler wird im Haushalt gerne zum Kuchenbacken verwendet. Man nimmt hierzu die reifen Früchte. Darüber hinaus ist Anis aber ein beliebtes Heilmittel. Man wendet es bei Husten, Bronchialkatarrh, Asthma, Magen- und Darmentzündung, Blähungen an. (Weitere Eigenschaften siehe Kümmel.)
Anis ist ein weißblühendes Doldengewächs mit stark gefiederten Blättern. Es besitzt einen würzigen Duft. Die Pflanze wird etwa 40–60 cm hoch. Gesammelt werden nur die reifen Früchte.
Die Aussaat erfolgt im April in Reihen. Der Abstand in der Reihe sollte etwa 10 cm betragen. Anis verlangt guten, lockeren Boden und einen sonnigen Standort.
Als schleimlösendes, schmerz- und krampfstillendes und als verdauungsanregendes Mittel wird Anis in Form von Tee angewendet.

Basilikum *(Ocimum basilicum)*
Beim Basilikum handelt es sich um einen einjährigen Lippenblütler. Es liebt milden, humusreichen Boden und ebenso wie Anis eine sonnige Lage. Verwendet wird Basilikum für Soßen, für die Zubereitung von Wurst, für Braten, zum Würzen von Kräuteressig und als Fischgewürz. Auch für Einlegegurken ist Basilikum ein begehrtes Würzmittel.
Die größte Würzkraft entfaltet die Pflanze während der Blüte. Man kann sowohl mit

Basilikum

frischen Kräutern als auch mit getrockneten würzen.
Basilikum ist frostempfindlich, daher sollte man es im März in ein Frühbeet oder in Töpfen und Schalen am Zimmerfenster vorkultivieren. Die Auspflanzung erfolgt erst nach den Eisheiligen. Basilikum liebt humosen Boden und einen sonnigen Standort.

Beifuß *(Artemisia vulgaris)*
Der Beifuß ist eine ausdauernde Wildpflanze aus der Familie der Korbblütler, die man zum Würzen von Braten und Soßen benutzt. Dieses anspruchslose Gewächs läßt sich auf jeder Art von Gartenboden leicht kultivieren. Beifuß liebt wie die meisten Würzpflanzen ebenfalls einen lichten, sonnigen Standort. Die Pflanzen können bis zu 1,50 m hoch werden. Zum Würzen und zur Teebereitung sammelt man die blühenden oberen Triebe, die in den Monaten Juli und August geerntet werden. Beifuß oder wilder Wermut gilt als blutreinigend und als Abführmittel. Man wendet es daher bei schlechter Verdauung, bei akutem und chronischem Magenkatarrh an. Zur Gewinnung von Beifußtee werden 5 g getrockneter Beifuß für eine Tasse verwendet.

Bohnenkraut *(Satureja hortensis)*
Bohnenkraut gilt auch als Bienenweide. Es handelt sich um einen einjährigen Lippenblütler.
Dieses Kraut wird seit alters her in unseren Bauerngärten angebaut. Man benutzt es zum Würzen von Grünen Bohnen und Dickebohnen. Auch als Wurstgewürz findet es in bestimmten Gegenden Anwendung. Man sammelt das blühende Kraut von Juni bis Mitte August. Bohnenkraut kauft man am besten in Form von Jungpflanzen beim Gärtner. Der Pflanzabstand sollte etwa 15 cm von Pflanze zu Pflanze betragen.

Bohnenkraut

Borretsch, Gurkenkraut *(Borrago officinalis)*
Borretsch oder Gurkenkraut gehört zu den einjährigen Würzpflanzen. Es ist ebenfalls eine wertvolle Bienenweide. Borretsch dient als Würze bei der Zubereitung von Kopfsalat. Auch in der Heilkunde hat Borretsch eine gewisse Bedeutung, denn der Tee wirkt harn- und

schweißtreibend, gilt als blutreinigend und als entzündungshemmend. Die Anwendung erfolgt in Form von Tee, der aus den Blüten des Borretsch hergestellt wird. Hierzu gibt man etwa 2 g getrockneter Blüten auf eine Tasse. Die Pflanze erreicht eine Höhe von etwa 60 cm. Die Bodenansprüche sind sehr gering. Sie verwildert leicht und wächst sogar auf Schutthalden. Borretsch liebt einen sonnigen Standort. Der Pflanzenabstand sollte etwa 30–40 cm betragen.

Brunnenkresse *(Rorippa nasturtium-aquaticum)*
Die Brunnenkresse kommt an feuchten Stellen, an Quellen, Gräben und Bächen wildwachsend vor. Es handelt sich um einen Kreuzblütler, der als Staude gepflanzt werden kann. Infolge des hohen Senfölgehaltes sowie der Vitamine A, C, D, E und Jod schmecken die Sprosse der Brunnenkresse scharf und bitter. Der Anbau von Brunnenkresse ist nicht ganz einfach, da sie einen nassen Standort verlangt. Im Winter müssen die Pflanzen von Wasser bedeckt sein. Man verwendet sie als Beigabe zu Salaten, zu Gewürzen und Mayonnaisen.

Dill *(Anethum graveolens)*
Dill ist ein einjähriger Doldenblütler, der die stattliche Höhe von 1,20 m erreichen kann. Beim Dill verwendet man sowohl

Brunnenkresse

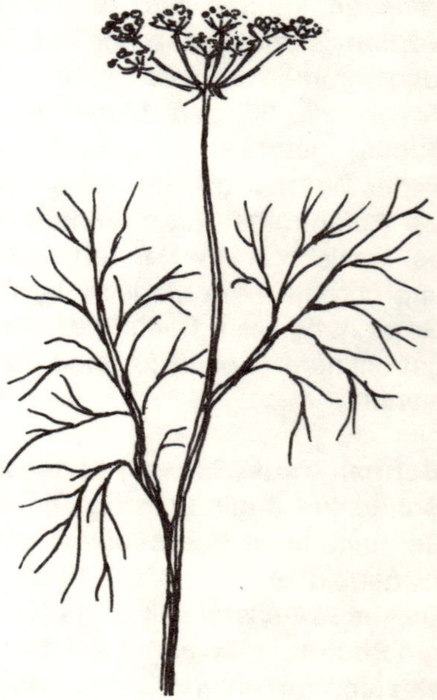

Dill

die Früchte als auch das feingefiederte Laub zum Würzen. Die Verwendung von Dill als Heilkraut ist wenig bekannt. Dill wird angewandt bei Blähungen, Leibschmerzen, Magenkrämpfen, Schlafstörungen, Periodenstörungen sowie als krampf- und schmerzlinderndes Mittel, das auch eine gewisse schleimlösende Wirkung hat. Hierzu gießt man eine Tasse heißes Wasser auf ca. 3 g reifer Früchte. Die Ernte der Dillfrüchte erfolgt unmittelbar nach der Reife und zwar etwa im August/September.

Auch Dill, der als einjährige Pflanze und als Bienennährpflanze bekannt ist, liebt humushaltigen Boden. Die Aussaat erfolgt im zeitigen Frühjahr möglichst schon Anfang März. Im Jahresverlauf sind mehrere Folgesaaten zu empfehlen, damit stets frisches Blattgrün zum Würzen vorrätig ist. Im Haushalt ist Dill besonders beliebt als Würzmittel für Einmachgurken.

Dost, Oregano *(Origanum vulgare)*

Dieses besonders in Italien so bekannte und beliebte Gewürz ist eine ausdauernde Staude aus der Familie der Lippenblütler, die eine Höhe bis zu 50 cm erreichen kann. Die rosaroten Blüten gelten auch als gute Bienenweide. Die Pflanze besitzt einen angenehmen, aromatischen Duft. Sie enthält viel ätherisches Öl, Gerb- und Bitterstoffe.

Da es sich um eine Wildpflanze handelt, ist die Kultur nicht besonders schwierig. Man kann Dost sowohl durch Aussaat als auch durch Teilung der Pflanzen vermehren. Die Aussaat erfolgt im zeitigen Frühjahr. Der Pflanzenabstand sollte mindestens 20–25 cm betragen. Vorsicht beim Hacken, damit die Wurzeln nicht verletzt werden. Die Pflanzen können 3–5 Jahre am selben Standort verbleiben. Für rauhe Lagen wird mit Beginn des Winters ein leichter Frostschutz aus Tannenreisig empfohlen. Dost ist für Mineraldüngergaben (etwa 30–40 g/qm im April) sehr dankbar. Man verwendet hierzu einen blauen Volldünger. Es ist zu beachten,

Dost

daß die Düngergabe jedoch nicht im Herbst gegeben wird, da die Pflanzen sonst nicht ausreifen und leicht auswintern können.

Jungtriebe können jederzeit geerntet werden. Die Haupternte erfolgt jedoch während der Blüte. Zu diesem Zweck schneidet man das Kraut etwa 10–15 cm über dem Boden ab und hängt es zum Trocknen an einem schattigen, luftigen Platz auf. In der Küche ist Dost ein beliebtes Gewürz zum Würzen von Fleisch, Pizzen, Eierfrüchten, Zucchetti. Wegen des starken Aromas ist bei der Anwendung eine gewisse Zurückhaltung geboten.

Eberraute *(Artemisia abrotanum)*
Dieser Vertreter aus der Familie der Korbblütler ist mit dem Beifuß eng verwandt. Es handelt sich um ein staudig-strauchiges Wermutgewächs, dessen hellgrüne Blätter ein feines zitronenähnliches Aroma besitzen. Im Haushalt wird dieser bis 100 cm hohe Halbstrauch gern als Bratenwürze verwendet. Man baut die Eberraute am besten in geschützter, sonniger Lage an. Sie verlangt einen kalkhaltigen humosen Boden und liebt einen nicht zu feuchten Standort. Bei der Düngung sollte man bei der Eberraute beachten, daß sich frischer Stallmist sehr nachteilig auf das Aroma auswirken kann. Aus diesem Grund wird eine Gabe von verrottetem Kompost und gelegentlich eine Düngung mit einem blauen Volldünger (30 g/qm im April) empfohlen.
Die Vermehrung erfolgt durch Stecklinge oder durch Teilung älterer Pflanzen im Frühjahr. Der Pflanzabstand beträgt etwa 30 × 30 cm. Die Eberraute ist nicht ganz winterhart. Die Pflanzen müssen daher gegen starke Fröste mit Tannenreisig oder durch Abdeckungen mit Laub und Folie geschützt werden. Man verwendet zum Würzen die Blätter und junge Triebspitzen, die man sowohl frisch als auch im getrockneten Zustand verwendet.

Engelwurz *(Angelica archangelica)*
Die Engelwurz ist eine Staude aus der Familie der Doldenblütler, die bei uns auch wildwachsend auf feuchten Wiesen und an Flußufern vorkommt. Im Garten liebt sie daher einen tiefgründigen, humusreichen Boden in feuchter Lage. Staunässe und Trockenheit werden nicht gut von ihr vertragen. Im Gegensatz zu vielen anderen Würzkräutern verträgt sie auch Halbschatten. Rauhe Lagen können ihr nichts anhaben. Die Pflanze kann stattliche Höhen von 2 m erreichen.
Die Vermehrung erfolgt durch Aussaat, die unmittelbar nach der Samenreife im August erfolgen sollte. Erst im darauffolgenden Herbst werden die Sämlinge im Abstand von 50 × 50 cm ausgepflanzt. Auch Stecklingsvermehrung im Herbst oder Teilung der Wurzelstöcke ist möglich. Man verwendet die Blätter und Blattstiele, die im Frühling und Sommer gepflückt werden, als Gewürz zu Suppen, Soßen und Salaten.
In der Heilkunde wird Engelwurz bei Appetitlosigkeit, Schwächezuständen, Nervenleiden, Entzündungen der Atemorgane angewendet. Engelwurz gilt auch als Blutreinigungsmittel sowie als harn- und schweißtreibend. Man bereitet den Tee aus einem halben bis einem Teelöffel für eine Tasse, indem man ihn mit kaltem Wasser ansetzt und abkocht. Verwendet werden hier nur die Wurzeln der zweijährigen Pflanzen, die man im März/April oder September/Oktober erntet. Sie werden getrocknet und zerrieben.

Estragon *(Artemisia dracunculus)*
Dieses staudige Wermutgewächs ist seit altersher eines der bekanntesten Würzkräuter. Man verwendet seine jungen Triebspitzen gern zum Würzen von Soßen und Suppen. Auch als Essigwürze ist Estragon bekannt, besonders beim Einlegen von Gurken.

Estragon ist eine buschig wachsende Pflanze, die etwa 80–130 cm hoch werden kann. Da er keine Samen ausbildet, müssen die Pflanzen durch Teilung vermehrt werden. Auch die Vermehrung durch Stecklinge ist möglich. Die Jungpflanzen setzt man im Frühjahr im Abstand von 35 × 35 cm ins Freie. Herbstpflanzung wird nur in milden Gegenden empfohlen, da die Pflanzen in rauhen Klimalagen leicht auswintern können. Im Gegensatz zu vielen anderen Würzpflanzen benötigt Estragon viel Wasser. Daher ist es nötig, ihn bei trockenem Wetter reichlich zu gießen.

Man erntet die jungen Triebspitzen für den Frischverbrauch. Zum Trocknen schneidet man die Pflanzen etwa 10 cm über dem Erdboden ab und hängt sie an einem luftigen Ort im Schatten auf. Hierbei verlieren sie allerdings etwas von ihrem Aroma.

Fenchel *(Foeniculum vulgare)*
Dieser einjährige Doldenblütler ist bereits im frühen Mittelalter durch Mönche in unsere Heimat gebracht worden. Sein eigentliches Herkunftsland ist das Mittelmeergebiet. Die zweijährige oder auch ausdauernde Staude kann eine Höhe bis zu 2 m erreichen. Die Laubblätter sind fein gefiedert. Fenchel blüht vom Juli bis September. Der Geschmack der Früchte, die einen stark aromatischen Duft entfalten, ist süß und anisartig. Das im Fenchel enthaltene ätherische Öl zeichnet sich besonders durch seinen Mentholgehalt aus. Standortansprüche wie beim Gemüsefenchel.

Der Gewürzfenchel wird durch Samen vermehrt. Der Samen liegt etwa 14 Tage bis zur Keimung. Die Pflanzen können sehr früh an Ort und Stelle ausgesetzt werden, da sie nicht frostempfindlich sind. In milden Gegenden ist sogar Herbstaussaat möglich. Zum Überwintern schneidet man im Spätherbst das Kraut etwa 15 cm über dem Boden ab und deckt die Pflanzen mit Tannenreisig oder Laub zu, da ältere Pflanzen nicht ganz winterhart sind. In rauhen Gegenden kann man den Fenchel auch ausgraben und in Kisten oder anderen Behältern mit Sand in frostfreien Räumen überwintern. Im kommenden Frühjahr pflanzt man diese Pflanzen dann im Abstand von etwa 50 × 50 cm im März oder April ins Freie.

Zum Würzen verwendet man frisches Fenchelkraut, das den ganzen Sommer über geschnitten werden kann. Vom zweiten Jahr ab können auch Früchte geerntet werden. Die Ernte erfolgt vor den Nachtfrösten, auch wenn der Samen noch nicht ausgereift ist. Das Nachtrocknen darf nicht in der Sonne erfolgen, weil die Samen hierdurch sehr stark an Aroma verlieren. Fencheltriebe und Blätter werden zur Verfeinerung des Geschmacks von Salaten und Fischgerichten verwendet. Darüber hinaus ist Fenchel ein beliebtes Gewürz beim Einlegen von Gur-

ken. Die Früchte werden gern zum Brotbacken verwendet.
In der Heilkunde wird Fenchel bei Erkältungskrankheiten und Katarrhen (Bronchialkatarrh, Magen- und Darmkatarrh) bei Blähungen, Koliken, Keuchhusten angewendet. Er gilt als krampfstillend, beruhigend, schleimlösend. Fencheltee bereitet man aus den Früchten, wobei man einen Teelöffel auf eine Tasse rechnet. Ein bekanntes Beruhigungsmittel für Kleinkinder ist Fenchelhonig.

Gartenkresse siehe Blattgemüse

Kerbel *(Anthriscus cerefolium)*
Dieser Doldenblütler ist in Südost-Europa beheimatet und kam schon im frühen Mittelalter als Würzpflanze in unsere Küchen. Gartenkerbel wird im allgemeinen als einjährige Pflanze gezogen. Er kann eine Höhe bis zu 60 cm erreichen. Kerbel blüht von Mai bis Ende Juni. Die Pflanze hat einen stark aromatischen Duft und Geschmack, der durch ätherisches Öl und Bitterstoffe hervorgerufen wird. Zum Anbau bevorzugt man krausblättrigen Kerbel. Seine Standortansprüche sind gering. Er liebt lockeren, feuchten Gartenboden und verträgt sogar Halbschatten. Die Aussaat erfolgt etwa Ende März in Reihen, der Abstand in der Reihe sollte 15 cm betragen. Das Kraut kann bereits nach 1,5–2 Monaten geerntet werden. Regelmäßige Folgesaaten werden empfohlen, um ständig frisches Kerbelkraut ernten zu können. Bei Trockenheit müssen die Pflanzen gut feucht gehalten werden, da sie sonst sehr schnell zu blühen beginnen. Die Ernte des Krautes wird nur vor der Blüte durchgeführt. In getrocknetem Zustand verliert Kerbel sehr schnell sein Aroma. Man verwendet ihn hauptsächlich zu Suppen (Kartoffelsuppe), Tunken, zu Salaten und Braten.
In der Heilkunde wird er als blutreinigendes, harn- und schweißtreibendes Mittel sowie zur Anregung des Stoffwechsels angewendet.

Knoblauch siehe unter Zwiebelgemüse

Koriander *(Coriandrum sativum)*
Dieser einjährige Doldenblütler, der eine interessante Bienenweide ist, wird im Haushalt gern als Pfeffer- und Lebkuchengewürz verwendet. Seine Heimat

Koriander

liegt in Nordafrika. Korianderfrüchte wurden schon in ägyptischen Gräbern gefunden.
Die Pflanze kann eine Höhe von etwa 70 cm erreichen. Sie hat einen unangenehmen Geruch. Das würzige Aroma wird erst bei der Reife der Früchte entwikkelt.
Koriander gedeiht am besten auf leichten, kalkhaltigen Böden in sonniger Lage. Frisch gedüngte Böden sind ungeeignet. Koriander ist besonders für Kalidünger empfänglich. Eine ausreichende Vorratsdüngung mit Patentkali sollte daher bereits im Februar in den Boden gebracht werden. Die Aussaat erfolgt im März oder April in Abständen von etwa 15 cm in der Reihe.
Da die Körner sehr leicht ausfallen, erntet man Koriander am besten vor der Vollreife und läßt sie an einem luftigen Ort nachreifen. Korianderfrüchte werden sehr leicht von Insekten befallen. Daher sind sie in gut schließenden Gefäßen aufzubewahren.

Kümmel *(Carum carvi)*
Der Kümmel ist ein zweijähriger Doldenblütler. Diese ausgezeichnete Bienennährpflanze stirbt nach der Reife der Samen ab. Im ersten Jahr entwickelt die bis zu 1,20 m hoch werdende Pflanze lediglich eine Blattrosette. Die mittelgroßen, vielstrahligen Dolden erscheinen erst im zweiten Jahr. Die Früchte werden im Haushalt zu verschiedenen Zwecken (Brot, Kohlgerichte) verwendet. Man erntet die Früchte etwa Ende Juni/Anfang Juli. Da sie leicht ausfallen, sollte man bei feuchtem Wetter ernten. Es ist zweckmäßig, die Früchte gut nachzutrocknen, da sie sonst leicht schimmeln.
In der Heilkunde wird Kümmel bei Magen- und Darmbeschwerden und bei schlechter Verdauung, Blähungen und Koliken angewendet. Hierzu kocht man den Samen ab. Man rechnet einen Teelöffel Samen auf eine Tasse Wasser.

Liebstöckel *(Levisticum officinale)*
Dieser ausdauernde Doldenblütler ist aus Südwest-Asien in unsere Gärten gelangt. Die Pflanze kann eine Höhe bis 2,20 m erreichen. Es genügen daher eine bis zwei Stauden, um den Jahresbedarf einer großen Familie zu decken. Die Stauden können bis zu 20 Jahren an ein und demselben Platz stehen, man kann sie teilen und verpflanzen. Die Vermehrung kann auch leicht durch Aussaat erfolgen. Frisch gedüngte Böden sind zu vermeiden. Liebstöckel benötigt tiefgründigen, nährstoffreichen Boden. Wenn es auch keine besonderen Ansprüche an das Klima stellt, so liebt es doch mäßig feuchten, halbschattigen Standort. Da die Sämlinge wie alle Doldenblütler nur kurze Zeit ihre Keimfähigkeit behalten, ist die Aussaat unmittelbar nach der Reife vorzunehmen. Man pflanzt die Sämlinge noch im Herbst oder im darauffolgenden Frühjahr im April mit gegenseitigem Abstand von mindestens 60 cm aus.
Die Pflanzen verlangen nur wenig Pflegeaufwand. Zur Förderung der Laubentwicklung kann man die Blütentriebe herausschneiden. Zum Würzen werden die Blätter verwendet. Sie besitzen ein intensives Aroma, das an Sellerie erinnert. Die Verwendung im Haushalt ist vielfach. Es

kann sowohl zum Würzen von Fleisch, von Soßen, von Suppen als auch zu Salaten verwendet werden.
Es hatte früher in der Heilkunde seinen festen Platz wegen seiner krampf- und schleimlösenden, harntreibenden Wirkung. Heute wird es kaum noch angewendet.

Lorbeer *(Laurus nobilis)*
Der Lorbeer stammt aus den Mittelmeergebieten und war schon den Griechen und Römern als Heil- und Gewürzpflanze bekannt. Sein hohes Ansehen bei diesen Völkern mag man daraus ersehen, daß man die Sieger im Wettkampf bei Olympischen und anderen Spielen mit Lorbeerkränzen schmückte.
Dieser Baum, der in seiner Heimat bis 10 m hoch werden kann, ist sehr wärmebedürftig. Wir können ihn nur als Kübelpflanze kultivieren. Die Vermehrung des Lorbeers ist verhältnismäßig einfach, man kann den ganzen Sommer hindurch Stecklinge gewinnen. Er liebt schweren, nährstoffreichen Boden. Während des Sommers können die Kübel an geschützter Stelle im Freien aufgestellt werden. Die Überwinterung erfolgt in kühlen, luftigen aber frostfreien Räumen.
Während des Wachstums verlangt Lorbeer viel Dünger, Feuchtigkeit und Sonne. Flüssigdüngung mit einem blauen Volldünger hat sich für diese Kübelpflanzen gut bewährt.
Junge Triebspitzen und Blätter können während des ganzen Sommers geerntet werden. Während der Vegetationsruhezeit, also vor oder nach Beendigung des Wachstums schneidet man die Kübelpflanzen in passende Formen. Der hohe Gehalt an ätherischen Ölen und Bitterstoffen macht den aromatischen Duft und den würzigen Geschmack der Blätter aus. Lorbeer wird gern bei der Zubereitung von Soßen, Fleischspeisen, bei Fischgerichten und bei der Zubereitung von Wild verwendet. Er ist heute im Haushalt praktisch unentbehrlich. Lorbeer gilt auch als appetitanregendes Magenmittel.
Als natürliches Insektenvertreibungsmittel erspart er uns die Anwendung chemischer Bekämpfungsmittel.

Majoran *(Origanum majorana)*
Majoran ist ein einjähriger Lippenblütler, der auch als Bienenweide große Bedeutung besitzt. In Mittelmeerländern wird er als ausdauernder Halbstrauch kultiviert. Majoran erreicht bei uns eine Höhe von 40–50 cm.
Der Gehalt an ätherischen Ölen, an Gerb- und Bitterstoffen macht ihn zu einem viel verwendeten Würzkraut.
Wie alle Lippenblütler bevorzugt er leichtere, nährstoff- und humusreiche Böden und einen sonnigen Standort. Selbst

Herbstzeitlosen enthalten das hochgiftige Colchizin. Sie sind daher in der Volksheilkunde nicht verwendbar. Auf den prächtigen Blütenschmuck im Nachsommer sollte man deshalb jedoch im Garten nicht verzichten.

Holunder gehört in jede Hausapotheke. Holundertee (Fliedertee) und Holunderbeersaft sind probate Mittel bei Erkrankungen der Atemwege.

Moorböden sind für seine Kultur geeignet.
Wegen seiner Frostempfindlichkeit erfolgt die Aussaat im März ins Mistbeet oder zur Vorkultur in Töpfe auf dem Fensterbrett. Bei Aussaat ins Freiland muß man bis Ende April warten. Das Auspflanzen erfolgt nach den Eisheiligen. Die Pflanzweite soll etwa 25–30 cm betragen. Man setzt Majoran in Bündeln von drei bis vier Pflanzen zusammen. Majoran steht am besten auf Böden der zweiten Tracht. Frisch gedüngte Böden schaden seinem Aroma. Wenn die jungen Pflänzchen gut angewurzelt sind, gibt man eine Kopfdüngung von 30 g/qm eines blauen Volldüngers.
Nach dem ersten Schnitt, der kurz vor der Blüte erfolgen soll, gibt man 30 g/qm eines schnellwirkenden Stickstoffdüngers, um einen raschen Austrieb und einen zweiten Schnitt zu ermöglichen. Die Ernte soll in den Morgenstunden oder am Spätnachmittag erfolgen, weil dann der Gehalt an ätherischen Ölen am höchsten ist. Dabei sollte man den Majoran nicht zu tief abschneiden, weil die Pflanzen sonst nicht mehr austreiben.

Die Königskerze gilt in der Volksmedizin als Hausmittel gegen Erkältungskrankheiten. Die oft übermannshohen Blütenstände dieser zwei- oder mehrjährigen Pflanze sind gleichzeitig wertvoller Gartenschmuck im Sommer. Sie eignet sich besonders zur Einzelstellung.

Lilien spielten in der Heilkunde früher eine bedeutsame Rolle. Innerliche Anwendungen können jedoch zu schweren Vergiftungen führen. Gequetschte Lilienblätter sind ein wirksames Linderungsmittel auf Brandwunden.

Das Trocknen der geernteten Pflanzenteile erfolgt an schattigem, luftigem Ort. Der zweite Schnitt kann im September erfolgen. Je nach Witterungsverhältnissen ist oftmals sogar eine dritte Ernte Ende Oktober möglich.
Im Haushalt ist Majoran ein beliebtes Gewürz zu Soßen, Braten und zum Wursten. Geflügelbraten wird durch Majoran besonders wohlschmeckend. Aber auch zu Kartoffelsuppen, Kräutersoßen und anderen Speisen ist er eine beliebte Würze. Die Anwendung muß sparsam erfolgen, da er eine außerordentliche Würzkraft besitzt.
In der Heilkunde verwendet man den krampflösenden und schleimlösenden Majoran bei Erkältungen, bei Asthma, bei Verschleimung, Magenkrämpfen, Darmkolik, bei Appetitlosigkeit und zur Linderung von Heu- und Stockschnupfen als Nasenspülmittel. Hierzu bereitet man einen Tee aus ein bis drei Teelöffeln getrocknetem Majorankraut auf eine Tasse.

Meerrettich siehe unter Wurzelgemüse

Paprika siehe unter Fruchtgemüse

Petersilie *(Petroselinum crispum)*
Petersilie stammt aus dem Mittelmeergebiet und war bereits den Griechen und Römern als Gewürz und Heilkraut bekannt. Dieses Doldengewächs, das heute aus der Küche nicht mehr wegzudenken ist, wird am besten als Einfassung von Gemüsebeeten oder als Lückenbüßer zwischen verschiedenen Kulturen angepflanzt. Man unterscheidet generell zwei

Arten, die Wurzelpetersilie und die Blattpetersilie. Hierbei gibt es verschiedene Formen. Bei der Blattpetersilie wird vor allem die mooskrause Petersilie wegen ihres dekorativen Aussehens kultiviert.

Petersilie liebt tiefgründigen, nahrhaften, lehmigen Boden. Sie gedeiht gut in feuchter, halbschattiger Lage. Wie viele Doldengewächse verträgt sie keine frischgedüngten Böden. Man baut sie daher am besten auf Böden der zweiten Tracht an.

Die Kultur der Blattpetersilie ist relativ einfach. Man sät sie in Reihen von 20 cm Abstand, wobei der Abstand in der Reihe etwa 5–10 cm betragen kann. Auf unkrautfreien Böden ist auch Flächensaat möglich. Um kräftige Pflanzen zu erzielen, sollte man die jungen Pflänzchen auf mindestens 5–10 cm Seitenabstand verziehen. Petersilie liebt feuchten Boden, deshalb muß bei Trockenheit häufig gegossen werden.

Man verwendet die Blätter in frischem Zustand und erntet daher nach Bedarf. Hierbei ist zu beachten, daß die Herzblättchen nicht verletzt werden, da das Wachstum sonst erheblich gestört wird. Petersilie ist in unseren Breiten winterhart. Man kann das Kraut auch im Herbst abernten, trocknen und in getrocknetem Zustand verwenden. Dabei ist zu beachten, daß die Temperaturen beim Trocknen nicht über 35 °C liegen, da sonst erheblicher Aromaverlust eintritt. Getrocknete Petersilie ist in gut verschlossenen Dosen aufzubewahren.

Um auch während der kalten Jahreszeit genügend frische Petersilie zum Würzen zu besitzen, empfiehlt sich die Topfkultur von Blattpetersilie. Man sät die Petersilie direkt in 10 cm-Töpfe aus oder topft Jungpflanzen aus dem Freiland ein. Hierbei verwendet man etwa sechs Pflanzen auf einen 10 cm-Topf.

Auf den hohen Vitamingehalt der Petersilie wurde bereits hingewiesen (siehe Wurzelpetersilie unter Wurzelgemüse). Ihre vielseitige Verwendung in der Küche zu Suppen, Soßen, Salaten, zu Gemüsegerichten und den diversen Fleischgerichten, hat Petersilie zu einem unentbehrlichen Würzmittel gemacht.

Wegen ihrer verdauungsfördernden, harntreibenden und blutreinigenden Wirkung wird sie auch in der Heilkunde häufig angewendet bei Blasenschwäche, bei Blähungen, bei Unterleibskrämpfen und Menstruationsstörungen. Hierbei verwendet man Tee von frischem Kraut. Man rechnet etwa einen Eßlöffel Trokkensubstanz auf eine Tasse oder bei frischem Kraut ca. 10 g auf eine Tasse. Zerquetschtes Petersilienkraut wird auch als wirksames Heilmittel bei Insektenstichen empfohlen.

Pfefferminze *(Mentha piperita)*

Die Pfefferminze ist in ganz Europa verbreitet und spielt als Würzpflanze bei uns nur eine relativ geringe Rolle. Sie gehört zu den ausdauernden Lippenblütlern und erreicht im Garten eine Höhe von 30–80 cm. Das Kraut enthält ätherische Öle, Menthol und Gerbstoffe.

Zur Kultur bevorzugt sie wie alle Lippenblütler leichten, humusreichen Boden, jedoch liebt sie einen feuchten Standort. Selbst Moorböden sind für die Kultur noch geeignet. Der Standort soll sonnig bis halbschattig sein. Frisch gedüngte Böden

sind für den Anbau nicht geeignet. Sie gedeiht am besten in der zweiten Tracht. Bei mehrjähriger Kultur genügt eine Volldüngung mit einem blauen Volldünger im April (30 g/qm).
Da Pfefferminze kaum Samen ausbildet und diese sehr unterschiedlich ausfallen, vermehrt man sie auf ungeschlechtlichem Wege, d.h. durch Wurzelausläufer oder durch Kopfstecklinge. Man nimmt Ableger nur von älteren, gesunden Pflanzen. Der Abstand der Pflanzen sollte etwa 40 cm voneinander betragen. Zu dicht stehende Pfefferminze kann leicht von Pfefferminzrost befallen werden. Seine rostroten Pusteln erscheinen zunächst an den unteren Blättern. Man schneidet in diesen Fällen die befallenen Pflanzen sofort herunter und vernichtet die Blätter. Die Pflanzen treiben dann wieder gesund aus.

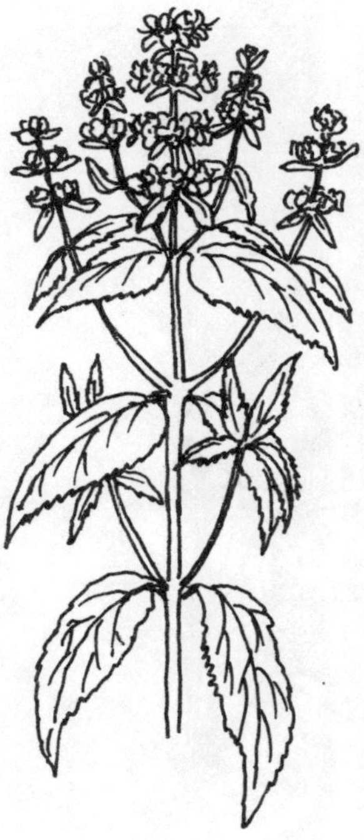

Pfefferminze

Die frischen Triebe können jederzeit geerntet werden. Die Haupternte sollte vor dem Blütenbeginn, also Anfang Juli erfolgen. Bei günstiger Witterung sind im August und Oktober noch ein zweiter und dritter Schnitt möglich. Es wird empfohlen, die Ernte in den Morgenstunden oder am Spätnachmittag durchzuführen, da dann der Gehalt an ätherischen Ölen am höchsten sein soll. In der Küche verwendet man die frischen Blätter und Triebspitzen zu Salaten, Soßen und als Rohkostbeigabe. Darüber hinaus ist die Pfefferminze eine bekannte Heilpflanze. Sie wirkt krampflösend, entzündungshemmend, schmerzstillend und galletreibend. Man wendet sie bei verschiedenen Krankheiten wie Magen- und Darmkatarrh, bei Unterleibskrämpfen, Koliken, Durchfall, Gallenstauung und dergleichen an. Die Zubereitung erfolgt durch Aufguß von ein bis zwei Teelöffeln auf eine Tasse Wasser. Pfefferminze wird auch als Tee getrunken.
Bei der Trocknung der Blätter ist zu beachten, daß dies bei Temperaturen von unter 35 °C zu erfolgen hat, da sonst der Verlust an Aromastoffen sehr stark ist.

Portulak *(Portulaca oleracea)*
Portulak ist eine einjährige Pflanze. Er stammt aus den wärmeren Klimazonen

Asiens und ist auch als Bienennährpflanze eine willkommene Bereicherung unseres Würzgartens. Da er sehr wärmebedürftig ist, geben wir ihm im Würzgarten einen besonders sonnigen Standort. Am besten gedeiht er in lockerem, sandigem Boden. Die Aussaat erfolgt im Mai nach den Eisheiligen. Man kann Reihenaussaat oder breitwürfige Flächenaussaat in Abständen von etwa 3–4 Wochen durchführen, um den ganzen Sommer über frischen Portulak zu ernten.

Vorteilhaft hat sich das Übersieben der Flächen mit feiner Komposterde nach dem ersten Schnitt erwiesen, hierdurch wird der Neuaustrieb gefördert. Die Ernte kann bereits 25 Tage nach der Aussaat erfolgen. Während des Sommers kann drei- bis viermal geerntet werden. Portulak wird in frischem Zustand zubereitet. Die fleischigen Blätter sind sehr vitaminreich und ergeben ein spinatähnliches Gemüse. Man verwendet nur junge Triebe, da die älteren bitter werden. Als Zutaten zu Suppen und Salaten sind die aromatischen Blätter ebenfalls beliebt.

Rosmarin *(Rosmarinus officinalis)*

Beim Rosmarin handelt es sich um einen strauchartig wachsenden Lippenblütler, der in unseren Breiten jedoch nicht ganz winterhart ist. Seine Heimat ist das Mittelmeer, wo er in freier Natur häufig angetroffen werden kann. An günstigen Standorten erreicht er eine Höhe bis zu 1,50 m. Da er in den ersten Jahren seiner Kultur sehr frostempfindlich ist, wird empfohlen, ihn als Topf- oder Kübelpflanze zu kultivieren. Er ist sehr anspruchslos in bezug auf seinen Standort. Wie die meisten Lippenblütler liebt er einen humusreichen, leichten Boden und einen sonnigen, trockenen Standort. Seine Vermehrung erfolgt durch Stecklinge im Juli oder August, oder man beschafft sich Jungpflanzen beim Gärtner. Auch die Anzucht aus Frühjahrsstecklingen, die man in einem Topf unter umgestülptem Wasserglas schnell zum Bewurzeln bringen kann, ist sehr lohnend. Aussaaten können außerdem im zeitigen Frühjahr in Frühbeete oder in Töpfe auf dem Fensterbrett erfolgen. Der Samen keimt sehr langsam. Die Keimdauer beträgt etwa vier Wochen. Die Ernte erfolgt nach

Rosmarin

Bedarf. Man schneidet junge Triebspitzen und Blätter. Während der Blütezeit erfolgt die Haupternte. Die von den abgeschnittenen Trieben geernteten Blätter werden in einem trockenen, schattigen Raum getrocknet. Die Trocknungstemperatur darf 35 °C wegen des mit höheren Temperaturen verbundenen Aromaverlustes nicht übersteigen.

Bei mehrjähriger Kultur des Rosmarin ist Winterschutz unbedingt anzuraten. Hierbei verwendet man Tannenreisig oder eine Strohpackung. Im zeitigen Frühjahr schneidet man vertrocknete Äste zurück und verbessert den Boden um die Pflanzen mit Kompost oder verrottetem Stallmist. Auch eine Mineraldüngung mit einem blauen Volldünger kann ab April erfolgen. Zusätzliche Düngung mit Kali fördert die Bildung von ätherischen Ölen und erhöht die Winterfestigkeit der Pflanzen.

Lohnenswert ist auch die Kübelkultur. Man setzt die Pflanzen in Holzkübel und überwintert sie in kühlen, frostfreien Räumen. Auf diese Weise kann man Rosmarin jahrelang kultivieren. Es ist zu beachten, daß die Pflanzen im Winter nur sehr wenig Wasser benötigen. Die Überwinterungsräume sollen hell und luftig sein.

In der Küche verwendet man die frischen Blätter von Rosmarin zur Verbesserung von Soßen und Suppen und als Würze von Fleischspeisen wie Schweinebraten, Hammelbraten, Wild und Geflügel. Wegen des hohen Gehaltes an ätherischen Ölen und Bitterstoffen darf man Rosmarin beim Würzen nur sparsam verwenden.

In der Heilkunde gilt Rosmarin als schweißhemmend und schleimverflüssigend. Daher wendet man ihn bei Krankheiten der Luftwege wie Husten, Heiserkeit, Asthma an. Zu diesem Zweck gießt man eine Tasse Wasser auf etwa 2–3 g getrockneten Blättern auf. Rosmarin gilt wegen seiner zusammenziehenden Wirkung auch als Gurgelmittel bei Zahnfleischbeschwerden und bei Mandelentzündung.

Salbei *(Salvia officinalis)*

Salbei ist ein Lippenblütler, der als Halbstrauch oder Staude in unseren Gärten angebaut wird und als Bienenweide von Bedeutung ist. Es handelt sich um eine

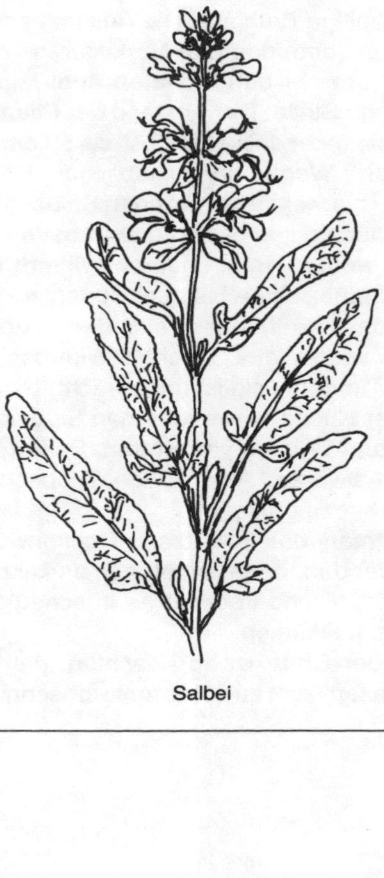

Salbei

seit dem Altertum bekannte Würzpflanze, die in unserem Gewürzgärtlein oder auf unseren Gewürzbeeten nicht fehlen darf.
Die Pflanze kann eine Höhe von 50–70 cm erreichen. Sie ist in milden Gegenden winterfest. Salbei bevorzugt sonnige Standorte und liebt kalkhaltigen Boden. Frischer Stalldung und Böden der ersten Tracht sind für ihn ungeeignet. Besser eignen sich gut verrotteter Kompost und Mineraldüngergaben von blauen Volldüngern, die man im April in Mengen von etwa 30 g je qm ausbringt.
Man kann Salbei durch Aussaat vermehren, einfacher ist jedoch die Vermehrung durch Stecklinge oder durch Teilung der Pflanzenstöcke. Bei Aussaat wählt man das zeitige Frühjahr. Die Aussaat erfolgt in Frühbeete oder zur Vorkultur in Töpfe oder aber in den Monaten April/Mai an Ort und Stelle. Der Abstand der Pflanzen voneinander sollte mindestens 50 cm betragen. Wegen ihrer hübschen Blüten (hell- bis violettblau) können Salbeipflanzen auch gut in der Staudenrabatte kultiviert werden. In strengeren Wintern frieren Salbeistöcke bis zum Boden zurück, meistens treiben sie aus den Wurzeln aber wieder aus. Leichter Winterschutz aus Tannenreisig ist angebracht.
In der Küche verwendet man Salbeiblätter zum Würzen von Braten, Soßen und als Aalwürze. Auch junge Triebspitzen sind hierzu geeignet.
Will man das Kraut als Trockenwürze verwenden, dann erntet man es kurz vor der Blüte und trocknet es in schattigen, luftigen Räumen.
Bei der Ernte ist zu beachten, daß die Pflanzen nicht zu tief heruntergeschnitten werden (maximal ca. 15 cm über dem Boden).
Wegen der starken Würzkraft muß man mit Salbei sehr sparsam umgehen.
In der Heilkunde hat Salbei seinen festen Platz. Er gilt als schweißhemmend und auswurffördernd, als nerven- und magenstärkend. Deshalb wird Salbei gern bei Magen- und Darmstörungen, bei Katarrhen der Luftwege, bei Durchfall, Nachtschweiß, Nervosität und äußerlich bei Halsentzündungen und Zahnfleischbluten verwendet. Hierzu stellt man Auf-

Senf

güsse aus einem Teelöffel getrocknetem Kraut auf einer Tasse Wasser her. Das frische Laub wird bei Insektenstichen aufgelegt.

Sauerampfer siehe Blattgemüse

Schnittlauch siehe Zwiebelgemüse

Sellerie siehe Wurzelgemüse

Senf, Weißer und Schwarzer *(Sinapis alba* und *Brassica nigra)*
Wenn auch der Anbau dieser Kreuzblütler im Gewürzgarten nicht sehr lohnend ist, da man sich besser die Körner in der Samenhandlung bzw. beim Gärtner beschafft, so kann man den Senf doch wegen der aromatischen, jungen, frischen Blätter kultivieren, die man unmittelbar vor der Blüte erntet. Sie gelten als besonders verdauungsanregend und appetitfördernd. Aus den frischen Blättern kann man einen feinen Salat für Rohkost und Diät herstellen. Senf sät man ab Mitte März in Reihen von 20–25 cm Abstand an Ort und Stelle aus und verzieht die Pflanzen auf etwa 5 cm in der Reihe. Will man laufend frische Blätter ernten, sind Folgesaaten in Abständen von zwei bis drei Wochen erforderlich. Besondere Bodenansprüche sind nicht bekannt. Senf eignet sich gut für Böden der zweiten Tracht.
In der Heilkunde verwendet man den Samen, der im Juli/August geerntet wird. Er gilt als hautreizend und wird daher beispielsweise bei Lungen- und Rippenfellentzündung als Senfwickel angewendet. Auch bei Nervenschmerzen, Gelenkentzündung, Rheuma und Ischias wird Senf in Form von Senfteigpflastern und Senfwickeln angewendet. Es ist jedoch erforderlich bei allen diesen Krankheiten unbedingt einen Arzt zu befragen.

Thymian, Quendel *(Thymus vulgaris)*
Es gibt eine ganze Anzahl von Thymianarten, die wir in unseren Gärten auch als Blütenstauden (Polsterstauden) verwenden. Der Thymian, den wir zum Würzen verwenden, stammt jedoch aus dem Mittelmeergebiet, wir kultivieren ihn als 30–40 cm hohen Halbstrauch, der nicht nur als Würzpflanze, sondern auch als Bienennährpflanze besondere Bedeutung hat. Würzthymian blüht etwa von Mai bis September. Er enthält außer Gerb- und Bitterstoffen hohe Mengen an äthe-

Thymian

rischen Öle (Thymol). Hierdurch wird sein angenehmes Aroma hervorgerufen. Wie viele seiner Artgenossen liebt er trokkenen Boden und sonnigen Standort, darüber hinaus stellt er aber wenige Ansprüche. Frisch gedüngte Böden sind für Würzthymian unzuträglich. Auch der Würzthymian läßt sich gut auf dem Steingartenbeet oder in einer Staudenrabatte unterbringen, da seine hübsche Blüte gleichzeitig eine Bereicherung dieser Gartenbeete im Ziergarten darstellt. Die Kultur erfolgt ab Mitte Februar im Kasten oder in Blumentöpfen am Fenster und im Freiland ab April durch Aussaat an Ort und Stelle. Hierbei ist zu beachten, daß Thymiansamen nur sehr dünn mit Erde bedeckt werden darf, da er zu den Lichtkeimern gehört. Die jungen Pflänzchen werden in der zweiten Maihälfte nach den Eisheiligen im Abstand von etwa 20 cm ausgepflanzt. Die Ernte der Triebe erfolgt kurz vor der Blüte im Mai oder Juni. Hierbei schneidet man die Pflanzen etwa 10–15 cm über dem Boden ab. Es ist darauf zu achten, daß nicht zu tief geschnitten wird, damit ein neuer Austrieb möglich ist. Nach dem Schnitt ist eine Kopfdüngung mit einem blauen Volldünger angebracht. Man benötigt hierzu etwa 20–30 g/qm. Im September kann man Thymian zum zweiten Mal schneiden. Durch späteren Schnitt kann er jedoch so geschwächt werden, daß er leicht auswintert. Es wird empfohlen, Thymian in den Mittagsstunden zu ernten, weil das Kraut zu dieser Tageszeit den höchsten Gehalt an ätherischen Ölen besitzen soll. Im Haushalt verwendet man Thymian als Fleischgewürz, zu Soßen, Kartoffelgerichten und Suppen. Mit Melisse und Estragon kann man ihn auch zur Essigbereitung (Kräuteressig) verwenden.

Eine Pflanze, die einen so hohen Gehalt an ätherischen Ölen und Bitterstoffen besitzt, ist selbstverständlich auch für die Heilkunde ein wertvolles Kraut. Wegen seiner desinfizierenden, schleim- und krampflösenden Wirkung und wegen seiner harntreibenden Wirkung wird Thymian bei infektiösen Erkrankungen des Magen-Darmtraktes, der Lunge und der Harnwege angewendet. Auch bei Husten und Keuchhusten ist er ein bekanntes Heilmittel. Hierzu bereitet man Aufgüsse aus einem Teelöffel getrocknetem Kraut auf eine Tasser Wasser.

Tripmadam

Tripmadam *(Sedum rupestre)*
Die Tripmadam ist ein bekanntes Kraut, das in Europa beheimatet ist. Es wächst an trockenen, sonnigen Stellen auf sandigen und steinigen Böden wild. Die gelben Blüten erscheinen von Juni bis August. Die Tripmadam wird auch als Polsterstaude und Bodendecker auf dem Steingartenbeet verwendet. Die Pflanzen wachsen in jedem sandigen Gartenboden und lieben eine sonnige Lage. Ihre Vermehrung erfolgt am besten durch Teilung der Pflanzen. Aussaat ist nicht lohnend. Man erntet bei diesem Würzkraut die nichtblühenden Triebspitzen, die man das ganze Jahr hindurch schneiden kann. Tripmadam muß in frischem Zustand verwendet werden. Man gibt sie zum Würzen in kleinen Mengen.

Wacholder

Wacholder *(Juniperus communis)*
Dieser Strauch aus der Familie der Zypressengewächse kommt bei uns wild vor in Heiden und auf moorigen Böden. Sein Anbau im Garten als Zierstrauch ist möglich. Viele Züchtungen werden im Garten kultiviert, geerntet werden aber nur die Früchte des gemeinen Heidewacholders. Die Nadeln der Wacholderarten sind giftig!
Man sammelt die Beeren und trocknet sie sorgfältig. Sie haben eine appetitanregende und verdauungsfördernde Wirkung und werden gern als Gewürz zu fettem Fleisch, Sauerkraut und Wild genommen. Auch in der Heilkunde werden Wacholderbeeren häufig angewendet. Sie haben appetitanregende, verdauungsfördernde Wirkung.
Es wird empfohlen, 5–10 getrocknete Beeren vor der Hauptmahlzeit zu sich zu nehmen. Man kann auch Aufgüsse aus einem Eßlöffel zerquetschter getrockneter Beeren je Tasse Wasser herstellen. Die Beeren wirken jedoch schädlich bei Nierenerkrankungen. Hier ist größte Vorsicht geboten.

Waldmeister *(Galium odoratum, Asperula odorata)*
Der Waldmeister aus der Familie der Labkrautgewächse ist in unseren Gegenden weit verbreitet. Er kommt in schattigen Buchen- und Nadelwäldern vor. Es handelt sich um eine ausdauernde

Pflanze, die wir gern zur Unterpflanzung von Gehölzgruppen verwenden. Waldmeister wächst auch noch in sehr schattigen Lagen. Die Pflanze strömt einen angenehmen, aromatischen Duft aus, der durch das darin enthaltene Cumarin und einige ätherische Öle hervorgerufen wird. Sein Standort in der Natur im Walde gibt

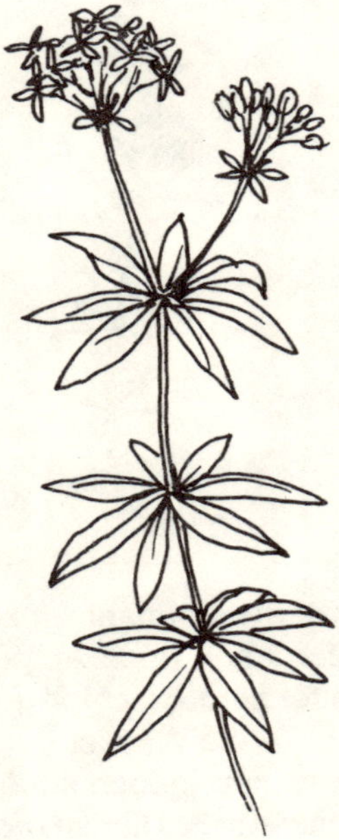

Waldmeister

uns einen wertvollen Hinweis auf seine Kultur. Er verlangt Lauberde oder humosen Boden. Seine Vermehrung erfolgt am besten durch Teilung der Pflanzen, oder man beschafft sich Jungpflanzen beim Gärtner. Die Aussaat ist umständlich und nicht lohnenswert. Man kann Waldmeister zur Bereitung von Kräuteressig im Haushalt und für die beliebte Maibowle verwenden.

In der Medizin hat er nur noch geringe Bedeutung. Früher wurde er als Beruhigungsmittel und Linderungsmittel bei Leberschmerzen, bei Neuralgien und als Schlafmittel verwendet. Bei Aufgüssen oder Kaltwasserauszügen nimmt man ein bis zwei Teelöffel auf eine Tasse Wasser.

Weinraute, Edelraute, Gartenraute *(Ruta graveolens)*

Dieses stark würzige Kraut ist ein Halbstrauch oder eine Staude, die aus der Familie der Rautengewächse stammt. Sie wird auch als Bienenweide geschätzt. Als Standort liebt sie warme, sonnige Lagen. Ihre verzweigten Blütenstände können eine Höhe von 40–70 cm erreichen. Die Scheindolden erscheinen von Juli bis August. Sie sind auch eine Bereicherung der Staudenrabatte im Ziergarten.

Die Weinraute gedeiht auf kalkhaltigen, lockeren Böden, die wir mit Kompost gut verbessern. Frischen Stallmist verträgt sie nicht. Die Aussaat ist schwierig. Man kann zwar den Samen im März in Frühbeete aussäen, besser ist es jedoch, sich Jungpflanzen beim Gärtner zu besorgen oder Rauten durch Stockteilung oder Stecklinge zu vermehren. Da bei der Raute vorwiegend das an Aromastoffen und ätherischen Ölen reiche Laub verwendet wird, bricht man bei der Raute die Knospen rechtzeitig aus, um das Krautwachstum zu fördern. Die Raute verträgt

Trockenheit seht gut. Sie benötigt wenig Feuchtigkeit.
Man erntet Blätter und Triebspitzen ab Mai fortlaufend. Zur Gewinnung von Drogen schneidet man das Kraut vor der Blüte etwa 15 cm über dem Boden ab und läßt es an einem luftigen, schattigen Ort trocknen. In der Küche verwendet man die appetitanregende Raute in Form von frischen Blättern zu Salaten, Suppen und Soßen. Auch für Fleischfüllungen ist eine Beigabe von Raute sehr pikant. Man darf das Kraut jedoch nur in kleinen Mengen verwenden, da es sehr stark würzt.
Die Weinraute wird in der Volksmedizin heute nur noch selten verwendet, da sie durch andere Heilpflanzen wirkungsvoller ersetzt werden kann. Sie galt als Mittel gegen Schwindelanfälle, nervöses Herzklopfen und Menstruationsbeschwerden. Da die Pflanze wegen der starken Würzkraft nur sehr sparsam verwendet zu werden braucht, genügen ein bis zwei Pflänzchen zum Anbau für einen Haushalt.

Wermut *(Artemisia absinthium)*
Wermut gehört wie der Beifuß zu den Korbblütlern. Sein Stellenwert als Würzmittel zum Würzen von Braten und Soßen ist jedoch verhältnismäßig gering. Größer ist jedoch die Bedeutung dieser ausdauernden Wildstaude als Heilpflanze in der Volksmedizin. Die etwa meterhoch werdende Pflanze läßt sich auf jedem Gartenboden leicht kultivieren, verlangt jedoch einen lichten, sonnigen Standort.
Zur Drogengewinnung sammelt man die blühenden oberen Triebe in den Monaten Juli und August.
Als Heilkraut wird Wermut als Lebermittel und als Nervenmittel angewendet. Auch gegen Blutarmut, zur Appetitanregung, bei Sodbrennen, Magenkatarrh und gegen Spulwürmer wird Wermut als probates Mittel empfohlen.
Man benötigt für einen Teeaufguß etwa 1 gestrichenen Eßlöffel auf 1 Tasse heißes Wasser und läßt ihn ca. 5 Min. ziehen. (Tagesmenge 1 Tasse).
Wermut gehört zu den stark wirkenden Mitteln! Durchfall, Erbrechen und sogar Krämpfe können sich bei Überdosis einstellen, daher unbedingt die vorgeschriebene Menge einhalten!

Ysop *(Hyssopus officinalis)*
Ysop gehört zu den Lippenblütlern und ist deshalb auch als Bienennährpflanze bedeutsam. Es handelt sich um ein streng duftendes Würzkraut, das man im Haushalt zu Salaten, Braten und Tunken verwendet. In seiner Heimat, Kleinasien und die Mittelmeerländer, gedeiht er auf sonnigen, kalkhaltigen Felsen und Schutthalden. Daher ist bei seinem Anbau auf einen lichten, sonnigen Standort zu achten. Die Pflanze kann etwa 80–100 cm hoch werden. Das Kraut enthält ätherische Öle, Gerb- und Bitterstoffe. Im Garten liebt Ysop leichten Boden und trockene Lagen. Bodendüngungen mit frischem Stallmist sind unbedingt zu vermeiden. Im übrigen bestehen dieselben Kulturansprüche wie beim Thymian. Die Kultur erfolgt durch Aussaat im Frühbeet oder an Ort und Stelle in Reihenabständen von etwa 30 cm. Als Lichtkeimer darf auch beim Ysop der Samen nur flach mit Erde bedeckt werden. Das Saatgut liegt

etwa 14 Tage bis drei Wochen. Die Pflanzen sind gegen Spätfröste unempfindlich. Bei der Anzucht mehrerer Exemplare sollte man in den Reihen einen Pflanzabstand von 15–20 cm einhalten. Da die Pflanzen sehr hoch werden, ist es zweckmäßig, sie flach anzuhäufeln, sobald sie eine Höhe von ca. 15 cm erreicht haben. Die Kultur erstreckt sich über 5–6 Jahre. In rauhen, ungeschützten Lagen ist leichter Winterschutz durch Tannenreisig angebracht. Man erntet beim Ysop junge Blätter und Triebspitzen, die man frisch verwendet. Getrocknet verlieren sie viel von ihrer Würzkraft. Ysop wird zu Fisch- und Fleischgerichten, zu Braten und Soßen verwendet. Auch als Würze von Salaten ist Ysop angebracht. Bei der Anwendung sollte man jedoch sehr sparsam vorgehen, da die Würzkraft verhältnismäßig groß ist.
Wegen seiner starken Würzkraft genügt eine Staude pro Haushalt.

Zitronenmelisse, Melisse *(Melissa officinalis)*
Die Melisse gehört in die Familie der Lippenblütler. Sie ist auch eine ausgezeichnete Bienenweide. Ihre natürlichen Vorkommen liegen im Mittelmeergebiet. Als Gewürz-, Heil- und Zierpflanze ist sie schon aus dem Altertum bekannt. In unseren Breiten kann sie als ausdauernde Staude gezogen werden. Sie erreicht eine Höhe von 60–100 cm. Ihre Kultur kann sowohl durch Aussaat, durch Stecklinge oder durch Teilung der Pflanzen erfolgen. Dazu benötigt man humusreichen, sandigen Lehm. Melisse gedeiht aber wegen ihrer großen Anspruchslosigkeit auch auf weniger günstigen Böden in trockener Lage. Auch mit halbschattigem Standort nimmt sie vorlieb. Die Pflanzen entwickeln sich dann allerdings nicht so stark und der Gehalt an Aromastoffen geht hier etwas zurück. Die Aussaat erfolgt im Frühjahr oder Frühsommer an Ort und Stelle. Im August oder September setzt man die Pflanzen auf Abstände von 30 × 30 cm. Da das frische Grün und der gesamte Habitus der Pflanze ein interessantes Erscheinungsbild zeigen, kann man die Zitronenmelisse auch in der Staudenrabatte auspflanzen. In rauhen Lagen empfiehlt sich leichter Winterschutz aus Tannenreisig.
Man erntet die Melisse im frischen Zustand. Es werden Triebspitzen und junge Blätter verwendet, vornehmlich vor der Blüte, weil dann das Kraut am würzigsten ist. Die Triebe sollen etwa 10–15 cm über dem Boden abgeschnitten werden, damit die Stauden willig wieder austreiben. Bei der Drogenzubereitung trocknet man die Pflanzen schnell bei Temperaturen um oder unter 35 °C und bewahrt sie in gut schließenden Blechdosen oder Gläsern auf. In der Küche werden die jungen Blätter und Triebe frisch zu Salaten,

Zerschnittene Blütenblätter der Madonnenlilie und ihrer Verwandten werden in einer hellen Flasche mit Olivenöl 10 Tage der Sonne ausgesetzt und abgegossen.
Der Abguß ergibt ein wirksames Einreibemittel gegen Quetschungen, Insektenstiche, unreine Haut und Sommersprossen.

Zitronenmelisse

Gemüsen, Soßen und Fleischspeisen verwendet. Sie dienen gewissermaßen als Zitronenersatz.
Auch in der Heilkunde hat die Zitronenmelisse ihren festen Platz. Sie gilt als schmerz- und krampfstillend, als schweißtreibend und als beruhigend. Daher erfolgt die Anwendung bei schmerzhaften Magen- und Darmbeschwerden, bei nervösen Herzbeschwerden aber auch bei Blähungen. Der Tee vom Melissenkraut soll sogar erheiternd wirken. Trinkt man ihn vor dem Schlafengehen, so soll er frohe Träume bewirken. Bienenzüchter reiben mit frischem Melissenkraut die Bienenstöcke ein, um wanderlustige Bienenschwärme an den neuen Stock zu binden. Bei Insektenstichen reibt man mit dem frischen Kraut die Wunden ein. Teeaufgüsse bereitet man aus einem Teelöffel bis einem Eßlöffel Trockensubstanz.

Die Japanische Quitte (Chaenomeles) gilt nicht nur als einer unserer schönsten Frühjahrsblüher. Die reifen Früchte legte man früher des Duftes wegen in die Wäschetruhen und in die Wäscheschränke. Die Früchte können auch zu aromatischen Gelees und zu wohlschmeckenden Marmeladen verarbeitet werden.

Anlage eines Gewürzgartens (S. 158)

In die Mitte (Beet 1) setzen wir eine Großstaude, wie z. B. eine Rhabarberpflanze oder das Liebstöckel.

Die ringsum angeordneten Beete (2) werden mit niedrigbleibenden Würzpflanzen wie z. B. Petersilie, Brunnenkresse, Hauswurz, Tripmadam, Thymian, Dost, Bohnenkraut, Lavendel, Schnittlauch, Majoran und Portulak bepflanzt. Hierbei ist darauf zu achten, daß Pflanzen der gleichen Familie wie z. B. Thymian, Majoran, Dost, Lavendel (Lippenblütler) ähnliche Standortsansprüche haben (leichter, lockerer Boden). Sie werden auf einem entsprechend hergerichteten Beet zweckmäßigerweise zusammengepflanzt.

Auf die achsial angeordneten Beete (3)

pflanzen wir die hochwerdenden Würzpflanzen wie z.B. Basilikum, Beifuß, Estragon, Wermut, Engelwurz, Kümmel und Ysop. Auch ausdauernde Würzpflanzen wie z.B. den Meerrettich kann man auf diesen Beeten heranziehen. Auch bei der Bepflanzung dieser Beete ist darauf zu achten, daß Pflanzen mit gleichen Standortsansprüchen zusammengepflanzt werden.

Plan zu einem Gewürzgarten nach alter Art Flächenbedarf etwa 8 × 8 m

Die Randbeete (4) eignen sich besonders für Würzpflanzen wie Anis, Borretsch, Dill, Kerbel, Koriander, Pfefferminze, Rosmarin (Winterschutz!), Salbei, Weinraute und Zitronenmelisse.

Die Einfassung des Würzgärtchens (5) erfolgt aus Zier- und Decksträuchern, man kann aber auch hier noch einige wichtige Würz- oder Heilpflanzen, die eine größere Höhe erreichen, verwenden. Zu ihnen gehören neben dem schon genannten Rhabarber und dem Meerrettich auch Alant und Königskerze. Als Gehölze eignen sich Wacholder, Heckenrose, Himbeere, Sanddorn, Vogelbeere, Schwarze Johannisbeere und Holunder, die man mit den schattenliebenden Heilkräutern und Würzpflanzen wie:

Waldmeister, Immergrün, Lungenkraut, Hirschzunge und der dekorativen Judenkirsche unterpflanzen kann.
Für die Hauptwege wählt man eine Breite von 60–80 cm, die Nebenwege werden in 50 bzw. 30 cm Breite angelegt.

Gartenapotheke aus dem Ziergarten

(Mit einem † versehene Pflanzen sind giftig.)
Heilpflanzen mit Zierwert – Zierpflanzen mit Heilwert. Nur wenigen Menschen ist bekannt oder bewußt, daß sich auch unter den bedeutendsten Vertretern unseres Ziergartens, unter den Sträuchern, Stauden, zweijährigen und einjährigen Zierpflanzen, die uns mit ihrem Laub oder ihren Blüten im Jahreslauf erfreuen, auch zahlreiche Heilpflanzen befinden. Meist werden sie wegen ihres hohen Zierwertes im Garten gepflanzt. Das Wissen um ihre Wirksamkeit als Heilmittel ist im Lauf der Zeit verlorengegangen. So sollen im folgenden einige der wichtigsten Vertreter der Heilpflanzen, die heute fester Bestandteil unserer Hausgärten sind, einmal aus der Sicht der Volksmedizin betrachtet werden.
Die Erkenntnisse der modernen Medizin, das große Angebot an Arzneimitteln und nicht zuletzt unsere eigene Bequemlichkeit sind sicherlich zum Teil schuld daran, daß diese wertvollen Heilpflanzen mehr und mehr in Vergessenheit geraten. Es ist ja so bequem, sich gegen dieses und jenes Wehwehchen rasch ein Mittel verschreiben zu lassen, ein paar Tabletten einzunehmen und dann zu glauben, man wäre das Übel los. Viele Chemikalien und Drogen können unliebsame Nebenerscheinungen hervorrufen, die ihrerseits wieder bekämpft werden müssen. Auch verlieren viele Medikamente durch ständige Anwendung und Gewöhnung an Wirksamkeit. Beim geringsten Gefühl des Unwohlseins laufen wir heute zum Arzt oder zur Apotheke, ohne zu wissen, daß wir eine in vielen Fällen sicherlich ebenso gute Naturapotheke im eigenen Garten besitzen, mit der wir kleinere Leiden überraschend einfach und wirkungsvoll bekämpfen können.
Was hindert uns daran, bei der Anlage eines Hausgartens gerade diesen Pflanzen den Vorzug zu geben, die uns als Heilkräuter und Heilpflanzen besonders wertvoll sind? Sie erfüllen einen doppelten Zweck, wenn wir sie in unsere Überlegungen bei der Gestaltung des Gartens einbeziehen. Schönheit und Nützlichkeit brauchen einander nicht auszuschließen.
Viele der in den nachfolgenden Abschnitten genannten Zier- und Heilpflanzen sind seit Hunderten von Jahren zur Erhaltung und Wiedererlangung der Gesundheit erprobt. Sie haben in der Heilkunde ihren festen Platz.
Pflanzenarten, die stark wirksame Stoffe

enthalten wie z. B. das Maiglöckchen, der Aronstab, der Fingerhut und andere, sollten als Heilpflanzen für den Hausgebrauch jedoch nicht verwendet werden. Entsprechende Hinweise sind bei den jeweils beschriebenen Pflanzenarten zu finden.

† **Adonisröschen,** Teufelsauge, Frühlingsadonis *(Adonis vernalis)*
Bei dieser hübschen, mit großen gelben Blüten im Frühjahr erscheinenden außerordentlich zierenden Staude handelt es sich um ein Hahnenfußgewächs, das etwa 30–35 cm hoch wird. Die Blätter sind fein gefiedert, die Blüten erscheinen im April und Mai. Das Adonisröschen ist in Südost- und Mitteleuropa auf Sand- und Kalkböden heimisch. Es liebt sonnigen Standort. Jungpflanzen erhalten wir in der Staudengärtnerei. Die Wirkstoffe des Adonisröschens sind Glykoside, Adonitsäure und Cymarin. In der Heilkunde wird das Kraut als wassertreibend, herzanregend und beruhigend angewendet. Da das Kraut und die Wurzeln jedoch besonders giftig sind, gehört dieses wertvolle Herzmittel in die Hand des Artzes.

† **Akelei** *(Aquilegia vulgaris)*
Bei diesem Vertreter der Hahnenfußgewächse handelt es sich um eine schönblühende Staude, die etwa 60–80 cm hoch werden kann. Die langgespornten

Adonisröschen

Akelei

Blüten erscheinen in verschiedenen Farben (dunkelviolett, blau, rötlich, weiß) im Juni/Juli. Viele Arten sind als Wildpflanzen bei uns heimisch. Akelei enthält gewisse Mengen von Blausäure-Glykosid. Die Pflanze wurde früher bei Leber- und Gallenleiden, bei Beschwerden der Wechseljahre und bei chronischen Hauterkrankungen als Teeaufguß verwendet. Heute dient sie in der Homöopathie als Nervenberuhigungsmittel. Die Anwendung sollte nur unter ärztlicher Kontrolle erfolgen. Die Kultur der Akelei bereitet keine Schwierigkeiten. Sie nimmt mit jedem Gartenboden vorlieb. Sonnige und halbschattige Standorte sagen ihr sehr zu. Die Vermehrung erfolgt in vielen Fällen durch Selbstaussaat. Die Anzucht aus Samen ist sehr einfach. Man sät ihn im März/April direkt ins freie Land. Der Seitenabstand bei Akelei sollte mindestens 30 cm betragen. In der Staudenrabatte pflanzt man möglichst mehrere Stauden in einer Gruppe zusammen.

Alant *(Inula helenium, Inula afghanica)*
Dieser staudige Korbblütler entwickelt sich zu dekorativen bis 2,50 m hohen Blütenbüschen mit großen gelben Korbblüten. Sie stehen in lockeren Doldentrauben im Juni bis September über den großen grundständigen Blättern. Pflanze und Wurzelstock duften aromatisch. Wenn auch sonnige Standorte bevorzugt werden, so gedeiht Alant auch im Halbschatten. Man kann ihn leicht durch Teilung der Stauden vermehren. Auch Aussaaten von März bis August ins freie Land sind möglich. Der Boden sollte nicht zu schwer sein. Bei Herbstaussaat erfolgt die Keimung erst im Frühjahr. Die Pflanzen benötigen einen Abstand von 50–60 cm. Man verwendete früher in der Heilkunde den getrockneten Wurzelstock. Die Ernte erfolgt im dritten oder vierten Jahr im März/April oder September/Oktober. Alant wirkt schleimlösend, stoffwechselfördernd, galle- und harntreibend, auswurffördernd, krampf- und hustenreizstillend.

Apfel *(Pyrus malus)*
Es ist viel zu wenig bekannt, daß unser allbekannter Apfelbaum aus der Familie der Rosengewächse gleichzeitig ein wertvolles Heilmittel ist. Besonders bei Durchfällen von Kleinkindern gibt man als alleinige Nahrung mehrere Äpfel, die ohne Schale und Kernhaus – nach Meinung einiger Ärzte jedoch auch mit Schale aber ohne Kernhaus – gerieben werden. Diese Kur kann zwei bis drei Tage durchgeführt werden. Bei Besserung geht man bald zu leichter und dann zu gewöhnlicher Kost über. Es ist zu beachten, daß keinerlei andere Nahrung nebenher gegeben werden darf. Äpfel gelten auch als bewährtes Mittel gegen Rheumatismus. Eine Rheumakur besteht darin, daß man jeden Tag vormittags 1 kg rohe Äpfel ißt.

Ein Apfel vor dem Schlafengehen kann Zähneputzen ersetzen, sagt man. Die milde Apfelsäure reinigt die Zähne und ist tatsächlich ein gutes Mittel für ihre Gesunderhaltung, aber man soll in keinem Fall auf die Zahnbürste verzichten! Bratäpfel gelten als mildes Abführmittel.

Apfelsaft kann gesunden und kranken

Menschen als bekömmliches Getränk besonders empfohlen werden.

† **Aronstab** *(Arum maculatum)*
Der Aronstab kommt in unseren Heimatwäldern vor. Er liebt schattigen Buchenwald. Im Hausgarten verwenden wir ihn oft zur Unterpflanzung von Gehölzpflanzungen als Bodenbedecker. Die dicht stehenden pfeilförmigen Blätter, die auch panaschiert (weißbunt) vorkommen, sind sehr zierend. Die Blüten mit den schönen großen weißen Hüllblättern fallen unter dem Laub meist nicht auf. Die Fruchtstände mit den roten leuchtenden Beeren sind eine Gartenzierde im Spätsommer. Der knollige Wurzelstock ist stark giftig. Das gleiche gilt für die Beeren, das Laub und die Stengel. Größte Vorsicht, da Vergiftungen mit Aronstab tödlich sein können!

Aronstab

Diese Pflanze wird ärztlicherseits in der Homöopahtie benutzt.

† **Bärentraube** *(Arctostaphylos uva ursi)*
Bei der Bärentraube, die auch Rausch- oder Steinbeere genannt wird, handelt es sich um einen immergrünen, dicht über dem Boden wachsenden Strauch mit lederartigen, eiförmig glänzenden Blättern. Diese Blätter enthalten Glykoside, Gerbstoffe, Säuren, ätherische Öle und Flavone. Bärentraubenblättertee wirkt harntreibend und desinfizierend. Er findet vor allem bei Entzündungen der Harnwege sowie bei Nieren- und Blasenleiden Anwendung. Man setzt den Tee kalt an (1 Eßlöffel Blätter auf eine Tasse Wasser) und läßt ihn mehrere Stunden ziehen. Dann wird er 10 Minuten lang abgekocht und ist genußfertig. Während Schwangerschaften ist Bärentraubentee verboten. Große Dosen verursachen darüber hinaus Erbrechen! Der Tee sollte nur auf ärztliches Anraten angewendet werden.

Berberitze, Sauerdorn *(Berberis vulgaris)*
Die Berberitze ist als Zierstrauch, der eine Höhe bis zu 1,80 m erreichen kann, bekannt. Er kommt in unseren Gärten relativ häufig vor. Schön sind die im Spätsommer erscheinenden länglichen lackroten Beeren. Von den Berberitzen verwendet man in der Heilkunde die getrockneten Wurzeln und die Wurzelrinde sowie frische Beeren. Die Beeren werden erst dann gesammelt, wenn sie voll ausgereift sind. Die Wurzeln kann man im März/April oder September/Oktober graben, schälen und trocknen. In

Berberitze

den Wurzeln befinden sich Alkaloide, Gerbstoffe, Harz. Die alkaloidfreien Früchte enthalten einen hohen Anteil an Vitamin C. Berberitzen fördern die Gallensekretion. Sie werden in der Heilkunde besonders bei Leber- und Gallenleiden angewendet. Darüber hinaus gelten sie auch als magenstärkendes und appetitanregendes Mittel. Der Preßsaft der reifen Beeren ergibt mit Zuckerwasser verdünnt einen kühlenden Fiebertrank. Auch getrocknete Beeren, die man mit warmem Wasser übergießt, können als Fiebermittel angewendet werden. Berberitzen sind anspruchslos in bezug auf ihren Standort. Bestimmte Arten dürfen in der Nähe von Getreidefeldern nicht angepflanzt werden, da sie als Zwischenwirt des Getreiderostes fungieren.

† **Besenginster,** Pfriemenstrauch, Besenbusch *(Sarothamnus scoparius)*

Der Besenginster ist ein ausdauernder, bis zu 2 m hoch werdender Strauch aus der Familie der Schmetterlingsblütler. Er kommt in der freien Natur auf Ruderalflächen und Ödland vor, wird aber auch im Garten als Zierstrauch wegen seiner leuchtend gelben Blüten gern gepflanzt. Besenginster ist nicht ganz winterhart und verlangt einen geschützten Standort und jährlichen Rückschnitt, da er sonst leicht auswintert. Besenginster hat heute in der Heilkunde keine größere Bedeutung. Man benutzte früher die Blüten und das getrocknete Kraut gegen Gicht und Rheumatismus, als Blutreinigungsmittel und Herzberuhigungsmittel. Wegen seiner Giftigkeit und den unter Umständen sehr gefährlichen Nebenwirkungen bei der Anwendung von Ginsterdrogen wird von der Benutzung als Heilkraut abgeraten.

Birke *(Betula alba)*
Die Birke gedeiht auf trockenen, sandigen Böden und wird nicht selten auch im Hausgarten als Zierbaum gepflanzt. Bei Birken sammelt man Blätter und die Rinde junger Pflanzen sowie den Birkensaft, den man durch Anbohren der Stämme im April/Mai gewinnt. Hierbei ist darauf zu achten, daß angezapfte Stämme nicht verbluten. Birkensaft gilt als hervorragendes Mittel zur Blutreinigung. Es wird auch bei Nierenbeschwerden angewandt, da sich Birkensaft auch auf die Harnabsonderung günstig auswirkt, ohne die Nieren dabei zu reizen. Auch bei Wasseransammlungen, die auf Herz- oder Leberschäden zurückzuführen sind, wird Birkensaft angewendet,

desgleichen bei chronischem Rheumatismus und Gicht. Bei Rheumatismus wendet man auch Ganzpackungen mit frischen Birkenblättern an, die vorher erwärmt werden müssen. Birkentee wird als Blutreinigungsmittel getrunken. Man kocht die Blätter nur kurz auf und läßt sie etwa zwei Stunden ziehen. Es genügen ein bis zwei Eßlöffel auf eine Tasse.

Birne *(Pirus communis)*
Auch der Birnbaum gehört zu den Heilpflanzen. Er wird als Birnenkur bei hohem Blutdruck in den Wechseljahren oder bei Verkalkungserscheinungen angewendet. Außerdem wirkt die Birne entwässernd bei Herzschwäche, Nieren- und Leberleiden. Man ißt 1–1,5 kg Birnen, die zuvor dünn geschält und gerieben werden und enthält sich jeglicher sonstiger Nahrungsaufnahme. Diese Kur kann man zwei Tage wöchentlich mehrere Monate hindurch durchführen.

Brennessel, Große Nessel *(Urtica dioica)*
Diese Pflanze ist zwar kein Ziergewächs des Hausgartens, ihr Vorkommen ist aber so häufig, daß man sie leicht auch als Heilpflanze ernten kann. Man verwendet hierzu das blühende, getrocknete Kraut und vor der Blütezeit gesammelte frische junge Blätter und Triebe sowie Wurzeln und Wurzelstock in getrocknetem Zustand. Junges Kraut schneidet man Ende April/Anfang Mai und trocknet es in luftigem Raum. Die Aufbewahrung soll lichtgeschützt in einem festverschließbaren Gefäß erfolgen. Die Wurzelernte erfolgt im Frühjahr oder Herbst. Brennesseln enthalten neben Kieselsäure in den Brennhaaren das Histamin, sowie Ameisensäure und Essigsäure.

Brennessel

Daneben enthalten Brennesseln auch viel Vitamin C. Im Haushalt wird der ausgepreßte Saft frischer Pflanzen bei Bleichsucht und Frühjahrskuren angewendet. Mit verschiedenen Frühjahrsgemüsen und frischen Kräutern ist die junge Pflanze wegen ihres hohen Vitamingehalts ein willkommenes hochwertiges Nahrungsmittel. Brennesseltee, der aus frischen oder aus getrockneten Blättern hergestellt wird, hat gute Heilwirkung bei Entzündungen der Harnwege. Er wirkt außerdem blutreinigend und stuhlfördernd.
Man gießt 3 Eßlöffel getrockneter Blätter mit einer Tasse Wasser auf.

Brombeere *(Rubus fruticosus)*
Die Brombeere aus der Familie der Rosengewächse wird in einigen Arten auch im Garten angebaut. Von der Brombeere sammelt man das Laub und die Früchte. Brombeerblättertee ist als Haustee sehr beliebt. Er wird auch als mildes Gurgelmittel bei Entzündungen des Mundes und der Rachenhöhle angewendet. Die Früchte werden roh gegessen oder als Saft bei fieberhaften Erkrankungen getrunken. Sie enthalten neben Säuren, Schleimen, Pectinen auch einen hohen Vitamin-C-Gehalt.

Brombeere

† Christrose *(Helleborus niger)*
Die Christrose gehört zu den Hahnenfußgewächsen. Sie wurde früher in der Medizin sehr häufig angewendet. Die Pflanzen enthalten ein Glykosid (Hellebrin), Akonitsäure und ein Saponin (Helleborin). Sie ist in allen Teilen außerordentlich stark giftig. Ihre Anwendung als Herzmittel, bei Hautleiden, bei Krampfzuständen und Brechdurchfall sollte allein dem Arzt vorbehalten bleiben, da es bei der schwarzen Nieswurz zu tödlichen Vergiftungen kommen kann!

Christrose, Schneerose

Efeu *(Hedera helix)*
Efeu ist eine immergrüne Kletterpflanze, die als Bodendecker oder zur Berankung von Mauern, Pergolen und Bäumen im Garten verwendet wird. Er wird in vielen Spielarten im Garten kultiviert. Er ist besonders anspruchslos und gedeiht selbst an schattigen Stellen. Infolgedessen ist seine Verwendungsmöglichkeit recht vielseitig. In der Heilkunde hat der

Efeu nur geringe Bedeutung. Der Tee (1 gehäufter Teelöffel auf ¼ l Wasser 10 Min. ziehen lassen) wurde als Mittel gegen Katarrhe verschiedenster Art, gegen Hautunreinheiten, bei Rheuma und Gallenbeschwerden verwendet.

Efeu

† **Eibe** *(Taxus baccata)*
Die Eibe ist ein immergrüner bis zu 10 m hoch werdender Baum oder Strauch, der in unseren Gärten gern als Hintergrundpflanzung wegen seines dunklen Laubes gepflanzt wird. Da Eiben selten von Schädlingen befallen werden, sind sie als

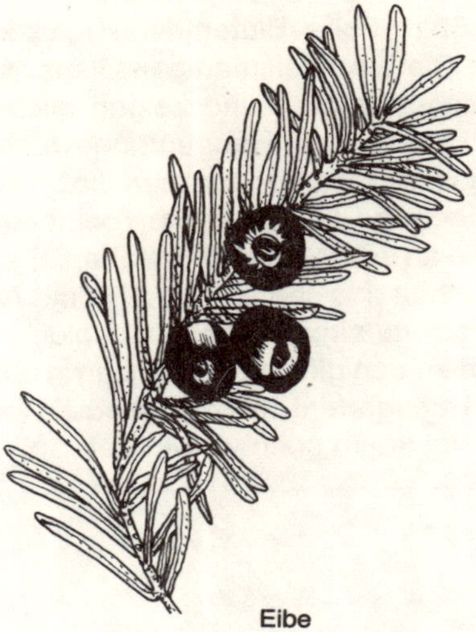

Eibe

Nadelgehölz im Garten ebenfalls sehr wertvoll. Eiben lassen sich in jede Form schneiden und formieren. Sie lassen sich als Hecke pflanzen und als Solitärgehölz. Die Pflanzen sind in allen Teilen stark giftig mit Ausnahme der roten Beeren, die sehr süß schmecken. Auch der Kern in diesen Beeren ist giftig. Eibenlaub enthält das stark giftige Alkaloidgemisch Taxin. In der Homöopathie verwendet man äußerlich eine aus den frischen Nadeln bereitete Essenz bei Gicht, Rheuma, Leber- und Blasenleiden. Eibenpräparate dürfen nur auf ärztliche Anweisung angewendet werden!

† **Eisenhut,** Sturmhut *(Aconitum napellus)*
Es handelt sich um eine ausdauernde, sehr schön blühende Pflanze aus dem

Reich der Hahnenfußgewächse, die bis zu 1,50 m hohe Blütentriebe ausbilden kann. Die wechselständigen Blätter sind tief eingeschnitten und zeigen die typische Blattform der Hahnenfußgewächse. In der Heilkunde benutzt man die gesamte blühende Pflanze, sowie Tochterknollen, die an den Wurzeln entstehen. Eisenhut enthält das sehr giftige Alkaloid Aconitin sowie einige Nebenalkaloide. Sie gehört zu den giftigsten Pflanzen in unserem Hausgarten! In der Medizin wird Eisenhut kaum noch verwendet.

Blauer Eisenhut

† **Faulbaum** *(Frangula alnus, Rhamnus frangula)*

Dieser Strauch aus der Familie der Kreuzdorngewächse kann die stattliche Höhe von 6–7 m erreichen. Er wird in Hausgärten weniger angepflanzt und kommt vereinzelt in größeren Anlagen vor. Faulbaum bevorzugt feuchte Stellen. In der Natur wächst er als Unterholz auch in Wäldern. Man verwendet in der Heilkunde die getrocknete Rinde des Faulbaums, die einen starken Glykosidgehalt, Bitterstoffe, Gerbstoffe sowie das Glucofrangolin enthält. Die Rinde des Faulbaumes darf erst nach einjähriger Lagerung gegen chronische Verstopfung angewendet werden. Frische Rinde wirkt giftig und darf nicht verwendet werden. Die Anwendung von Faulbaumrinde ist heute kaum noch üblich. Sie sollte auf jeden Fall nur unter ärztlicher Aufsicht erfolgen!

Faulbaum

† **Fingerhut** *(Digitalis purpurea)*

Der Fingerhut ist für gewöhnlich ein zweijährig wachsendes Kraut aus der Familie der Rachenblütler. Die prächtigen, purpurroten Glocken sind eine Zierde für

Fingerhut

jeden Hausgarten. Fingerhut ist für den Ziergarten gerade deshalb so wertvoll, weil er auch am halbschattigen und schattigen Standort noch gut gedeiht und blüht. Die Pflanze läßt sich praktisch in jedem Gartenboden leicht kultivieren und vermehrt sich hier vielfach durch Selbstaussaat. Sie enthält verschiedene Glykoside, Saponine, Säuren und Schleim. Fingerhut gilt als wichtiges Herzmittel. Er darf wegen seines hohen Giftgehaltes nur auf ärztliche Anweisung angewendet werden! Das gleiche gilt für den Gelben Fingerhut (Digitalis lutea), einem nahen Verwandten des Roten Fingerhutes, der gelegentlich auch im Hausgarten verwendet wird.

Frauenmantel *(Alchemilla vulgaris)*
Der Frauenmantel kommt wildwachsend auf feuchten Wiesen, an Wegrändern und Straßengräben vor, wird aber auch im Hausgarten als Bodendecker häufig benutzt. Es handelt sich um eine bis zu 30 cm hoch werdende Staude aus der Familie der Rosengewächse, die bei feuchtem Wetter an ihren gesägten Blättern (Blattzacken) lauter Tautröpfchen trägt. Man verwendet in der Heilkunde die getrockneten Blätter dieser Pflanze als

Gemeiner Frauenmantel

Blutreinigungsmittel und harntreibendes Mittel nur noch selten. Der Gehalt an Gerb- und Bitterstoffen macht ihn zu einem wirkungsvollen Gurgelmittel bei entzündeten Schleimhäuten und bei Halsweh.
Den Tee bereitet man aus 3 Teelöffeln Blätter auf eine Tasse Wasser.

Gänseblümchen, Maßliebchen *(Bellis perennis)*
Das Gänseblümchen aus der Familie der Korbblütler darf in dem Reigen der Heilkräuter nicht fehlen. Es ist zwar kaum als Zierpflanze angebaut, kommt aber fast in jedem Rasen vor. Gänseblümchen enthalten Saponine, organische Säuren, ätherische Öle, Flavone und Bitterstoffe. Als Heilmittel verwendet man frische oder getrocknete Blütenköpfchen, aus denen man einen Teeaufguß (1 Teelöffel auf eine Tasse Wasser) bereitet. Dieser Aufguß wirkt blutreinigend, schleimlösend, schmerz- und krampfstillend und kann auch als leichtes Abführmittel gegeben werden.

Giersch, Geißfuß, Gichtkraut *(Aegopodium podagraria)*
Böse Zungen behaupten, daß dieses ausdauernde Kraut aus der Familie der Doldenblütler, das sich hauptsächlich durch unterirdische Ausläufer vermehrt, ein wertvolles Mittel zur Anregung des Kreislaufs darstellt, weil das Jäten und Beseitigen der Gierschpflanzen im Garten ein besonderes Problem darstellt. Aber Giersch ist auch in der Heilkunde ein altbewährtes, probates Mittel, das bereits im Mittelalter hoch im Ansehen stand.

Giersch

Vermutlich hat er sich gerade deshalb in unseren Gärten so breitgemacht. Wir verwenden ihn im Hause als Teeaufguß aus frischen oder getrockneten Blättern bei Gicht und Rheumatismus. Man sammelt die jungen Blätter im April/Mai. Zum Aufguß benutzt man 5–10 g auf eine Tasse Wasser. Giersch kann auch äußerlich in Form von Umschlägen bei Gicht und Rheumatismus sowie bei Ischias angewendet werden.
Junge Blätter sind als Frühjahrsgemüse geeignet.

† **Goldlack** *(Cheiranthus cheiri)*
Goldlack ist eine zweijährige bis ausdauernde Staude aus der Familie der Kreuzblütler, die eine Höhe von etwa 60 cm erreichen kann. Die im zeitigen Frühjahr erscheinenden goldgelben oder braunroten Blüten sind zu dieser Jahreszeit besonders im Ziergarten geschätzt.

Goldlack besitzt einen angenehmen, betäubenden Duft. Blätter und Blüten des Goldlacks sind stark giftig! Sie enthalten ein dem Fingerhut ähnliches Glycosid und ätherisches Öl. In der Medizin hat Goldlack jedoch nur sehr geringe Bedeutung.
Von der Verwendung als Heilmittel im Haushalt wird abgeraten!

Goldlack

† **Goldregen** *(Laburnum anagyroides)*
Goldregen ist ein bekannter Strauch oder Baum aus der Familie der Schmetterlingsblütler, der eine Höhe von 6–7 m erreichen kann. Im Frühjahr schmücken sich die überhängenden Zweige mit den bekannten dichten langen goldgelben Blütentrauben. Goldregen wird wegen des gifitigen Alkaloids Cytisin in der Heilkunde verwendet. Man benutzt hierzu frische Blätter und Blüten. Da es sich bei dem Cytisin um ein hoch giftiges Alkaloid handelt, ist die Verwendung als Hausmittel verboten! Die Wirkstoffe des Goldregens dürfen nur auf ärztliche Verordnung angewendet werden!
Da auch die reifen und unreifen Samen stark giftig sind, ist besonders bei Kleinkindern ein hohes Maß an Vorsicht geboten!

Gundelrebe, Gundermann *(Glechoma hederacea)*
Die Gundelrebe wird im Garten seltener als Zierpflanze, z. B. als Bodendecker in halbschattiger oder schattiger Lage verwendet.
Meist stellt sie sich als Unkraut von selbst ein, zumal sie keine besonderen Ansprüche an den Boden stellt.
Auf mittelschweren und schweren Böden in feuchten Lagen fühlt sich dieser Vertreter aus der Familie der Lippenblütler jedoch besonders wohl. In der Volksmedizin gilt die Gundelrebe bereits im frühen Mittelalter als Heilmittel gegen Gallen- und Leberleiden, gegen Magenverstimmungen mit Durchfall und als schleimlösendes Mittel.
Teeaufgüsse werden von getrocknetem Kraut zubereitet (1 Teelöffel auf 1 Tasse heißes Wasser 5 Min. ziehen lassen und abgießen). Man sammelt hierzu die blühenden Pflanzenteile im Frühjahr und trocknet sie an einem luftigen, schattigen Ort.

Haselwurz

† **Haselwurz,** Brechwurz *(Asarum europaeum)*
Bei dem immergrünen Bodendecker handelt es sich um eine Staude aus der Familie der Osterluzeigewächse. Die Haselwurz wird etwa 15 cm hoch und dient als Bodendecker für schattige Lagen. Früher verwendete man von der Haselwurz frische oder getrocknete Wurzelstöcke in der Heilkunde, da sie ätherisches Öl, Glykoside, Gerbstoffe und verschiedene Harzsubstanzen enthalten. Sie wirkte wassertreibend und rief Erbrechen und Durchfall hervor. Wegen der vielen giftigen Nebenwirkungen ist eine Anwendung heute jedoch nicht mehr gebräuchlich. Die pulverisierte Wurzel kann zu Niespulver verarbeitet werden.

† **Herbstzeitlose** *(Colchicum autumnale)*
Wer kennt nicht die violettfarbenen, krokusähnlichen Herbstzeitlosenblüten, die uns alljährlich auf feuchten Wiesen und an Waldrändern in der Natur begegnen. Es gibt einige sehr schöne, zierende Gartenformen. Die Blüten der Herbstzeitlose erscheinen von August bis Oktober. Im Frühling bildet die Pflanze die großen etwa 30–40 cm langen Blätter aus, die den Fruchtstand umhüllen. Herbstzeitlose lieben sonnigen Standort. Eine Verwendung in der Volksmedizin kommt nicht in Frage, da die Pflanze in allen Teilen stark giftig ist! Sie enthält giftige Alkaloide wie z. B. das Colchicin, das bei stärkeren Dosen Erbrechen, Durchfälle und Todesfolge nach sich ziehen kann! Aus Herbstzeitlosen wird ein wertvolles Arzneimittel gegen Gicht gewonnen.
Kinder sollten rechtzeitig mit der Giftigkeit der uns umgebenden Pflanzen vertraut gemacht werden. Das gilt nicht nur für die Herbstzeitlose, sondern für viele andere in diesem Abschnitt genannte Giftpflanzen.

Hauswurz *(Sempervivum tectorum)*
Die merkwürdigen Standortansprüche der Hauswurz oder Dachwurz, die an vielen Stellen auf Dächern, Mauern und Felspartien wächst und anscheinend kaum Feuchtigkeit aus dem Boden benötigt, mögen die Ursache dafür gewesen sein, daß die Hauswurz als Heilmittel ausprobiert worden ist. Sie ist uns allen bekannt mit ihren fleischigen Blattroset-

Im Spätsommer erfreuen uns die Wildrosen mit ihren prächtigen Früchten. Die reifen Hagebutten der Schottischen Zaunrose oder Kartoffelrose (Rosa rugosa) sind besonders wohlschmeckend und zeichnen sich durch hohen Vitamin C-Gehalt aus. Als Marmelade und Tee werden sie im Haushalt gern verwendet.

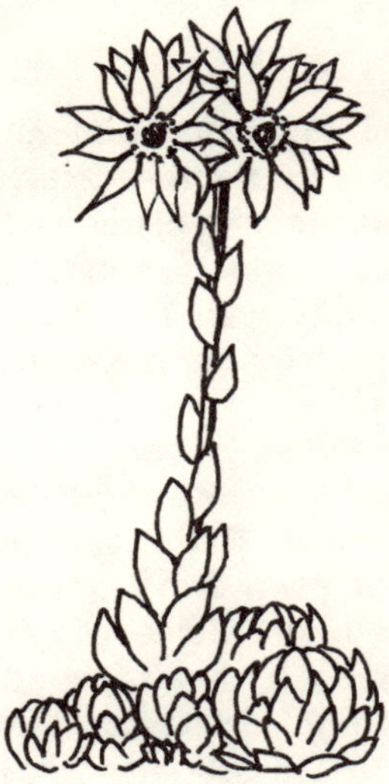

Hauswurz

ten und ihren rosafarbenen Blüten, die wie winzige Seerosen aussehen können. Hauswurz wird als Fiebertrank, gegen Erkältungskrankheiten, bei Entzündungen, Geschwüren, ja sogar bei entzündeten Hühneraugen angewendet.

Sedum rupestre, die »Tripmadam« ist als Würzpflanze bekannt. Im Steingartenbeet bildet dieser »Blautannensedum« hübsche bodendeckende Polster. Die gelben Blüten erscheinen von Juni bis August. Man erntet bei diesem Würzkraut die nichtblühenden Triebspitzen, die man das ganze Jahr hindurch schneiden kann.

Man verwendet am besten die frischen Blätter, die ausgepreßt werden oder äußerlich angewendet werden, indem man die Blätter zerquetscht und auflegt. Bei Aufgüssen verwendet man ca. 10 Blätter auf eine Tasse.

Heckenrose, Hundsrose *(Rosa canina)*
Die an Waldrändern, Hecken und Zäunen wildwachsende Heckenrose ist ein mehrere Meter hoher Strauch mit überhängenden Ästen und zartrosafarbenen Blüten. Im Herbst bringt der Strauch leuchtend rote Früchte hervor. Heckenrosen werden auch gern zur Abpflanzung im Hausgarten verwendet. Es gibt zahlreiche Züchtungen, die größere, schönere Blüten und besseren Fruchtansatz bringen, hierzu gehört z. B. die Sorte van Kiese. Bei den Heckenrosen sind es vor allem die Hagebuttenschalen, die als Heilkraut verwendet werden. Sehr hoch ist der Vitamin-C-Gehalt in den reifen Früchten, er reicht an den Gehalt der Zitronen heran. Heckenrosen werden bei verschiedenen chronischen Krankheiten, bei Appetitlosigkeit, bei schlechtem Allgemeinbefinden, bei chronischem Fieber, bei Lungenentzündungen und solchen Krankheiten angewendet, die einen hohen Vitaminvorrat nötig machen. Die Rosenblütenblätter ergeben einen erfrischenden Fiebertrunk. Zur Bereitung von Hagebuttentee verwendet man etwa 1 Teelöffel Hagebutten auf eine Tasse Wasser. Man setzt den Tee kalt an, kocht ihn 10 Minuten auf und läßt ihn dann ¼ Stunde ziehen, bis er genußfertig ist. Auch die Blätter der Hundsrose und die jungen Zweige ergeben einen fruchtigen,

erfrischenden Fiebertee, der bei den gleichen Krankheiten in der Volksmedizin angewendet wird. Marmelade, die aus Hagebutten gewonnen wird, ist besonders reich an Vitamin C.

Hirschzunge *(Phyllitis scolopendrium)*
Der Hirschzungenfarn gehört zur Familie der Tüpfelfarne. Es handelt sich um einen glattblättrigen Farn, der bis zu 60 cm lange buschbildende Wedel ausbilden kann. Sie sind zungenförmig, ganzrandig. An den Unterseiten der Blätter werden die bräunlichen Sporangien ausgebildet. Der

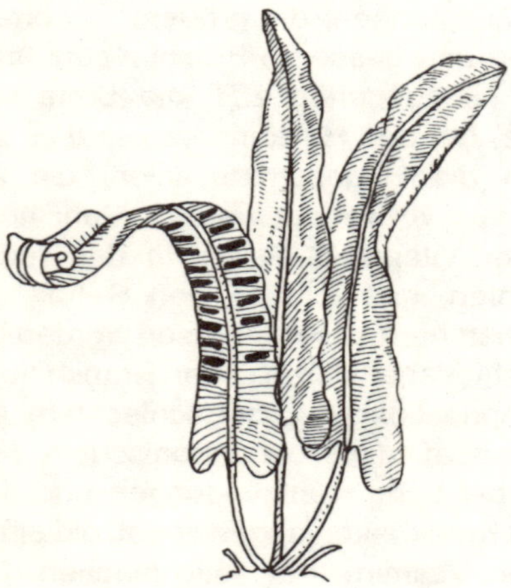

Hirschzunge

in unseren heimischen Wäldern wild vorkommende Hirschzungenfarn steht unter strengem Naturschutz. Es können daher nur Pflanzen verwendet werden, die wir im Garten kultivieren, wo sie als Unterpflanzung von Strauchpflanzungen an schattiger Stelle einen guten Standort finden.
Hirschzungenfarn enthält neben Gerbstoffen auch Schleime und Zucker. Er wirkt wasser- und schweißtreibend und wird bei Erkältungskrankheiten, Leberleiden, Darmkatarrh angewendet. Der Aufguß besteht aus einer Tasse Wasser auf einen Teelöffel Trockensubstanz.

Himbeere *(Rubus idaeus)*
Die Himbeere stammt aus der Familie der Rosengewächse. Sie ist ein bekannter Strauch, der etwa 2 m Höhe erreichen kann. Blüte und Früchte bilden sich an den zweijährigen, überhängenden rutenartigen Stengeln, die nach dem Tragen absterben. Im Obstgarten ist die Himbeere eine willkommene Bereicherung unseres Beerenobstangebotes. Für die Heilkunde sind die getrockneten Blätter und frische Früchte wertvoll. Die Blätter werden im Sommer (Juni–September) gesammelt und getrocknet. Das Trocknen erfolgt in einem schattigen, luftigen Raum. Die Blätter enthalten Gerbstoffe, Vitamin C und Säuren. In den Früchten befinden sich verschiedene Aromastoffe, Zitronen- und Apfelsäure. Himbeersirup, der von den Früchten gewonnen wird, wird zu Saft bei fieberhaften Erkrankungen verarbeitet und verwendet. Der Blättertee wird bei Entzündungen des Mundes und der Rachenhöhle, bei Magen- und Darmleiden sowie bei Durchfall getrunken. Himbeeren lassen sich sehr gut in der Gefriertruhe einfrieren und können nach dem Auftauen wie frische Himbeeren zubereitet werden.

Schwarzer Holunder

Holunder, Holderbusch, Fliederbusch *(Sambucus nigra)*
In keinem Hausgarten sollte ein Holunderbusch fehlen. Dieser Strauch oder Baum aus der Familie der Geißblattgewächse ist mit jedem Standort im Garten zufrieden und gedeiht auch noch an solchen Stellen, wo praktisch gar nichts mehr wachsen will. Holunder hat zwei unangenehme Eigenschaften: Er breitet sich leicht im Garten aus, und er wird häufig von schwarzen Läusen befallen, zumal, wenn er auf schweren Böden kultiviert wird. Nichtsdestoweniger ist er ein hervorragendes Heilmittel in unserer Gartenapotheke. Die gelblichweißen Blüten, die im Juni/Juli an den Sträuchern in überreicher Fülle erscheinen, haben einen aromatischen Duft und schmecken süß. Sie werden sorgfältig abgeschnitten und getrocknet. Man streift dabei die Blüten mit einem Kamm von den Dolden. Holunderblüten müssen schnell und sehr nachhaltig getrocknet werden, da sie leicht schimmeln.
Das Aufbewahren soll in festverschlossenen Gefäßen erfolgen. Aber auch Holunderbeeren in frischem oder getrocknetem Zustand sind außerordentlich wertvoll in der Hausapotheke. Das gleiche gilt für die Blätter.
Holunderblütentee wird bei Erkältungen und fieberhaften Erkrankungen getrunken. Darüber hinaus ist er durch seine schweißtreibende und blutreinigende Wirkung ein beliebtes Hausmittel. Man trinkt Holundertee möglichst heiß und in größeren Mengen. Die Beeren lassen sich leicht entsaften. Holundersaft dient zur Blutreinigung und als Vitaminkur. Er ist zur Bereitung von heißen Getränken bei Erkältungskrankheiten und als Fliederbeersuppe besonders beliebt. Für Aufgüsse aus Holunderblüten verwendet man einen halben Eßlöffel auf eine Tasse.
Der schwarze Holunder darf nicht mit seinem nächsten Verwandten, dem Hirschholunder, Roten Holunder (Sambucus racemosus), verwechselt werden, der für Heilzwecke nicht verwendet werden kann, und dessen rote Beeren giftig sind.

Immergrün *(Vinca minor)*
Immergrün ist ein beliebter Bodendecker für halbschattige und schattige Lagen im Hausgarten. Die lederartigen, kurzgestielten, dunkelgrün glänzenden Blättchen können den Boden wie ein dichtes

Immergrün

Mosaik überziehen. Im März–Juni erscheinen die leuchtendblauen, trichterförmigen Blüten.
Immergrün liebt humosen Boden. Die Pflanzenteile enthalten Gerbstoffe, Pektine, Karotin, die Alkaloide Vincamin und Vincamidin und andere Stoffe, die in der Heilkunde eine Rolle spielen. Immergrün gilt als blutreinigendes und wassertreibendes Mittel, wird aber auch bei Erkältungskrankheiten und bei Magenverstimmungen angewendet. Man bereitet den Aufguß aus den getrockneten Blättern und zwar 1 Teelöffel auf 1 Tasse Wasser.

Johannisbeere, Schwarze *(Ribes nigrum)*
Ein Obstgarten ohne Beerenobst und ohne die Johannisbeeren ist heute kaum denkbar. Johannisbeergelee ist eine feste Einrichtung in unserer Küche, Johannisbeersaft ein beliebtes Getränk. Johannisbeermost gehört zu den bekanntesten Mostarten überhaupt. Besonders die Schwarze Johannisbeere aus der Familie der Steinbrechgewächse, die bis zu einem 3 m großen stattlichen Strauch heranwachsen kann, ist in der Volksheilkunde beliebt. Man verwendet die getrockneten Blätter und die Beeren in frischem oder getrocknetem Zustand. Sie enthalten reichlich Vitamine, wobei das Vitamin C besonders großen Anteil hat. Auch Fruchtsäuren und Zucker sind vorhanden. In den Blättern befinden sich neben dem Vitamin C auch noch Gerbstoffe und verschiedene ätherische Öle. Man wendet die Blätter der Schwarzen Johannisbeere bei Blutreinigungskuren und als schweißtreibendes Mittel an. Der Teeaufguß soll darüber hinaus gegen Gicht, Rheumatismus, Keuchhusten und gegen Wassersucht helfen. Die frischen Beeren und der Saft von Schwarzen Johannisbeeren werden bei fieberhaften Erkrankungen, Erkältungserkrankungen und Lungenentzündung eingenommen. Heißer Saft ist ein probates Mittel gegen Angina.
Schwarze Johannisbeeren lassen sich im frischen Zustand auch leicht in der Tiefkühltruhe für längere Zeit einfrieren. Nach dem Auftauen werden die Früchte wie frische Früchte zubereitet. Sie verlieren nur sehr wenig von ihrem Wirkstoffgehalt.

Judenkirsche, Lampionpflanze *(Physalis alkekengi, Physalis franchettii)*
An schattigen Stellen verwenden wir gern in unseren Hausgärten eine Pflanze, die sich nicht so sehr durch schönes Blühen, sondern durch ihre bemerkenswerten roten, lampionähnlichen Früchte auszeich-

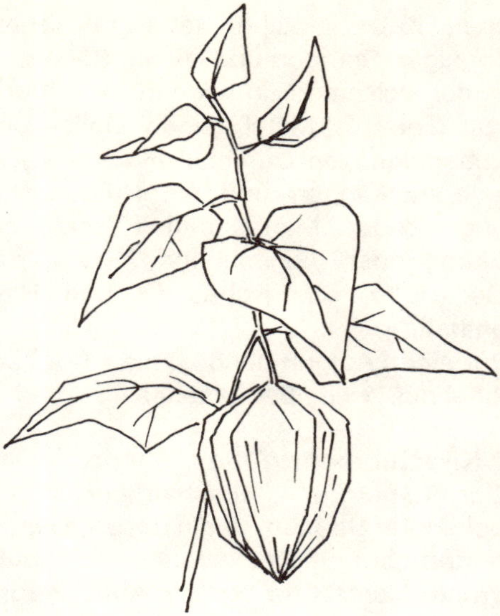

Judenkirsche

net. Diese Früchte sind besonders begehrt in Trockensträußen. Sie wirken auch im Winter im Garten zierend, da sie lange Zeit ihre leuchtend-orangerote Farbe behalten. Im Inneren dieser Lampions befindet sich eine scharlachrote, kirschgroße Beere, die einen süßsäuerlichen Geschmack hat.
Sie wird in der Volksmedizin gelegentlich verwendet, hat aber keine wesentliche Bedeutung. Man sagt ihr wassertreibende Eigenschaften nach und wendet sie gegen Nierenleiden, Rheuma und Gicht an.

Kamille, Echte *(Matricaria chamomilla)*
Im Garten gehört die Kamille eigentlich nicht zu den Zierpflanzen, sondern zu den lästigen Unkräutern, da sie durch Selbstaussaat erstaunlich rasch Verbreitung finden kann. Aber man sollte sie wenigstens im Kräutergarten pflanzen, wenn man nicht Gelegenheit hat, sie in der näheren Umgebung wildwachsend zu ernten. Wohl kaum eine Pflanze ist in der Volksheilkunde so bekannt und beliebt wie die Kamille, mit ihren halbkugeligen gelben Blütenköpfen und den weißen Strahlenblüten. Die Blüten erscheinen von Juni–August und werden wegen ihres hohen Gehaltes an ätherischen Ölen gern gesammelt. Kamillentee ist ein beliebtes Mittel bei akuten Magenstörungen, bei Krämpfen der Verdauungsorgane, bei Harnbeschwerden, bei neuralgi-

Kamille

schen und rheumatischen Schmerzen. Er wirkt darüber hinaus schweißtreibend und entzündungshemmend. Kamillendampfbäder werden bei Erkältungskrankheiten der Atemwege verwendet. Man nimmt etwa 1 bis 2 Teelöffel getrockneter Kamillenblüten auf eine Tasse Wasser.

Katzenminze, Katzenkraut *(Nepeta faassenii)*
Die Katzenminze ist ein beliebtes, etwa 40–60 cm hohes Kraut aus der Familie der Lippenblütler, das im Steingarten und als niedriger Bodendecker im Garten seinen festen Platz hat. Die stark duftende, graufilzige Planze bringt von Juli–September lilablaue und bläuliche Lippenblüten hervor. Der Name stammt von der Eigenschaft, durch den Geruch ähnlich wie Baldrian die Katzen anzulocken. Man verwendet das frische oder getrocknete Kraut der Katzenminze, da es einen hohen Gehalt an ätherischen Ölen und Bitterstoffen enthält, gelegentlich in der Volksmedizin als Mittel gegen Erkältungen und bei Verdauungsstörungen als Teeaufguß (1 Teelöffel auf 1 Tasse Wasser). Ihre Wirksamkeit ist jedoch umstritten.

Katzenpfötchen *(Antennaria dioica)*
Diese niedliche Pflanze aus der Familie der Korbblütler wird nur etwa 15–20 cm hoch. Sie findet in Steingärten und als Polsterstaude auf Hochbeeten im Hausgarten gelegentlich Verwendung. Die kleinen strohblumenähnlichen rosa, roten oder weißen Blütchen erscheinen von Juni bis Oktober in dichtstehenden Köpfchen. Katzenpfötchen lieben trockenen, sonnigen Standort und leichte Böden.
In der Volksmedizin werden sie in Form von Tee als Mittel gegen Galle- und Leberleiden, bei Durchfall und Stoffwechselerkrankungen und als Hustenmittel angewendet. Man sammelt hierzu die Blüten oder das blühende Kraut, das Gerbstoffe, ätherisches Öl und Harz enthält.
Für einen Aufguß benötigt man 1–2 Teelöffel auf ¼ l heißes Wasser.

† **Kirschlorbeer** *(Prunus laurocerasus)*
Der immergrüne Kirschlorbeer ist ein bekannter Strauch, der in unseren Hausgärten gern als Deckstrauch, als Hintergrund, Sichtschutz und zur Auflockerung

Kirschlorbeer

der Gehölzpflanzungen gepflanzt wird. Die Blüten, die ihn als Rosengewächs ausweisen, erscheinen in aufrecht stehenden weißen Trauben im April/Mai. Die Blätter schmecken bitter. Sie enthalten Glykoside, Gerbstoffe und Zucker. In der Hausapotheke soll Kirschlorbeer nicht verwendet werden, da durch die Glykoside Vergiftungserscheinungen hervorgerufen werden können!

† **Kreuzdorn** *(Rhamnus catharticus)*
Der Kreuzdorn wird in größeren Gärten als Deckstrauch verwendet. Die Botanik hat ihn in eine eigene Familie, die Familie der Kreuzdorngewächse eingeordnet. Seine kleinen, grünlich gelben Blüten sind unscheinbar, die Früchte erscheinen als erbsengroße, bitter schmeckende und übelriechende Beeren. Rinde und Früchte enthalten abführend wirkende Inhaltsstoffe, die früher zu entsprechenden Arzneimitteln verarbeitet wurden. In der Hausapotheke sollte Kreuzdorn jedoch nicht verwendet werden, da bei Kindern nach dem Genuß der Früchte schwere Vergiftungen vorgekommen sind.

Knoblauch siehe unter Zwiebelgemüse

Kreuzdorn

Königskerze

Königskerze *(Verbascum thapisforme)*
Im Hausgarten wird diese zweijährige Pflanze, die keine großen Ansprüche an

den Boden stellt und in der freien Natur sogar auf Ödlandflächen vorkommt, gern als Zierpflanze angebaut. Im ersten Jahr erscheint die dekorative Blattrosette mit den großen behaarten Blättern. Erst im folgenden Jahr kann man das herrliche Gebilde eines 3–3,50 m hohen Blütenstandes erleben, an dem die kleinen goldgelben Blütchen von Juni bis September erscheinen. Diese Blüten werden auch als Heilmittel gesammelt. Sie enthalten Schleimstoffe, Saponine, Bitter- und Farbstoffe und gelten als harn- und schweißtreibend. Die reizmildernde und auswurffördernde Wirkung der Königskerze macht sie aber auch zu einem willkommenen Heilmittel bei Erkältungskrankheiten der Luftwege. Die Blüten sind auch Bestandteil des beliebten Brusttees. Man bereitet Aufgüsse von ½–1 Eßlöffel getrockneter Blüten auf eine Tasse, die man durch ein Tuch oder durch ein engmaschiges Teesieb seiht.

Koriander siehe unter Küchenkräuter

† **Kuhschelle,** Küchenschelle, Osterglocke *(Anemone pulsatilla, Pulsatilla vulgaris)*
Die Küchenschelle ist eine köstliche Bereicherung unserer Steingärten und niedriger Staudenrabatten. Man hört immer wieder Klagen, daß die Küchenschelle im Garten nicht besonders gedeihen will. Das liegt aber meistens an den Bodenverhältnissen, denn ihr natürlicher Standort sind lichte trockene Wälder und Trokkenrasen. Es muß immer ausreichend Kalk im Boden sein, wenn die Küchenschelle gut gedeihen soll. In der Volks-

Kuhschelle

heilkunde ist die Küchenschelle nicht verwendbar. Sie ist in allen Teilen stark giftig! Bei empfindlicher Haut verursacht schon der Saft ein Brennen. Auch die Bildung von Blasen und Geschwüren kommt vor. Beim Genuß von Teilen der Küchenschelle treten schwere Verdauungsstörungen, Krämpfe, Herzschwäche auf. Die Vergiftungen können tödlich sein! Die Wirkstoffe in der Küchenschelle sind z. B. das Glukosid Ranuncolin, Gerbstoffe und das giftige Protoanemonin.

Leberblümchen *(Hepatica nobilis, Hepatica triloba, Anemone hepatica)*
Die hübschen blauen Blüten dieses Hahnenfußgewächses erscheinen schon zeitig im März und April in unserem Garten und sind darum eine begehrte Bereiche-

Leberblümchen

rung des Frühjahrflores. Der natürliche Standort des Leberblümchens ist der lichte Buchenwald, wobei möglichst Kalk im Untergrund vorhanden sein soll. Wenn Leberblümchen einen ähnlichen kalkreichen humosen Standort im Garten vorfinden, danken sie uns das mit üppigem Gedeihen und mit zahllosen Blüten, die sich wie ein Teppich über dem Vorjahreslaub ausbreiten können. Dieses Hahnenfußgewächs wurde früher gelegentlich in der Volksmedizin verwendet, hat aber heute keine Bedeutung mehr.

Kümmel siehe unter Würzkräutern

Lavendel *(Lavandula officinalis)*
Auch der Lavendel aus der Familie der Lippenblütler, der wegen seines Duftes in keinem Hausgarten fehlen sollte und früher ein Stolz der Bauerngärten war, darf in unserer Gartenapotheke nicht fehlen. Zur Steigerung des Wohlgeruches frischer Wäsche legte man früher Lavendelkissen zwischen die Laken oder hängte die Kissen in die Wäscheschränke und in die Truhen. Lavendel enthält ätherische Öle, Gerbstoffe, ein Glykosid und Saponin. Man verwendet in der Heilkunde nur die Blüten, sie wirken als Aufguß beruhigend, krampflösend und werden daher gerne bei Nervosität, Schlaflosigkeit, Magenleiden und Migräne angewendet. Neuralgische und rheumatische Schmerzen bekämpft man auch durch Umschläge mit Lavendelblüten. Als Teeaufguß benötigt man 1–1½ Teelöffel trockener Blüten für eine Tasse Tee.

Lungenkraut *(Pulmonaria officinalis)*
Lungenkraut gehört in die Familie der Borretschgewächse. Es handelt sich um eine Staude, die 20–30 cm hoch werden kann und rauhborstige Blätter besitzt. Im zeitigen Frühjahr erscheinen am Lungenkraut die anfangs rosafarbenen und später blau bis blauviolett gefärbten Blüten. Wegen seiner frühen Blüte und wegen seiner Schattenverträglichkeit ist das Lungenkraut als Schattenstaude zur Unterpflanzung von Gehölzgruppen in unserem Hausgarten besonders geschätzt. Sehr hübsch sind die zierenden rötlichen und blauen Blüten zwischen Tuffs von gelben Osterglocken oder weißen Dichternarzissen, die gleichzeitig blühen. Auch frühe Tulpen passen in diesen Farbenklang.
Darüber hinaus ist Lungenkraut aber auch ein altes Heilmittel.

Lungenkraut

Man verwendet hauptsächlich die getrockneten Blätter und die oberen Pflanzenteile, sowie das frische blühende Kraut. Lungenkraut enthält als Wirkstoffe Kieselsäure, Gerbstoffe und Saponin. Es wirkt gerade durch das Saponin schleimlösend und auswurffördernd. Auch bei Durchfall hat es sich als Stopfungsmittel bewährt. Wegen seiner schleimlösenden und auswurffördernden Wirkung galt es schon früh als Heilmittel bei Hals- und Lungenkrankheiten, bei Heiserkeit und Bronchitis. Lungenkraut kann auch in frischer Milch getrunken werden (1 Teelöffel Trockensubstanz auf 1 l Frischmilch).

Löwenzahn, Butterblume, Kuhblume, *(Taraxacum officinale)*
Der Löwenzahn aus der Familie der Korbblütler ist nicht gerade eine zierende Gartenstaude, doch kommt er als Unkraut fast in jedem Hausgarten vor. Auch an Gräben, auf Wiesen, Triften und Grünflächen aller Art ist dieser Allerweltsbursche vertreten. In der Heilkunde spielt Löwenzahn auch eine Rolle, denn seine Blätter enthalten eine Reihe von hochwirksamen Stoffen wie das Inulin, das Taraxacin, Gerbstoffe, Vitamin C. Er wirkt blutreinigend, harntreibend und fördert die Gallensekretion. Daher dient er zur Anregung des Stoffwechsels und der Galle. Als Hausmittel ist er uns als Salat bekannt (nur junge Blätter). In der Heilkunde sammeln wir im September/Oktober die ganzen Pflanzen mit Wurzeln und im März–Mai die Blütenknospen. Aufgüsse werden bereitet aus 1–2 Teelöffeln Trockensubstanz auf 1 Tasse Wasser. Bemerkenswert ist, daß Löwenzahntee auch den Blutdruck reguliert. Bei Arterienverkalkung, Rheuma und chronischen Ekzemen soll Löwenzahn ebenfalls ein gutes Hausmittel sein.

Maiglöckchen

† **Maiglöckchen** *(Convallaria majalis)*
Das Maiglöckchen gehört zu den Liliengewächsen. Es blüht mit steter Regelmäßigkeit immer zur gleichen Zeit Anfang Mai und erfreut uns im Garten durch seinen intensiven lilienähnlichen Duft. Es ist ein sehr dankbares Schattengewächs. Die gesunden, niemals von Schädlingen befallenen Blätter finden auch unter Bäumen und Sträuchern noch genügend Licht, um sich voll entfalten zu können. Die Früchte sind rote Beeren, die an den Blütenstengeln reifen. Maiglöckchen gelten als Herzheilmittel. Sie sind jedoch für die Volksmedizin nicht zu verwenden, da die Pflanze in allen Teilen stark giftig ist! Maiglöckchenpräparate dürfen nur unter ärztlicher Aufsicht angewendet werden!

Majoran siehe unter Würzkräuter

Meerrettich siehe unter Wurzelgemüse

Melisse siehe unter Würzkräuter

Nießwurz, Schneerose siehe unter Christrose

† **Oleander** *(Nerium oleander)*
Der Oleander oder Rosenlorbeer, wie er auch im Volksmund genannt wird, ist ein Strauch, der in unseren Breiten nur in Kübeln gehalten werden kann. In milden Wintern ist auch eine Überwinterung im Freien möglich. Oleander gehört zur Familie der Hundsgiftgewächse. Die großen rosaroten, weißen oder violettroten Blüten stehen in trugdoldigen Rispen zusammen. Sie verströmen einen starken, angenehmen Duft. Die Pflanze enthält in allen Teilen Glykoside (Digitalisglykosid) und das Saponin Oleanolsäure. Sie ist in allen Teilen stark giftig und kann im Haushalt nicht als Heilmittel verwendet werden!

Oleander

Quendel siehe Würzkräuter (Thymian)

Petersilie siehe unter Würzkräuter

Pfefferminze siehe unter Würzkräuter

† **Pfingstrose,** Gichtrose *(Paeonia officinalis)*
Die Pfingstrose aus der Familie der Hahnenfußgewächse ist uns allen aus den Bauerngärten vertraut. Viele züchterische Formen dieser Stauden haben uns eine bunte Palette herrlich blühender Pfingstrosen beschert. Sie lieben im Garten einen humosen, mittelschweren Bo-

den. Pfingstrosen entfalten erst dann ihre volle Pracht, wenn sie 50 Jahre lang auf derselben Stelle gestanden haben. Im Mittelalter wurden Pfingstrosen in der Heilkunde verwendet. Sie enthält in der Blüte Glykoside, Gerbstoffe, in der Wurzel ätherische Öle, Paeonol, Gerbstoffe, Stärke, Fett, Säuren, Glukose und Harz. Eine Abkochung der Samen gilt als brechreizerregendes Mittel, die Wurzeln sind wegen der gefährlichen Nebenwirkungen (Koliken, Durchfälle, Erbrechen) für die Hausapotheke nicht zu gebrauchen.

Rainfarn, Wurmkraut *(Tanacetum vulgare)*

Der Rainfarn ist nicht gerade eine Zierstaude des Gartens, aber er ist überall an Wegen und Gebüschrändern häufig zu finden mit seinen gelben Blütenköpfchen und den farnartig ausgebildeten Blättern. Der Pflanze haftet in allen Teilen ein strenger Geruch an. Rainfarn kann bis zu 1,20 m hoch werden. In der Heilkunde verwendet man ihn hauptsächlich als Wurmmittel, heute gibt es jedoch bessere Mittel. Wegen seiner giftigen Nebenwirkungen kann Rainfarn als Hausmittel nicht empfohlen werden.

Rainfarn

Ringelblume, Studentenblume *(Calendula officinalis)*

Die beliebte Ringelblume, die wir aus unseren Bauerngärten kennen und die sich im Hausgarten lange Jahre durch Selbstaussaat immer wieder ausbreitet, oder die sogar überwintern kann, ist ein beliebter Gartenschmuck. Die gelben oder orangefarbenen Blütenköpfe stehen gut in farbigen Blütensträußen zusammen und sind in der Vase äußerst haltbar. Sie blühen etwa von Juni–Oktober. Dieser Korbblütler ist gleichzeitig eine Heilpflanze. Wir sammeln die Blütenköpfe sowie das frische, blühende Kraut. Beides trocknet man in einem schattigen, luftigen Raum bei niedrigen Temperaturen. Ringelblumen enthalten ätherische Öle, Karotine, Saponin und Terpenalkohole. Sie wirken entzündungshemmend, krampf- und blutstillend und werden auch als schweißtreibendes Mittel angewendet. Bei Magengeschwüren und Leberleiden bereitet man einen Teeaufguß aus frischem blühendem Kraut. Der Aufguß wird bereitet von etwa einem bis eineinhalb Teelöffeln getrockneter oder frischer Substanz auf eine Tasse Wasser.

Bei Magenleiden sollte man jedoch Ringelblumentee nur löffelweise zu sich nehmen oder mit Milch kochen.
Der Blütenextrakt ist die Grundlage zu einer sehr wirksamen Wundsalbe.

Rosmarin siehe unter Würzkräuter

Salbei siehe unter Würzkräuter

Salomonssiegel *(Polygonatum odoratum)*
Der Salomonssiegel stammt aus der Familie der Liliengewächse. Er ist eine Staude mit einem dicken, fleischigen Wurzelstock mit siegelabdruckähnlichen Stengelnarben. Die Stengel mit den lanzettlichen Blättern bringen im Mai/Juni zahlreiche weiße, kurzgestielte Blüten in den Blattachseln hervor. Er ist besonders interessant für schattige Lagen im Garten und läßt sich sehr gut zwischen Rhododendron, Azaleen und anderen Immergrünen sowie als Schattenstaude zur Randpflanzung verwenden. In der Hausmedizin hatte der Salomonssiegel früher eine große Bedeutung als wassertreibendes und nierensteinlösendes Mittel. Heute ist eine Anwendung jedoch nicht mehr üblich.

Sanddorn *(Hippophae rhamnoides)*
Der Sanddorn gehört zur Familie der Ölweidengewächse. Dieser stark verzweigte, stachelige Strauch kann bis 7 m hoch werden. Er bildet starke Wurzelausläufer, die immer wieder mit neuen Pflanzen an überraschenden Stellen erscheinen. Sanddorn wird als Befestiger von Dünen an Steilküsten verwendet, aber auch im Garten genießt dieses Ölweidengewächs gelegentlich den Vorzug, angepflanzt zu werden. Sanddorn ist zweihäusig. Um fruchtende Sträucher zu erhalten, müssen daher männliche und weibliche Exemplare zusammengepflanzt werden. Er zeichnet sich nämlich vor allem durch das zierende silbergraue Laub und den starken Besatz mit gelborangen Scheinbeeren aus. Diese Beeren sind es, die ihn auch in der Heilkunde beliebt und begehrt machen. Sie enthalten sehr viel Apfelsäure, Vitamin C, Öl und Mannit. Sanddorn gilt als Kräftigungs- und Stärkungsmittel.

Sanddorn

In der Heilmittelindustrie bereitet man zahlreiche Kräftigungsmittel aus den Früchten. Sanddornbeeren dienen aber auch zur Verfeinerung von Likören und

Säften. Der Vitamin-C-Gehalt ist empfindlich gegen hohe Temperaturen und gegen Metalle. Alle Werkzeuge, die mit Sanddornsaft in Berührung kommen, müssen aus rostfreiem Material sein, oder aus Steingut.

Schlüsselblume, Himmelsschlüssel *(Primula veris)*
Wer kennt nicht die hübschen gelben Himmelsschlüssel aus der Familie der Primelgewächse, die im zeitigen Frühjahr im Garten austreiben und zu den ersten Frühlingsboten gehören. Sie blühen etwa von April–Mai und sind auf Wiesen und in lichten Wäldern überall in Europa anzutreffen. Im Hausgarten lieben sie einen halbschattigen bis schattigen, feuchten Standort. Von den Primeln wird in der Hausapotheke vor allem die Blüte, die Wurzel bzw. der Wurzelstock in getrocknetem Zustand verwendet. Sie enthalten Saponine, Glykoside und Primularsäure. Wegen seiner schleimlösenden und harntreibenden Wirkung verwendet man Primeltee besonders als mildes Mittel bei Husten und Heiserkeit. Primeltee dient auch als Mittel gegen Schlaflosigkeit.

Schlüsselblume

Schwertlilie, Zahnwurzel, Veilchenwurzel *(Iris germanica)*
Die Schwertlilie ist uns in vielen Varietäten im Garten eine willkommene Bereicherung der Staudenrabatten und der Pflanzungen im und am Wasserbecken. Groß ist das Farbenspiel der Züchtungen, das von weiß über gelb, rot, blau bis dunkelviolett reicht. Viele Zwischentöne in allen Schattierungen haben die Iris zu einer der farbenreichsten Sorten im Hausgarten gemacht. Jährlich kommen viele neue Sorten in den Handel. Iris germanica, die Stammform mit ihren dunkelvioletten Blüten, die von Mai–Juni erscheinen, wird auch in der Volksmedizin als Heilmittel verwendet. Man benutzte früher die getrockneten, fleischigen Wurzelstöcke (zurechtgeschnittene Stücke) als Mittel zum Beißen beim Zahnen der Kleinkinder. Der Teeaufguß von Iriswurzel soll Wasser treiben und leicht abführen. Neben Stärke, Schleim, Zucker enthalten Iriswurzeln auch einige ätherische Öle. Sie werden daher nicht nur in der Heilkunde, sondern auch in der Parfumindustrie verwendet.

Spiere, Mädesüß, Geißbart *(Filipendula ulmaria)*
Diese Staude aus der Familie der Rosengewächse ist in feuchten Wiesen und an

Gewässerrändern heimisch. Sie ist uns auch als Gartenstaude bekannt, wo wir sie als Begleitpflanze an Wasserbecken und Bachläufen verwenden. Sie nimmt auch noch mit halbschattigem Standort vorlieb.

Im Juli/August erscheinen die starkduftenden gelblichweißen Blüten in großen, vielstrahligen Trugdolden, die eine Höhe bis zu anderthalb Metern erreichen können.

Die Blüten, die neben Salicylsäure ein Glucosid (Gaultherin) und ätherisches Öl enthalten, sammelt man und wendet sie als Tee (1–2 Teelöffel auf 1 Tasse heißes Wasser) als harn- und schweißtreibendes Mittel, zur Blutreinigung, bei Nieren- und Blasenleiden sowie bei Rheuma an.

Spiere

† **Schneeball,** Wasserschneeball *(Viburnum opulus)*

Der Schneeball stammt aus der Familie der Geißblattgewächse. Es handelt sich um einen Strauch oder kleinen Baum, der die stattliche Höhe von 5–6 m erreichen kann. Die Blüten des Wasserschneeballs erscheinen im Mai/Juni. Im Herbst zieren ihn leuchtendrote Beeren, die auch im Winter an den Sträuchern und Bäumen haften bleiben, da sie wegen ihres starken Giftgehaltes nicht einmal von den Vögeln verzehrt werden! Bei der Anwendung von Schneeball ist größte Vorsicht geboten! Für die Hausapotheke ist Schneeball daher ungeeignet.

Gemeiner Schneeball

† **Seidelbast** *(Daphne mezereum)*

Der Seidelbast ist der wichtigste Vertreter der Seidelbastgewächse. Wir kennen ihn als ausdauernden bis 1,50 m hoch werdenden Strauch mit pfriemenförmigen, an den Spitzen beblätterten Zweigen. Im zeitigen Frühjahr, bereits Ende Februar/ Anfang März, erscheinen die rosaroten Blüten, die dichtgedrängt an den Zweigen

Seidelbast

sitzen und einen betäubenden Duft verströmen. Im Spätsommer oder Herbst erscheinen die leuchtendroten Früchte in Form von etwa erbsengroßen Beeren. Seidelbast ist in allen Teilen sehr giftig. Er enthält ein Glykosid, das Mezerein, das eine ausgesprochen hautreizende Wirkung hat. Empfindliche Menschen können schon beim Abpflücken von Seidelbastzweigen Blasen an den Händen bekommen. Seidelbast wird in der Medizin als Mittel bei Hautleiden und Gicht verwendet, darüber hinaus bei Atmungs- und Verdauungsstörungen sowie bei Entzündungen der Harnwege. Größte Vorsicht ist geboten! Besonders akut ist die Vergiftungsgefahr bei Kindern! Hier ist rechtzeitige Aufklärung dringend erforderlich. Bereits 10 Beeren können tödlich wirken! Seidelbastpräparate können nur unter ärztlicher Aufsicht angewendet werden!

Silberdistel *(Carlina acaulis)*
Die Silberdistel ist uns aus der Schwäbischen Alb und den Kalkbergen des Alpenvorlandes bekannt. Im Steingarten genießt sie eine Sonderstellung. Die großen strahlenförmigen silbernen Blüten zeigen uns das Wetter an. Durch einen interessanten Mechanismus ist die Pflanze in der Lage, ihre Blüten je nach Witterungsverhältnissen zu öffnen und zu schließen. Sie wird deshalb auch Wetter-

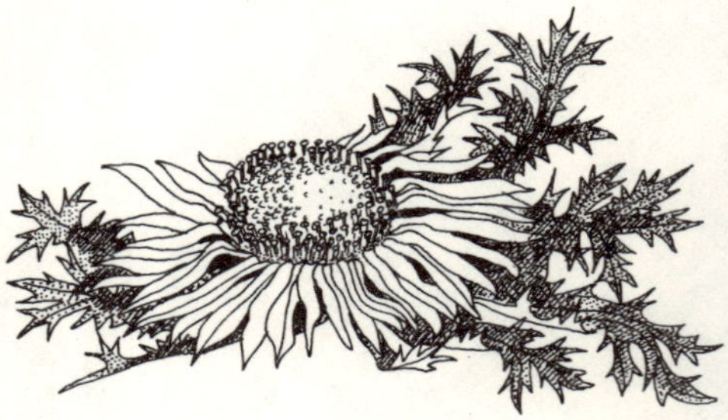

Silberdistel

Der Seidelbast oder »Kellerhals« entfaltet bereits im Februar/März seine rosafarbenen Blüten noch vor dem Blattaustrieb. Die Anwendung dieser Heilpflanze darf nur durch den Arzt erfolgen. Rechtzeitige Aufklärung ist bei Kindern erforderlich, denn der Genuß der Beeren kann tödlich sein.

distel genannt. Die Wurzeln der Silberdistel enthalten ätherische Öle, Gerbstoffe und Inulin. Sie wirken harn- und schweißtreibend und werden daher in der Hausmedizin in Form von Teeaufgüssen bei Nieren- und Blasenleiden, bei Magenleiden und als nervenstärkendes Mittel angewendet. Man bereitet den Aufguß von Silberdistelwurzeln mit einem Teelöffel Wurzelsubstanz auf eine Tasse Wasser. Pulverisierte Wurzeln werden in entsprechend geringeren Dosen verwendet. Es reichen etwa 2 Messerspitzen für eine Tasse Wasser. Höhere Gaben erzeugen Brechreiz und gelten auch als Wurmmittel.

† **Silberkerze** *(Cimcifuga racemosa)*
Eigentlich ist diese hübsche Zierpflanze aus der Familie der Hahnenfußgewächse in den meisten Hausgärten viel zu wenig gepflanzt. Die Silberkerzen vertragen halbschattigen und schattigen Standort und zeichnen sich durch eine besondere Artenvielfalt aus. Die Staude erreicht eine Höhe von etwa 1–2 m. Sie hat große dekorative Blätter, die oft mehrfach gefiedert sind. Die Blüten erscheinen im Juni–August in großen weißen Blütentrauben.

Die zierenden roten Früchte des Wasserschneeballs (Viburnum opulus) haften bis tief in den Winter hinein an den Sträuchern und machen uns diese Art besonders wertvoll.
Sie sind jedoch wie fast alle Schneeballarten stark giftig. Ihre Verwendung in der Hausapotheke muß daher unterbleiben.

Wenn auch diese an Alkaloiden und Fettsäuren reiche Pflanze in der Medizin eine große Bedeutung spielt, so darf die Pflanze in der Hausapotheke wegen ihrer hohen Giftigkeit auf keinen Fall verwendet werden!

Strohblume, Immortelle *(Helichrysum arenarium)*
Die ausdauernde Strohblume, ein Korbblütler mit weißwollig behaarten Blättern und Stengeln und zahlreichen aufrecht stehenden gelben oder orangefarbenen kugeligen Blütenköpfchen, blüht etwa von Juli–Oktober in unserem Garten. Man pflanzt Helichrysum gern in Steingärten als Bodendecker, wo das silbergraue Laub sehr schön mit anderen niedrigen Pflanzen kontrastieren kann. In der Heilkunde spielt die Strohblume auch eine gewisse Rolle, denn man sammelt die Blüten oder das ganze blühende Kraut und wendet die darin enthaltenen ätherischen Öle, Bitterstoffe und Gerbsäuren bei verschiedenen Gallenbeschwerden an. Hierzu bereitet man einen Teeaufguß aus dem Kraut oder aus den Blüten von etwa 1–2 Teelöffeln auf eine Tasse Wasser. Strohblumen gelten auch als harntreibendes Mittel, sowie bei Rheumatismus, Nieren- und Blasenleiden, Wassersucht und bei Durchfällen.

† **Tabak** *(Nicotiana tabacum)*
Der Tabak ist eine beliebte einjährige Pflanze, die eine stattliche Höhe (bis 1,80 m hoch) erreichen kann. Sie gehört zu den einjährigen Pflanzen, die wir zur Dekoration von größeren Beetflächen oder als Solitärpflanze verwenden kön-

nen. In den letzten Jahren hat sich die Züchtung der Tabakpflanzen angenommen und verschiedene Varietäten hervorgebracht, die in ihren Blüten ein reiches Farbenspiel entfalten. Tabakblüten und -blätter enthalten Nikotin und andere Alkaloide, Harze, Glykoside, Gerbstoffe und ätherische Öle. Da das Nikotin auf das zentrale Nervensystem einwirkt, ist größte Vorsicht bei der Anwendung von Tabakmitteln geboten! Sie können nur unter ärztlicher Aufsicht verordnet werden. Das in den Blättern enthaltene Nikotin ist jedoch ein gutes Mittel zur Bereitung von Nikotinspritzmitteln, die zur Schädlingsbekämpfung im Hausgarten benutzt werden können.

Veilchen *(Viola odorata)*
Das wohlriechende Veilchen aus der gleichnamigen Familie gehört zu den bekanntesten Gartenpflanzen schlechthin. Seine Standortansprüche sind gering, denn es nimmt mit jedem lockeren, feuchten Gartenboden vorlieb und gedeiht auch noch an halbschattigen und schattigen Plätzen. Darum verwendet man es gern im Ziergarten zur Unterpflanzung von Gehölzen und als Bodendecker, z. B. unter Buschrosen.
Als Heilmittel hat das Veilchen in der Volksmedizin seinen festen Platz. Man verwendet das Kraut, das zur Blütezeit gesammelt wird. Neben Saponinen und einem Glycosid enthält es Bitterstoffe, die den eigentümlichen Geschmack ausmachen.
Veilchentee trinkt man als Hausmittel gegen Bronchitis und als Blutreinigungsmittel. Bei der Zubereitung rechnet man

Wohlriechendes Veilchen

1 Tasse kaltes Wasser auf 1–2 Teelöffel Trockensubstanz, die man zusammen mit dem Wasser zum Kochen bringt und 5 Min. ziehen läßt.

Vogelbeere, Eberesche *(Sorbus aucuparia)*
Die Vogelbeere ist ein beliebter Baum oder Großstrauch in unserem Hausgarten. Sie beansprucht nicht viel Platz und ist daher gerade für kleinere Gärten ein geeignetes Ziergehölz. Sie besitzt ein feingefiedertes Laub, das sich im Herbst mit einer schönen goldbraunen Farbe schmückt. Vogelbeeren sind ein herrlicher Fruchtschmuck im Garten. Sie werden besonders gern von unseren heimischen Singvögeln verzehrt und sind daher meist schon unmittelbar nach der

Reife von den gefiederten Nützlingen abgeerntet.
Aber auch in der Heilkunde spielen diese Beeren eine gewisse Rolle, denn sie werden in frischem oder getrocknetem Zustand gern als Beerenmus mit wassertreibender, abführender Wirkung gebraucht. Auch der Preßsaft aus den Beeren besitzt die gleichen Eigenschaften. Er enthält Sorbinsäure, Apfelsäure, Vitamin C und Gerbstoffe. Der Saft wird als Mittel bei Erkältungskrankheiten, bei Rheumatismus und zur Unterstützung der Behandlung von Nierenkrankheiten verwendet. Aus den Blüten kann ein blutreinigender Teeaufguß hergestellt werden. Hierzu benötigt man einen Teelöffel Trockensubstanz für eine Tasse Wasser.
Ein naher Verwandter der Vogelbeere, die Mährische Eberesche (Sorbus aucuparia moravica) zeichnet sich durch besonders große Blüten- und Fruchtstände aus, die Früchte sind sehr schmackhaft und zeichnen sich durch einen sehr hohen Vitamin-C-Gehalt aus. Diese Art wird besonders zum Anbau empfohlen. Im äußeren Habitus ähnelt die Mährische Eberesche der Vogelbeere, sie wächst jedoch im Unterschied zu dieser etwas straffer und steiler aufrecht.

Waldmeister siehe in dem Abschnitt „Die wichtigsten Würzpflanzen und ihre Bedeutung als Heilkräuter" (Seite 136ff)

Weiderich, Blutweiderich *(Lythrum salicaria)*
Der Blutweiderich ist eine Schmuckstaude, die wir besonders gern im Staudengarten verwenden. Bester Standort ist in der Nähe eines Wasserbeckens. Blutweiderich kommt in der Natur in feuchten Wiesen, an Gräben und Bächen vor. Er erfreut uns mit seinen langen Blütenähren, mit den dunkel- oder hellroten Blüten von Juli–September. Blutweiderich liebt einen sonnigen Standort und läßt sich besonders hübsch mit Gräsern und großblättrigen Stauden (Bergenien, Funkien) kombinieren. Auch die Benachbarung mit Sumpfschwertlilien (Iris pseudacorus) oder der sibirischen Schwertlilie (Iris sibirica), mit Tradescanthien oder der Wiesenraute (Thalictrum aquilegifolium) ergeben hübsche Vegetationsbilder, die einen naturnahen Charakter haben.
In der Heilkunde spielt der Weiderich eine gewisse Rolle, denn das frische oder getrocknete Kraut enthält neben dem Glykosid Salicarin auch Gerbstoffe, Invertzucker, ätherische Öle und das Phytosterin. Er wirkt blutstillend (Blutweiderich) und stopfend. Daher wird der Tee gern bei Durchfällen angewendet. Man benötigt zu einem Aufguß einen Teelöffel frisches oder getrocknetes Kraut auf eine Tasse Wasser. Zerquetschtes Kraut des Blutweiderichs kann man als Wundpakkung bei blutenden Wunden anwenden. Es wirkt blutstillend und heilend.

Weißdorn *(Crataegus oxyacantha* und *Crataegus monogyna)*
Dieser Baum oder Strauch kann eine Höhe von 6–8 m erreichen. Er gehört zu unseren heimischen Blütengehölzen aus der Familie der Rosengewächse, die früher gern auch im Hausgarten zur Abpflanzung und als Heckenpflanze ver-

wendet wurden. Heute ist der Anbau von Crataegus in vielen Gegenden nicht möglich, weil er als Überträger des Getreiderostes (Zwischenwirt) gilt. Dennoch gehört diese Pflanze zu den bedeutendsten Heilpflanzen, die wir in der freien Natur und in unserem Garten halten können. Man sammelt vom Weißdorn Blüten, Blätter und Früchte, die neben ätherischen Ölen, Gerbstoffen, Glykosiden und der Crataegolsäure auch Saponin enthalten. Weißdorn ist in der Medizin besonders bei Herzerkrankungen anwendbar. Er gilt als herzstärkend und blutdrucksenkend. Auch als Kreislaufmittel, bei Arteriosklerose und bei Angina pectoris ist Weißdorn ein gutes Mittel. Medikamente, die Weißdorn enthalten, sollten jedoch nur unter ärztlicher Kontrolle eingenommen werden. Als Hausmittel gilt vor allem das Mus aus frischen Früchten, das man bei Durchfällen und nervösen Beschwerden verzehren kann. Ein Aufguß der Blüten oder Früchte (1 Teelöffel bis 1 Eßlöffel auf eine Tasse Wasser) wird auch bei Arterienverkalkung und Krampfadern empfohlen.

Wermut siehe unter „Die wichtigsten Würzpflanzen" (Seite 155)

Frisches Gartenobst – Quelle der Gesundheit

Ein echter Garten ohne Obst ist wie eine Suppe ohne Salz, wie ein schöner Braten ohne die erforderliche Würze.
Welche Pracht verbreiten doch blühende Kirsch-, Birnen- und Apfelbäume im Frühjahr, die unsere Gärten in ein weißes oder rosafarbenes Blütenmeer verwandeln. Frühling ohne Obstblüte ist doch gar kein Frühling! Erst wenn sich der Blütenrausch der Bäume mit den kräftigen Farben früher Tulpen, Osterglocken, mit dem Blau des strahlenden Frühlingshimmels und dem saftigen Grün des sprießenden Rasens zu einer unvergleichlichen Farbensymphonie mischt, wissen wir doch wieder, daß ein neues Gartenjahr begonnen hat, das uns erwartungsfroh stimmt und die langen grauen Wintertage nur allzu schnell vergessen läßt. Und wer möchte nicht einfach mal in den Garten gehen, um sich einen Apfel zu pflücken oder eine saftige reife Birne frisch vom Baum? Da locken rote Erdbeeren, Stachel- und Johannisbeeren, und die leuchtenden Süß- und Sauerkirschen, die besonders den Kindern ans Herz gewachsen sind. Das Einsammeln der Hasel- und Walnüsse im Herbst kann mit einer Schatzsuche verglichen werden. Mispeln und Quitten sind auf dem Markt selten geworden, können dafür aber um so leichter im eigenen Hausgarten herangezogen werden. Es gehört gar nicht immer ein großer Obstgarten dazu. Apfel-, Birnen- und Sauerkirschbäume lassen sich leicht in der Abpflanzung des Ziergartens unterbringen. Hierbei sind allerdings die erforderlichen Pflanzabstände von der Nachbargrenze einzuhalten. (Diese Abstände sind je nach den herrschenden Landesgesetzen verschieden. Hier erkundigt man sich am besten beim zuständigen Ordnungsamt oder beim Gartenamt.) Auch Obstbäume aus altem Bestand lassen sich oft sehr geschickt und als besonderer Blickfang oder als Solitär in eine Gartenanlage einbeziehen.
Der Obsthandel bietet uns eine Fülle ausländischen Obstes, von der Zitrusfrucht bis zum Tafelapfel, von der Banane bis zur Kiwifrucht, von der Mangopflaume bis zur Nektarine. Man sollte deshalb bei der Anlage von Obstkulturen und bei der Pflanzung von Obstbäumen solche Sorten vorziehen, die auf dem Markt selten sind, d. h. Beerenobst wie Stachelbeeren, Schwarze Johannisbeeren, Rote Johannisbeeren, Himbeeren und Brombeeren und Obstarten wie Quitten, Mispeln, Apfel- und Birnensorten, die in den jeweili-

gen Landstrichen gut gedeihen und an den Bäumen zur vollen Reife gelangen können.

Viele Obstarten stammen aus klimatisch günstigeren Gebieten und sind für Boden, Klima und Lage im Hausgarten zum Teil wenig geeignet. Man kann sagen, daß hochgezüchtete Sorten auch höchste Ansprüche an alle Umweltbedingungen stellen. Nichts ist aber langweiliger, als Obst im Garten heranzuziehen, das im Handel zu jeder Jahreszeit erhältlich ist. Hierzu gehören Apfelsorten wie der bei uns empfindliche Golden Delicious oder der vielgepriesene Jonathan u.a., die sich zwar durch schöngeformte Früchte und interessante Färbungen, weniger aber durch einen guten Geschmack auszeichnen. Hier können manchmal robuste Lokalsorten, die zwar kleinere Früchte hervorbringen, wesentlich schmackhafteres und aromatischeres Obst liefern. Nicht die Ausleseklasse der Obstsorten, sondern ihre Anbauwürdigkeit, ihre Widerstandsfähigkeit gegen Schädlinge, Krankheiten und Klima sowie eine gleichbleibende Fruchtbarkeit sollten maßgebend für den Anbau bestimmter Obstsorten in unserem Garten sein.

Bei der Sortenwahl sollte man sich auch der kalten Wintereinbrüche erinnern, die gelegentlich in unseren Breiten vorkommen, und die dazu führen können, daß bestimmte besonders empfindliche Obstsorten absterben. Bei der Sortenwahl ist der Rat erfahrener Praktiker aus der Nachbarschaft manchmal wertvoller, als die in farbenprächtigen Katalogen angepriesenen Wundersorten, die angeblich in Blüte, Ertrag, Geschmack und allen anderen Eigenschaften unübertroffen sein sollen.

Guten Rat können wir uns auch in den zahlreichen Gartenbauvereinen holen, die über reiche Erfahrungen im Anbau bestimmter Sorten und ihre Kultur verfügen. Lokalsorten, also Sorten, die in einer bestimmten Landschaft gute Erträge liefern, während sie in anderen Landstrichen unter Umständen völlig unbedeutend sind, sind meist recht anspruchslos in bezug auf ihren Standort. Sie gehören zu den guten Trägern, die kaum unter Krankheiten zu leiden haben und die uns regelmäßig mit guten Erträgen erfreuen.

Natürlich wollen wir keine Massenerträge im Obstgarten erzielen, denn hier stößt die Verarbeitung des Obstes bereits auf Schwierigkeiten. Andererseits ist es aber äußerst fragwürdig, Spitzensorten im Garten hochzupäppeln, die in erster Linie Arbeit machen und durch den starken Schädlingsbefall schon alleine aus hygienischen Gründen aus dem Garten ferngehalten werden sollten.

Auf die Lage kommt es an

Obstbäume verlangen eine geschützte Lage – geschützt vor Sturm und starkem Wind. Das führt vielfach zu der irrigen Ansicht, daß man gerade Südlagen für den Anbau von Obst bevorzugen sollte. Diese Lagen können aber dem Obstbaumfreund große Enttäuschung bereiten, denn es entstehen im Vorfrühling durch starke Sonneneinstrahlung während des Tages und durch die starken

Nachtfröste die sogenannten Frostplatten oder Risse in den Rinden der Stämme, außerdem kommt es zu schweren Störungen des Gewebes, da die Sonneneinstrahlung ein frühzeitiges Sprießen der Knospen bewirkt und die Nachtfröste eben auf diese jungen Zellen sich sehr nachteilig auswirken können. Die meisten Obstsorten blühen in Südlage auch früher, z. B. Pfirsiche, und das hat den Nachteil, daß sie besonders bei klaren Frostnächten um so leichter verfrieren. Ost- und Nordlagen sind dagegen insofern günstiger, als es hier zu späterem Austrieb und zu späterer Blütezeit kommt. Sind die gefährdeten Obstarten erst einmal über die Eisheiligen gebracht, so steht dem Blühen nichts mehr entgegen. Als sehr vorteilhaft haben sich die Südostlagen bewährt. Südwestlagen können insofern weniger geeignet sein, als in unseren Breiten Südwestwinde vorherrschen. Hier sind entsprechende Windschutzpflanzungen anzulegen oder diese Gärten mit windfesten Sorten zu bepflanzen. Nordlagen, die nicht gerade absonnig gelegen sind und einen leichteren Boden besitzen, der sich rasch erwärmt, können für Apfelanbau und Zwetschenkultur noch geeignet sein. In reinen Ostlagen kann sich in schneelosen Wintern die austrocknende Wirkung des Windes nachteilig bemerkbar machen. Hier helfen wir uns durch unempfindliche Obstarten und durch entsprechenden Windschutz aus Hecken und Windschutzgehölzen. Der eigentliche Schaden an den meisten Gehölzen entsteht ja nicht durch Einwirkung des Frostes, sondern durch starke Windeinwirkung, so daß die Pflanzen nicht erfrieren, sondern vertrocknen. Unsere Obstgehölze gedeihen in jedem guten Gartenboden. Nicht zu schwerer kalkhaltiger tiefgründiger humusreicher Boden ist zwar am besten geeignet, besonders dann, wenn ein günstiger Grundwasserstand (etwa 2–3 m) hinzukommt, aber solche Standorte sind verhältnismäßig selten zu finden. Hier muß man versuchen, das Fehlende durch Bodenverbesserung, wie Tiefenlockerung, Be- und Entwässerung oder durch Windschutz zu ergänzen.

Böden mit verdichtetem Untergrund (z. B. Ortsteinschichten) und schwere Tonböden sind für den Obstbau ungeeignet. Alle anderen Bodenarten lassen sich für die Kultur von Kernobst, Steinobst und Beerenobst auf jeden Fall herrichten.

Auf die Bodenmüdigkeit (siehe Apfel- und andere Obstbäume) wird besonders hingewiesen.

Kernobst – Steinobst – Beerenobst

Die Obstarten teilt man grundsätzlich in drei Kategorien ein:
Das KERNOBST, hierzu gehören Äpfel, Birnen, Quitten, Mispeln, das STEINOBST, hierzu gehören Pflaumen, Kirschen, Pfirsiche, Mirabellen, Renekloden und das BEERENOBST mit den wichtigsten Vertretern Stachelbeeren, Johannisbeeren, Himbeeren, Brombeeren, Heidelbeeren.
Kernobst und Steinobst benötigen den meisten Platz im Garten. Sie sind daher besonders sorgfältig in einem Garten einzuplanen. Für kleinere Gärten kommen auch nur kleine Baumformen in Betracht. Hier verwenden wir die sogenannte Heckenkultur, den Spindelbusch

Spindelbusch. Als Obstbauform darf er nicht mit dem Zierstrauch Spindelbusch oder Pfaffenhütchen (Euonymus europaeus) verwechselt werden.

oder allenfalls die Buschform. In größeren Gärten können wir Büsche, Halbstämme und gegebenenfalls auch Hochstämme ziehen. Es ist also eine reine Platzfrage, welche Baumformen wir kultivieren wollen. Natürlich ist auch der Ertrag recht unterschiedlich, denn kleine Baumformen bringen nicht so viel an Ertrag wie große, haben aber andererseits den Vorteil, daß sie bereits wesentlich frühere Ernten bringen als die Halbstamm- und Hochstammformen.

Wohin mit den Obstgehölzen im Garten

Ob wir einen Obstbaum in den Ziergarten pflanzen oder in einen reinen Nutzgartenteil, ist nicht von Bedeutung. Obstgehölze lassen sich sicherlich genauso gut in einem Ziergarten verwenden, da sie durch ihren äußeren Habitus, durch ihre Blüte und nicht zuletzt durch schöne, zierende Früchte ohne Bedenken in einer Wohngartenanlage unterzubringen sind. Hier kann man unter Umständen sogar größere Baumformen wählen, um einen Obstbaum besonders herauszustellen – z. B. als Solitär an einem gepflasterten Sitzplatz. Im Nutzgartenteil sind wir dagegen darauf bedacht, unseren Platz so rationell wie möglich einzuteilen und zu bestellen. Hier spielen Baumform und Baumgröße eine große Rolle. Obstbäume pflanzen wir am besten zusammen, damit eine Beeinträchtigung der übrigen Flächen durch den hohen Nährstoffbedarf der Obstbäume und durch Schattenwurf so gering wie möglich bleibt. Obstgehölze pflanzt man möglichst in Nord-Süd-Richtung in Reihen, wenn mehrere Arten bzw. mehrere Exemplare gepflanzt werden sollen. Die Nordseite eines Gartens ist besser als die Südseite, die Ostseite besser als die Westseite, da wir uns auf diese Weise vor einer starken Beschattung der übrigen Flächen schützen.

Obstspalier

Den geringsten Platzanspruch erfordert das Obstspalier. Unter Obstspalier verstehen wir Obstbäume, die als Berankung oder Bekleidung von Wänden gezogen werden. Man formiert die Obstbäume an Lattengerüsten oder Drähten in die gewünschte Form und sorgt durch einen besonderen Schnitt dafür, daß diese Baumformen möglichst bald Fruchtholz ausbilden. Der Ertrag vom Spalierobst ist insofern interessant, weil es besonders schöne, wohlausgebildete Früchte hervorbringt. Man verwendet für Spalierobst möglichst Süd- oder Südwestlagen auch Westlagen sind noch möglich. Die Kultur ist jedoch aufwendig und erfordert sehr viel Zeit, so daß sie in der heutigen Zeit kaum noch gepflegt wird bzw. in Betracht kommt. Wir begnügen uns hierbei nämlich nicht nur mit einem normalen Winterschnitt. Auch ein Sommerschnitt, der sogenannte Lorettoschnitt, ist erforderlich, um eine genügende Menge Fruchtholz zu erhalten. Auch läßt die Ertragsmenge von Obstspalieren häufig zu wünschen übrig. Wenn wir in unserem Hausgarten von Spalierobst sprechen, so sollte man darunter eher Beerenobstspalier verstehen. Beerenobst (Johannisbeeren, Stachelbeeren, Brombeeren) läßt sich sehr leicht am Spalier bzw. an der Hauswand an Drähten ziehen. Der Vorteil liegt auf der Hand: Das, was früher mühselig in stacheligen Sträuchern geerntet werden mußte, ist nun frei zugänglich. Die Beeren besitzen eine ausgezeichnete Qualität, da die Früchte in sehr günstiger Besonnung heranreifen können. Beerenobstspaliere sind einfach anzulegen. Man spannt an einer Hauswand mehrere Drähte in Abständen von 30–40 cm und formiert an diesen Drähten die Triebe der Beerensträucher. Noch einfacher ist es, wenn man an den Hauswänden ein entsprechend großes Baustahlgewebe mit Dübeln befestigt. Diese Baustahlgewebematten sind auch als kunststoffbeschichtete Matten erhältlich. Ich verwende gern schwarze kunststoffbeschichtete Gewebe, die durch ihre dunkle Farbe nicht besonders auffallen. Man montiert die Matten etwa im Abstand von 4–5 cm von der Hauswand und kann nun sehr leicht die Triebe der Sträucher hindurchflechten, ohne daß ein zusätzliches mühseliges Anbinden (besonders bei Stachelbeeren und Brombeeren) erforderlich ist. Beim Formieren der Spaliere ist darauf zu achten, daß die Triebe fächerförmig ausgebreitet werden. Der Abstand der Zweige voneinander soll so weit gewählt werden, daß sich die Zweige gegenseitig nicht in ihrem Wuchs behindern können.

Obsthecke

Steht im Garten nur wenig Platz für Kernobst zur Verfügung, so wählen wir als Kulturform von Kernobst die Obsthekke. Obsthecken benötigen nicht viel Platz. Ihre Breite beträgt höchstens 1,00–1,20 m, so daß andere Kulturen in unmittelbarer Nähe leicht möglich sind. Für eine Obsthecke benötigen wir zunächst ein Gerüst. Das stellen wir uns her aus Zaunpfosten von 3 m Länge, die wir 75 cm tief in den Boden einlassen. Als Pfosten verwenden wir Holzpfosten von 8–10 cm Zopfstärke, die gut imprägniert sein müssen (Kesseldruckimprägnierung), oder wir verwenden Metallpfosten (Rohre, Vierkantprofile, Winkelprofile), die möglichst feuerverzinkt und kunststoffüberzogen sein sollen, um sie wartungsfrei zu haben. Im Abstand von 2–3 m setzen wir zusätzlich Stützen, um daran später die Spanndrähte befestigen zu können. Die Eckpfosten müssen mit Streben versehen sein, damit sie beim Spannen der Drähte nicht herausgezogen werden. Es hat sich bei Anlagen, die über längere Zeit bestehen sollen, bewährt, die Pfosten einzubetonieren. Hierzu setzen wir die Pfosten in Betonfundamente von 60–80 cm Tiefe, die einen Durchmesser von etwa 30 cm haben. Auf diese Weise erhalten wir ein stabiles, dauerhaftes Gerüst für unsere Obsthecke. Nun spannt man, etwa 70 cm über dem Boden beginnend, im Abstand von jeweils 50 cm Spanndrähte (kunststoffbeschichteter Spanndraht etwa 3,8 mm dick), die mit sogenannten Drahtspannern oder Spannschlössern straff angezogen werden. Damit ist die Hauptarbeit für die Anlage einer Heckenkultur erledigt.

Wie bereits erwähnt, ist darauf zu achten, daß die Anlage in Nord-Süd-Richtung verläuft, um eine möglichst günstige Stellung zur Sonne zu erreichen. Nun pflanzt man im Abstand von etwa 2,50–3,00 m die Kernobstarten, die wir in der Baumschule als Spindelbüsche oder Büsche beziehen.

Damit das Wachstum nicht ins Stocken gerät, formieren wir nun die unteren Äste der Obstbäumchen in einem Winkel von etwa 30° nach oben. Bei Birnen behalten wir diesen Neigungswinkel von 30° auch bei den folgenden Etagen bei. Anders verhält es sich bei den Äpfeln, die wir völlig waagerecht ziehen können. Man läßt jedoch in den ersten zwei bis drei Jahren die Verlängerungstriebe der jeweiligen Etagen in ihrer natürlichen Form bis zum Herbst wachsen und formiert sie erst dann, damit sie aufgrund des rascheren Wachstums das Spalier bald ausfüllen. Auch die Jahrestriebe an den Seitenästen lassen wir solange unbeschnitten, bis die Spalierfläche gefüllt ist.

Bei stark wachsenden Sorten kommt es vor, daß die Obsthecken auch über den obersten Draht hinauswachsen. Hier hilft energisches Zurückschneiden oder das Herunterbinden der aufrecht strebenden Zweige.

Bei der Anzucht von Obstspalieren für Heckenkultur ist darauf zu achten, daß der Haupttrieb der Gehölze im Winter immer nur die Länge einer Etage behält. Er wird je nach Wuchskraft der Sorten

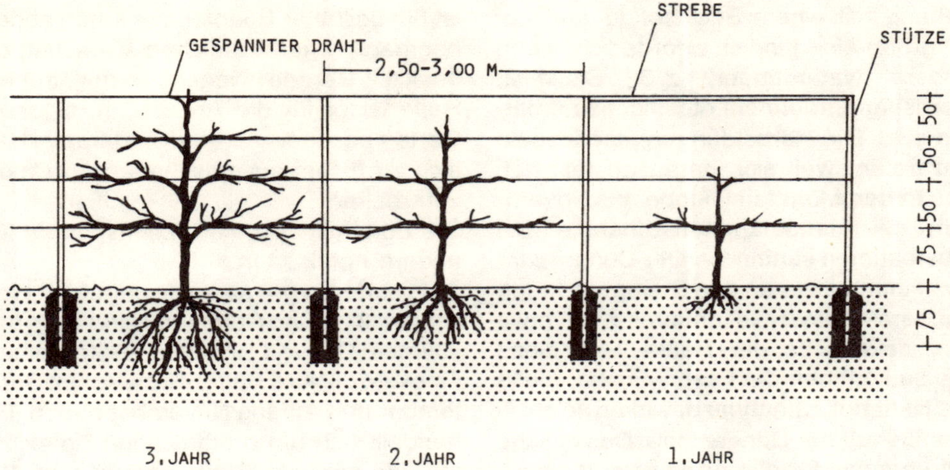

Die Obsthecke hat den Vorteil, daß sie wenig Platz beansprucht. Die Zweige der gepflanzten Obstgehölze werden nach und nach so formiert, daß sie waagerecht entlang der gespannten Drähte verlaufen. So bildet sich bald wertvolles Fruchtholz. Die Aufstellung der Hecke soll möglichst in Nord/Süd-Richtung erfolgen. So ist eine gute beidseitige Besonnung gewährleistet.

also unter Umständen sehr stark zurückgeschnitten. Durch die Heckenkultur erleichtern wir uns die Ernte wesentlich. Die Hecke beansprucht wenig Platz und bringt uns auf relativ kleiner Fläche hervorragendes Obst.

Die Unterlagenfrage

Bei den Apfelsorten spielen die Veredlungsunterlagen eine bedeutsame Rolle. Bei guten Gartenböden und bei stark wachsenden Apfelsorten kann man schwach wachsende Unterlagen verwenden, z.B. den sogenannten Typ M IX. Bei minderguten Böden wählen wir Typ M IV oder Typ M VII. Eine gute Unterlage für mindergute Böden ist auch die neuerdings verwendete M XXVI. Sie ist allerdings noch nicht überall zu haben, so daß man sich hier mit den Typen M IV und M VII vorerst begnügen muß.

Obsthecken können wir niemals im Rasen anlegen. Der Boden unter der Obsthecke muß stets offen bleiben. Da es sich bei der Heckenkultur um eine Intensivkultur handelt, müssen wir auch stets für die Zufuhr der erforderlichen Nährstoffe Sorge tragen. Reichliche Kompostgaben im Frühjahr und Düngerhilfen mit blauem Volldünger (40–50 g/qm) im Herbst und im zeitigen Frühjahr (Anfang April) und eine Nachdüngung bei starkem Fruchtbehang mit einem Stickstoffdünger (ca. 30 g/qm) sind jährlich erforderlich, wenn andere Naturdünger, z. B. Stallmist, Hornspäne, Blutmehl etc. nicht zu erhalten sind. Die Herbstdüngung ist deshalb anzuraten, weil sich herausgestellt hat, daß in den Monaten Oktober bis November die Hauptnährstoffaufnahme bei Obstbäumen stattfindet. Der Dünger wird nicht unmittelbar an den Stamm gestreut, sondern in einer Gesamtbreite von etwa 2 m beiderseits der Hecke. Auf diese Weise kommen die Faserwurzeln, die ja die Nährstoffaufnahme bewirken, leicht in den Genuß der Düngestoffe. Das gleiche gilt übrigens für alle Arten von Obstbäumen. Der Dünger soll gundsätzlich bis zu 1 m über die Kronentraufe hinaus gegeben werden.

Empfehlenswerte Apfelsorten

Wie schon erwähnt, sind die im Handel befindlichen und in Massen angebotenen Sorten für unseren Garten in den meisten Fällen nicht geeignet, abgesehen von der Resistenz gegenüber Schädlingen und den klimatischen Ansprüchen bestimmter empfindlicher Sorten. Hier sollen wir uns lieber auf Lokalsorten beschränken oder auf einige wenige schmackhafte Sorten, die heute kaum noch angeboten werden. An erster Stelle ist hier der »Weiße Klarapfel« zu nennen. Die Früchte dieser Sorte werden am Spalier besonders groß. Er reift im August, muß aber sofort verbraucht werden, da Klarapfel durch Lagerung und Überreife schnell mehlig wird. Er ist ein beliebter Eßapfel, der einen angenehmen, weinsäuerlichen Geschmack besitzt. Gerade wegen seiner frühen Reife ist er für die Anzucht im eigenen Garten besonders wertvoll. Klarapfel läßt sich zu einem schmackhaften Apfelmus verarbeiten.

Die Sorte gilt als guter Pollenspender für andere Apfelsorten.

Apfelsorten von ausgezeichnetem Geschmack für den Rohgenuß sind auch der »James Grieve« und der »Rote James Grieve«, die ihre Reifezeit zwischen September und Anfang November haben. Es handelt sich um großfrüchtige Apfelsorten, die sehr schön gezeichnet sind. Da die Früchte nicht alle gleichzeitig reifen, empfiehlt es sich, sie je nach Reifezustand auszupflücken. Ein besonderer Vorteil dieser Sorten liegt auch darin, daß sie sehr früh- und reichtragend sind. Die Blütezeit des James Grieve liegt mittelspät, d. h. daß die Sorte kaum frostanfällig ist.

Diese Sorte ist ebenfalls ein guter Pollenspender.

Zu den für den Hausgarten interessanten Apfelsorten zählt ferner die Sorte »Geheimrat Dr. Oldenburg«, deren Reifezeit im Oktober beginnt. Sie bringt mittelgroße, lebhaft gefärbte Tafeläpfel hervor. Da sie auf schweren tonigen Böden zu Krebsbefall neigt, ist es wichtig, daß auf solchen Böden entsprechende Vorbereitungen und Bodenverbesserungen mit Sand, Styromull und vor allem mit humoser Komposterde vor der Pflanzung durchgeführt werden. Auch bei dieser Sorte handelt es sich um einen guten Pollenspender, d. h. sie ist besonders für

die Befruchtung anderer Apfelsorten geeignet.
In den Obstbaumschulen wird häufig noch die »Goldparmäne« angeboten, ein mittelgroßer Apfel, der durch seine rotgestreiften Früchte besonders auffällt. Goldparmänen sind sehr schmackhaft. Allerdings ist die Sorte sehr anfällig für Pilz- und Tierschädlinge. Bei guter Düngung und häufigem Verjüngungsschnitt kann sie jedoch gut kultiviert werden. Goldparmänen tragen in zweijährigem Abstand voll. Sie sind als Pollenspender sehr wertvoll innerhalb der gesamten Obstkultur. Goldparmänen blühen mittelspät.
Der »Jonathan« ist heute noch eine gängige Marktsorte. Die Äpfel zeichnen sich vor allem durch ihre lebhafte grüngelbe Färbung mit karmesinrotem Überzug aus. Sie sind wohlschmeckend und gut lagerfähig. Jonathan liebt einen sehr sonnigen Standort, da die Sorte sehr wärmebedürftig ist. Auf die Mehltauanfälligkeit dieser Sorte muß jedoch besonders hingewiesen werden.
Jonathan gilt ebenfalls als guter Pollenspender. Er wird Ende September/Anfang Oktober geerntet.
Eine gute Marktsorte ist die »Cox Orangen-Renette«. Sie ist etwa Mitte September erntereif und etwa ab Dezember genußreif. Die Früchte erreichen bei der Heckenkultur eine besondere Größe. Sie besitzen einen ausgezeichneten Geschmack. Bei der Cox Orangen-Renette handelt es sich um einen mittelstark wachsenden Apfel, der im Winter jeweils einen starken Rückschnitt benötigt. Ähnlich wie beim Jonathan ist auch das Wärmebedürfnis dieser Sorte besonders groß. Der Standort muß daher warm und sonnig sein.
Auch diese Sorte gilt als guter Pollenspender für andere Apfelsorten. Die Blütezeit ist mittelfrüh.
Zu den empfehlenswerten Sorten gehört der »Rote Boskoop«, und ein ganz naher Verwandter, der »Schöne aus Boskoop«. Beide Sorten sind Anfang Oktober erntereif und halten sich als Lageräpfel besonders gut. Die Sorten besitzen einen angenehmen, weinsäuerlichen Geschmack und werden im Haushalt besonders gerne bei der Zubereitung von Speisen (Füllen von Gänsebraten etc.) verwendet. Auch für den Rohgenuß sind diese Sorten sehr gut geeignet. Es handelt sich um gute Pollenspender für die Befruchtung anderer Apfelsorten.
Der »Ontario« ist ein viel zuwenig gepflanzter Apfel. Diese Sorte, die zwar verhältnismäßig hohe Ansprüche an den Boden stellt, bringt große Früchte hervor, die sehr lange haltbar sind und einen ausgezeichneten Wohlgeschmack besitzen. Ontario verlangt tiefgründigen, sehr humusreichen Boden, da er sonst leicht krebsanfällig wird. Die Erntezeit beginnt im Oktober, die Genußreife etwa ab Dezember.
Auch der Ontario-Apfel gilt als guter Pollenspender.
Als Lokalsorte mit überregionalem Rang sollte an dieser Stelle auch die »Zuccalmaglio-Renette« erwähnt werden, die sich durch einen eigenartigen Wohlgeschmack auszeichnet. Der Fruchtbehang ist so stark, das er gelegentlich ausgedünnt werden muß. Sie hat relativ geringe

Birnensorten

Die gängigen Birnensorten eignen sich im Hausgarten ebensogut für die Heckenkultur, wie die Apfelsorten. Bei den Birnen müssen wir nur darauf achten, daß der Neigungswinkel der Äste zwischen Stamm und Seitenästen etwa 30° beträgt. Nord-Süd-Ausrichtung und Pflanzabstände sind die gleichen wie bei der Obsthecke aus Apfelbüschen.

Eine der frühesten Birnensorten, die jedoch besser als Spindelbusch gezogen wird, ist die »Bunte Julibirne«, eine mittelgroße Birnensorte, die bereits Ende Juli/Anfang August reift. Diese Birne zeichnet sich besonders dadurch aus, daß sie widerstandsfähig ist gegen Schorf. Die Früchte können nicht lange gelagert werden.

Eine andere Birnensorte, die schon recht früh erntereif ist, ist die »Frühe aus Trevoux«, die bereits Anfang August geerntet werden kann und sich etwa 2–3 Wochen hält. Es handelt sich um eine edle Tafelbirne von schöner Färbung. Da sie sehr schwachwüchsig ist, wählt man als Unterlage auch bei der Verwendung in der Obsthecke stets eine Sämlingsunterlage. Diese Sorte ist ein guter Pollenspender.

Nur wenig später können wir die Früchte der Sorte »Clapps Liebling« ernten. Sie reifen im August/September. Die Früchte zeichnen sich durch ihre wunderbare Färbung, durch ihr gutes Aroma und durch ihre Größe aus. Der aufrechte Wuchs dieser Sorte bereitet einige Probleme beim Formieren der Zweige. Hier Bodenansprüche, verlangt aber in trockenen Sommern ausreichende Bodenfeuchte, Zuccalmaglio-Renetten werden Anfang Oktober geerntet und sind im November genußreif.

Als mittelfrühblühende Sorte sind sie gleichzeitig gute Pollenspender für andere Apfelsorten.

Einer der schönsten Tafeläpfel mit prächtigem Aussehen und besonderem Wohlgeschmack ist die Sorte »Freiherr von Berlepsch«, die etwa ab Dezember genußreif wird. Es handelt sich um eine Apfelsorte, die bis in den Mai hinein haltbar ist. Die Ernte erfolgt etwa gegen Ende Oktober. Die starkwachsende Sorte ist reichtragend. Sie stellt jedoch hohe Ansprüche an den Boden und verlangt viel Wärme. Da die Frosthärte verhältnismäßig gering ist, eignet sich die Sorte nur für milde Lagen.

Birnensorten vertragen höhere Temperaturen und stärkere Trockenheit als Apfelsorten, die hohe Luftfeuchtigkeit benötigen. Auch Birnen verlangen tiefgründigen, nährstoffreichen, ausreichend feuchten Boden. Stauende Nässe und hoher Grundwasserstand sind jedoch für Birnenkultur ungeeignet.

Wie die Apfelsorten, so lassen sich auch die Birnen als Spaliersorten am Hause ziehen. Hier bevorzugen wir Süd- und Südwestmauern wegen der stärkeren Sonneneinstrahlung und wegen der größeren Erwärmung.

Auch bei freier Pflanzung sollte man stets solche Standorte wählen, die sonnig, warm und windgeschützt sind. Dann kann ein gutes Gedeihen der Bäume erwartet werden.

muß jeweils rechtzeitig das Anbinden erfolgen. Als Veredlungsunterlage verwendet man bei »Clapps Liebling« stets Quitte, eine Zwischenveredlung wird angeraten, um schwachwüchsigere Formen zu erhalten.

»Clapps Liebling« eignet sich nicht für rauhe Lagen oder Lagen mit Spätfrösten. Die Sorte ist ein guter Pollenspender.

Ein erstklassiges Tafelobst, gleichzeitig aber auch eine gute Einmachbirne, ist die Sorte »Williams Christbirne«, die im September reift und die wir etwa ein bis zwei Wochen lagern können. Es handelt sich um eine sehr schmackhafte Frühbirne mit großen Früchten, die regelmäßig und reich trägt. Der Wuchs ist mittelstark. Pflanzen, die auf Quitte veredelt sind, eignen sich gut für Heckenpflanzung. Auch Sämlingsunterlagen mit Zwischenveredlung sind möglich. Die Frosthärte dieser Sorte ist sehr gering. Rauhe Lagen sind für den Anbau von »Williams Christbirne« nicht geeignet.

Sie gilt für alle mittelspätblühenden Birnensorten als bester Pollenspender.

Im September/Oktober können wir die »Gellerts Butterbirne« ernten. Es handelt sich um eine sehr saftige, große Birnenfrucht, die braunberostet ist. Für die Kultur in der Obsthecke ist diese Sorte jedoch kaum geeignet, denn sie ist sehr starkwüchsig, auch wenn sie auf Quitte veredelt ist. Ihre große Widerstandsfähigkeit gegen Witterungseinflüsse und ihre Anspruchslosigkeit in bezug auf die Bodenverhältnisse machen sie zu einer leicht zu kultivierenden Birnensorte, deren Anbau sehr einfach ist. Hervorzuheben ist die große Frosthärte der Butterbirne. Sie verträgt auch noch Lagen, in denen Birnen sonst versagen. Als Pollenspender ist sie für mittelspätblühende Sorten sehr gut geeignet. Gellerts Butterbirne läßt sich auch noch für Höhenlagen bis 400 und 500 m verwenden. Eine Sorte, die sich wesentlich besser für die Kultur in der Obsthecke eignet, ist die »Gute Luise«, die ebenfalls im September/Oktober reift. Diese wohlschmeckende Tafelfrucht ist leider sehr schorfanfällig. Sie verlangt nährstoffreichen, warmen Boden und gilt als guter Pollenspender für mittelspätblühende Sorten, ist jedoch nur bedingt frosthart und kann daher nur in klimatisch günstigen Lagen angebaut werden.

»Bosc's Flaschenbirne« wird im Oktober geerntet. Diese interessante Birnenfrucht mit den schönen länglichen flaschenförmigen oder Kalebassenähnlichen Früchten ist zwei bis drei Wochen haltbar. Es handelt sich um eine sehr gut schmekkende Sorte mit Muskatgeschmack. Sie ist windfest und fühlt sich auf trockenen Böden sehr wohl. Bei naßkalten Böden ist Schorfbefall möglich. Diese frostharte, starkwüchsige Sorte, die ein ausgezeichneter Pollenspender für spätblühende Sorten ist, sollte, auf Quitte veredelt, nur in Spindel- oder Buschform angebaut werden. Für die Obsthecke ist sie zu starkwüchsig.

Wer dennoch versuchen möchte, sie in Heckenform zu kultivieren, muß damit rechnen, daß häufiges Schneiden erforderlich ist.

Mitte September bis Anfang Oktober reift die »Köstliche aus Charneu«, eine Birnensorte, die sich sehr gut lagern läßt und etwa bis Mitte November haltbar ist. Diese saftige, großfrüchtige Birne ist eine beliebte Sorte für den Anbau im Hausgarten. Da sie auch für rauhe Lagen geeignet ist und relativ geringe Ansprüche an den Boden stellt, ist ihre Kultur nicht problematisch. Auf naßkalten Böden ist die Frosthärte gering. Als mittelfrühblühende Sorte ist sie ein guter Pollenspender. Wegen des steil aufrecht wachsenden, starken Wuchses ist sie für Heckenkultur weniger gut geeignet. Bei Spindelbüschen bzw. Büschen verwenden wir Veredlungen auf Quitte, gegebenenfalls ist eine zusätzliche Zwischenveredlung notwendig.

Eine der wertvollsten Birnensorten, die im Oktober geerntet werden können und etwa im Dezember genußreif sind, ist die Sorte »Alexander Lukas«. Diese Sorte wird auf Sämlingsunterlage mit Zwischenveredlung oder auf Quittenveredlung angeboten. Sie zeichnet sich durch mittelstarken Wuchs und guten Ertrag aus. Die Früchte sind sehr schmackhaft. Je später sie geerntet werden, desto länger halten sie sich. Hervorzuheben ist die geringe Anfälligkeit gegenüber Schorf. »Alexander Lukas« läßt sich leicht am Spalier oder an der Hecke formieren. Die Sorte liebt viel Wärme, geschützte Lagen und nährstoffreichen Boden, ist aber auch mit weniger gutem Standort noch zufrieden.

Sie ist kein Pollenspender und muß deshalb mit anderen geeigneten Sorten zusammengepflanzt werden. Die Blütezeit ist mittelfrüh.

Eine wertvolle Spätsorte ist die Sorte »Gräfin von Paris«, die erst im November geerntet wird und sich bis Januar hält. Diese großfrüchtige Sorte, von mittelstarkem Wuchs ist gegen Krankheiten besonders widerstandsfähig und kann für die Heckenkultur, auf Quitte veredelt, besonders empfohlen werden. Der Ertrag beginnt sehr früh. Die Sorte trägt regelmäßig und reich. Gräfin von Paris gehört zu den frühblühenden Sorten und ist aus diesem Grund nicht sehr frosthart.

Sie gilt als guter Pollenspender.

Eine besonders schmackhafte Sorte ist die alte bekannte Sorte »Madame Verté«, die erst im Dezember geerntet wird und im Januar genußreif ist. Die kleinen grauen Früchte, die möglichst lange am Baum verbleiben sollen, gedeihen auch unter ungünstigsten Verhältnissen. »Madame Verté« trägt regelmäßig, ist windfest und kaum anfällig für Schorf. Wegen ihrer guten Frosthärte und ihrer geringen Standortsansprüche kann sie jederzeit empfohlen werden.

Als Pollenspender kommen die Sorten »Williams Christbirne« und »Bosc's Flaschenbirne« in Betracht. Die Blütezeit ist mittelfrüh.

Äpfel sind als wohlschmeckende Obstart aus unseren Gärten nicht mehr wegzudenken. Schwachwüchsige Unterlagen (z. B. Typ IX) bewirken kleine Baumformen; (Spindelbusch, Busch, Heckenspalier) und frühen Ertrag. Die abgebildete Sorte »Cox Orangenrenette« erfreut sich jahrzehntelanger Beliebtheit.

Alternativen zu Spalier und Hecke

Welche freiwachsenden Baumformen kommen beim Kernobst für den kleinen Hausgarten in Betracht? Neben der Hekkenkultur, die in den vorangegangenen Abschnitten besprochen wurde, eignet sich für den Hausgarten auch die Kultur in Form von Spindelbüschen. Für einen Spindelbusch, der in der Baumschule als solcher direkt herangezogen wird, und sich durch einen bestimmten Kronenaufbau und eine Veredlung auf schwachwachsenden Unterlagen auszeichnet, benötigt man im Hausgarten im allgemeinen einen Platzabstand von etwa 3–3,50 m. Auch Buschformen sind in größeren Gärten möglich. Hierbei werden die Kronen höher angeschnitten als beim Spindelbusch, die Büsche entwickeln sich größer und kräftiger und bringen demzufolge auch einen höheren Ertrag.

Saftige Birnen frisch vom Baum – kein Problem für den Gartenbesitzer. Schwachwachsende Formen, auf Quitte veredelt, sind in jeder Qualitätsbaumschule erhältlich.
Die abgebildete Sorte »Clapps Liebling« reift in geschützten Lagen bereits im August/September.

Diese beiden Baumformen sind also für den Hausgarten Idealformen. Sie lassen sich leicht beernten, da die Kronen nicht zu hoch werden. Die Bearbeitung und Pflege bereiten wenig Schwierigkeiten. Höher werdende Obstgehölzformen wie z.B. Halbstämme und Hochstämme, die auf Wildlingsunterlagen veredelt sind und große Kronen ausbilden, sind für kleinere Hausgärten ungeeignet. Ein weiterer Nachteil dieser Baumformen liegt darin, daß sie relativ spät mit dem Ertrag beginnen (ca. 8–12 Jahre nach der Pflanzung). Vollerträge werden erst ab dem 15. Jahr erreicht. Der Obstanbau in Form von Halbstämmen und Hochstämmen eignet sich eher für Extensivanlagen oder für große Obstanlagen, bei denen auf Ertrag besonderer Wert gelegt wird. Für den Hausgarten genügen wie gesagt die kleineren Baumformen. Als Sorten verwenden wir bei Spindelbüschen und Buschobst die gleichen, wie die unter Heckenkultur empfohlenen. Hierbei handelt es sich um bewährte Sorten, die eine relativ große Amplitude in bezug auf den Standort, auf Klima- und Bodenverhältnisse haben. Wie bereits erwähnt, spielen auch Lokalsorten, die sich in bestimmten Bereichen als besonders ertragreich und anbauwürdig erwiesen haben, eine große Rolle. Es wird empfohlen, sich wegen solcher Sorten mit einem heimischen Gartenbauverein in Verbindung zu setzen. Bei den meisten Kreisverwaltungen stehen auch Fachberater des Gartenbaues zur Verfügung, die gern entsprechende Auskünfte erteilen oder weiterhelfen.

Grundsätzliches über den Schnitt der Obstgehölze

Das Schneiden der Obstgehölze ist für manchen Gärtner beinahe eine Weltanschauung. Vielleicht rührt daher die Angst, man könnte einen Baum leicht verschneiden und damit die Ernte zunichte machen.

Wir brauchen uns hier keine großen Sorgen zu machen, wenn wir beim Schneiden der Bäume einige grundsätzliche Regeln beachten.

Man unterscheidet Aufbau-, Erziehungs- und Überwachungsschnitt. Den Aufbauschnitt führt die Baumschule durch. Die weitere Erziehung des Baumes beginnt mit dem Pflanzschnitt an Krone und Wurzeln, den wir uns in der Baumschule vorführen lassen können. Da jedoch die Knospen der zurückgeschnittenen Triebe beim Transport leicht abgestoßen werden können, führen wir ihn besser selbst aus. Im Prinzip kürzt man hierbei den Leittrieb (Mitteltrieb) um etwa 1/3 seiner Länge so ein, daß das letzte Auge (Knospe) über der vorjährigen Schnittstelle zu stehen kommt. Die Seitentriebe schneidet man »auf Saftwaage«, d.h. etwa auf gleiche Höhe um die Hälfte ihrer Länge zurück, wobei zu beachten ist, daß die obersten Augen nach außen zeigen, damit die sich bildenden neuen Triebe in diese Richtung und nicht in die Krone hineinwachsen. Der Schnitt erfolgt mit einer scharfen Schere etwa 2 mm über dem Auge. Bei der weiteren Pflege ist darauf zu achten, daß die Baumkrone einen pyramidenförmigen Aufbau behält. Auch die 3 oder 4 seitlichen Hauptäste sind pyramidenförmig aufzubauen, d.h. so zu schneiden, daß die oberen Nebentriebe kürzer, die unteren länger bleiben.

Bei Pfirsichen und Aprikosen verfährt man gern umgekehrt. Hier baut man sogenannte Trichterkronen auf. Man läßt die Seitentriebe zu einem hohen Trichter heranwachsen und nimmt den Leittrieb heraus.

Beim späteren Überwachungsschnitt sorgen wir dafür, daß krankes, abgestorbenes Holz, nach innen wachsende und zu eng stehende Zweige und Äste, die sich zu nahe kommen oder behindern, entfernt werden. Fruchtholz, das man an seiner gedrungenen oder gestauchten Form und den dickeren Knospen erkennt, entfernt man nur dann, wenn es zu reichlich vorhanden ist und die Früchte durch Massenertrag klein bleiben. (Hier ist auch das Auspflücken der Früchte angebracht).

In diesem Zusammenhang wird nochmals auf die Schneidekurse hingewiesen, die von Gartenbauvereinen, Obstbauversuchsanstalten, und Instituten der Landwirtschaftskammern regelmäßig durchgeführt werden.

Freiwachsende Baumformen

Spindelbüsche benötigen von den Baumformen den kleinsten Raum. Sie kommen mit einem Platz von 5–9 qm aus, da sie nur einen relativ geringen Kronenradius besitzen (je nach Veredlungsunterlage). Man rechnet etwa 10 kg gutes Tafelobst pro Baum. Spindelbüsche benötigen einen relativ hohen Pflegeaufwand. Der Boden muß in einem guten, garen Zustand sein. Tiefgründiger, humoser Boden ist beste Voraussetzung für das Gedeihen. Spindelbüsche werden auf schwach wachsenden Typenunterlagen gezogen. Sie müssen deshalb mit einem Baumpfahl versehen werden. Bei der Pflanzung von Spindelbüschen ist darauf zu achten, daß die Veredlungsstelle nicht in den Boden gerät. Zu tief gepflanzte Spindelbüsche lösen sich von der Unterlage. Die Obstsorten bilden eigene Wurzeln aus und wachsen dann so stark wie es bei einem normalen Hochstamm zu erwarten ist. Das Schneiden und die Behandlung der Spindelbüsche während der Vegetationsperiode und während der Vegetationsruhezeit verlangen besondere Kenntnisse. Es wird empfohlen, an einem der zahlreichen und überall bei Gartenbauvereinen und Landwirtschaftskammern durchgeführten Schneidekursen teilzunehmen.

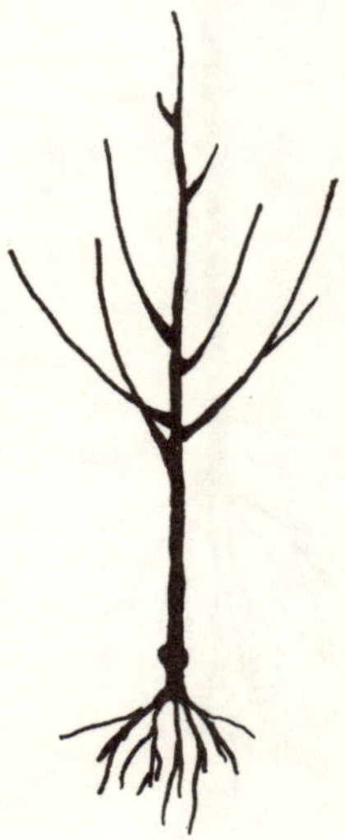

Spindelbusch

Die nächstgrößere Baumform die sich auch noch im kleineren Hausgarten verwenden läßt, ist der *Buschbaum*. Hierbei handelt es sich um Baumformen, die eine Stammhöhe von 40–80 cm besitzen. Buschbäume werden etwas größer als Spindelbüsche. Das hängt mit der Art des Schneidens und mit den verwendeten Unterlagen zusammen. Buschbäume tra-

Busch

gen früh und sind wegen der niedrigen Kronenhöhe leicht zu bearbeiten.
Verschiedentlich werden in Baumschulen auch Viertelstämme herangezogen. Sie besitzen eine Höhe von 0,80–1,20 m bis zum Kronenansatz. Es handelt sich aber hierbei nicht etwa um Äpfel und Birnen, die auf Zwergunterlagen veredelt sind, sondern um Bäume, die genau wie Hoch- und Halbstämme sich entwickeln und beachtliche Höhen erreichen. Der Vorteil liegt lediglich in dem niedrigen Kronenansatz.
Halbstämme besitzen eine Stammhöhe von 1,20–1,50 m bis zum Kronenansatz. Sie eignen sich für Hanglagen und windexponierte Lagen besser als Hochstämme, da die Hebelkraft des Windes durch den Halbstamm verringert wird. Wegen der Stammhöhe ist die Bearbeitung des unter dem Baum befindlichen Erdreiches verhältnismäßig einfach. Maschineneinsatz ist sehr leicht möglich. Halbstämme bilden volle Kronen aus und eignen sich selten für den kleineren Hausgarten. Sie haben nur im Ertragsobstbau heute eine gewisse Bedeutung.
Hochstammformen werden im Hausgar-

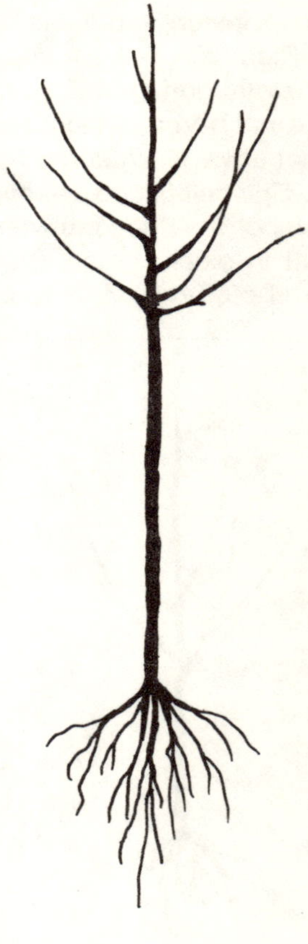

Halbstamm

ten kaum verwendet. Sie eignen sich besser für Plätze, Viehweiden und zur Bepflanzung von Bauernhöfen. Als Schutz vor Beschädigung wird die Krone bei 1,80–2,00 m angeschnitten. Halb- und Hochstämme benötigen in der Jugend eine zusätzliche Stützung durch einen Pfahl. Die Kronen der auf Wildlingen veredelten Sorten erreichen die volle Größe eines ausgesäten Baumes. Der Ertrag beginnt sehr spät. Die Ertragsmengen liegen dann allerdings wesentlich höher als bei Spindelbüschen und Buschbäumen.

Je größer die Baumform, desto größer muß auch der Pflanzabstand sein. Bei Fächerspalieren und Heckenpflanzungen kommen wir mit einem gegenseitigen Abstand von 2,50–3,00 m aus. Spindelbüsche verlangen Seitenabstände oder Reihenabstände von 3,50–5,00 m, Buschbäume, Apfelbüsche, werden im Reihenabstand von 5 m gesetzt, Birnenbüsche im Abstand von 4–6 m je nach Sorte (aufrecht wachsende Sorten können enger gepflanzt werden), Quittenbüsche werden auf 5–8 m Abstand gepflanzt, Sauerkirschenbüsche auf 3–4 m Abstand, Halbstämme von Pflaumen, Zwetschen, Sauerkirschen auf 5–8 m Abstand. Hoch- und Halbstämme, sowie Viertelstämme von Äpfeln, Birnen und Süßkirschen verlangen einen allseitigen Abstand von 8–12 m.

Lohnender Anbau seltener Obstarten

Äpfel und Birnen können wir heute fast in jeder Sorte und Menge beinahe sogar zu allen Jahreszeiten im Geschäft käuflich erwerben. Unser Augenmerk sollte daher auf solche Obstsorten gerichtet sein, die normalerweise nicht leicht erhältlich sind, und die trotzdem den Anbau lohnen, weil sie sich durch einen hervorragenden Geschmack oder durch sonstige Besonderheiten auszeichnen. Zu ihnen gehört beispielsweise die Quitte.

QUITTEN verlangen humosen, lockeren feuchten Boden und einen warmen, geschützten Standort im Garten.

Sie können als Busch- oder als Halbstamm gezogen werden. Für den kleinen Hausgarten wird die Buschform empfohlen. Man unterscheidet Apfel- und Birnenquitten, beide bringen große, leuchtendgelbe Früchte mit aromatischem Duft hervor. Der Geschmack ist in beiden Fällen der gleiche, sie unterscheiden sich lediglich in der Form.

Quitten stellen keine großen Ansprüche in bezug auf die Pflege. Das auf der Unterseite silbrig behaarte Laub wird selten von Schädlingen befallen. Im Frühjahr erscheinen die schöngeformten einzelnen Blüten, und verwandeln dieses Obstgehölz in einen herrlichen Zierstrauch, der in jedem Ziergarten seinen Platz finden könnte. Auch die großen, leuchtendgelben Quittenfrüchte sind sehr dekorativ. Quitten lassen sich also auch leicht im Ziergarten als Solitärgehölz unterbringen, oder sie finden in der Abpflanzung zwischen anderen Ziergehölzen ei-

Gemeine Mispel

nen Platz. Aus Quitten läßt sich der beliebte Quittengelee oder die Quittenpaste herstellen. Quitten sind auch als Zusatz zu Marmeladen ein beliebtes Mittel zur Geschmacksverfeinerung. Die Früchte von Quitten und Zierquitten

(Chaenomeles japonica) legten die Hausfrauen früher in die Wäschetruhe, um der Wäsche einen angenehmen Duft zu geben.
MISPELN (Mespilus germanica) sind in unseren Gärten selten geworden. Wie die Quitte, so ist auch die Mispel ein äußerst dekoratives Gehölz in unseren Gartenanlagen. Die großen, dunkelgrünen, scharf gezeichneten Blätter sind frei von Schädlingen und Ungeziefer. Im Frühsommer erscheinen an den belaubten Zweigen die großen weißen Blüten, die dem Baum das Aussehen eines Ziergehölzes verleihen. Interessant sind die Früchte, die nur in faulem Zustand verwertbar sind. Sie besitzen einen eigentümlichen säuerlichen Geschmack. Die Mispel wird auf Weißdornunterlage oder auf Quitte veredelt im Handel angeboten. Mispeln pflanzen wir zweckmäßigerweise als Halbstamm, da die Kronenbreite verhältnismäßig groß ist (4–5 m) und die Pflanzen in dieser Form noch einen Unterbewuchs gestatten.
Auch die Mispel kann in der Abpflanzung zwischen Ziergehölzen oder Decksträuchern oder als Solitärgehölz an einer bevorzugten Stelle des Gartens ihren Platz finden.

Mährische Eberesche *(Sorbus aucuparia Moravica)*
An dieser Stelle soll noch auf eine andere ungewöhnliche Obstart hingewiesen werden, die in unseren Gärten Seltenheitswert besitzt und nur hier und dort gelegentlich im Ziergarten anzutreffen ist. Es handelt sich um die reichtragende »Mährische Eberesche« (Sorbus aucuparia Moravica oder S. a. »Edulis«). Dieser industriefeste, schlanke Baum gedeiht in voller Sonne und im Halbschatten. Er stellt keine großen Ansprüche an die Bodenverhältnisse und gedeiht willig auch noch auf schwachsauren Böden. Die Blüten, die im Frühsommer in Ebensträußen dicht zusammenstehen, sind eine ausgezeichnete Bienenweide. Im Frühherbst reifen die großen orangeroten Früchte, die nicht nur einen ausgezeichneten Gartenschmuck abgeben sondern auch sehr wohlschmeckend sind. Der säuerliche Geschmack wird durch den hohen Vitamin C-Gehalt hervorgerufen. Die Früchte lassen sich gut zu Marmeladen und Gelees verarbeiten (wie Preißelbeeren) und werden von Kennern zur Herstellung von »Aufgesetzten« gern verwendet. Auffällig ist an diesem Baum auch die schöne Herbstfärbung der gefiederten Blätter, die sich über leuchtendgelb zu braun verfärben.
Krankheiten und Schädlinge sind nicht bekannt.
Die Mährische Eberesche kann in den Baumschulen als Heister oder Hochstamm bezogen werden. Für kleinere Gärten sind die frühtragenden Heister besser geeignet. Mehrtriebige Stammbüsche, die in Anzuchtbetrieben ebenfalls angeboten werden, sind besonders dekorativ. Sie verlangen im Garten einen Extraplatz.

Steinobst für den Hausgebrauch

Kirschen

Süßkirschen sind für den kleinen Hausgarten in den meisten Fällen ungeeignet. Schon an den Standort stellen sie gewisse Ansprüche. Der Boden muß tiefgründig, leicht, sandig oder mittelschwer sein. Nasse, schwere Böden sind ungeeignet. Süßkirschen verlangen darüber hinaus einen hohen Kalkgehalt. Eingeschlossene Lagen sagen ihnen nicht zu. Kaltluftgebiete und ungünstige Hanglagen (Ostlage, Nordlage) sind ebenfalls für Süßkirschenkultur nicht geeignet. Hinzu kommt die Anfälligkeit gegenüber zahlreichen Krankheiten. In günstigen, warmen Lagen sind die Blüten durch Nachtfröste gefährdet. Feuchte, regnerische Witterung während der Blüte wirkt sich auf den Fruchtansatz nachteilig aus. Regenfälle zur Zeit der Fruchtreife schädigen die Früchte. Sie platzen und werden krank. Hohe Luftfeuchtigkeit führt zu Monilia, Schorf und anderen Pilzerkrankungen. Wegen ihres starken Wuchses ist die Süßkirsche für den Form- und Spalierobstbau nicht geeignet. Sie muß als Halb- oder Hochstamm gezogen werden. Das bedeutet, daß bei einem Kronendurchmesser von mindestens 10 m bei einem ausgewachsenen Baum (ca. 15 Jahre) eine Gesamtfläche von etwa 100 qm beschattet wird. Auf die schmackhaften Süßkirschen wie »Schneiders späte Knorpelkirsche«, die »Hedelfinger Riesenkirsche« oder die »Gelben Knorpelkirschen« muß man bei kleinerem Gartenraum daher leider verzichten. Hier lohnt sich eher der Anbau von Sauerkirschen. Zwar stellen Sauerkirschen ähnliche Ansprüche an Boden und Klima wie die Süßkirschen, sie sind aber doch ingesamt mit weniger zufrieden, nehmen sogar mit Sandboden vorlieb und gedeihen selbst bei höherem Grundwasserstand. Sauerkirschen lassen sich in verschiedenen Baumformen kultivieren. Im kleinen Garten verwenden wir sie als Fächerspalier, als Busch- oder äußerstenfalls als Halbstamm. Von Hochstammformen sollte man aus Platzgründen Abstand nehmen. Beim Fächerspalier können Ost-, West- und sogar Nordlagen gewählt werden. Der Name »Schattenmorelle« ist irreführend. Er besagt nicht, daß diese beste unserer Sauerkirschsorten nun auch unbedingt im Schatten stehen muß. Sauerkirschen gedeihen nämlich sicherlich genausogut in sonniger Lage oder im lichten

Stand. Der Vorteil dieser Kirschensorten liegt allerdings darin, daß sie auch mit geringerer Besonnung zufrieden sind und trotzdem noch annehmbare Erträge liefern.
Neben dem Fächerspalier ist die beste Form für den kleinen Hausgarten die Buschform. Morellenbüsche sind leicht zu pflegen und zu warten und bringen für den Hausgebrauch gute Erträge. Da die Sauerkirschen meist spät im Jahr blühen, sind sie den Nachtfrösten nicht so ausgesetzt, wie beispielsweise die Süßkirschen. Infolgedessen sind die Erträge auch sicherer.
Besonders dankbar sind Sauerkirschen für Bodenpflege. Jährliche reiche Humusgaben und zusätzliche Düngung mit blauem Volldünger und Kalk können die Erträge erheblich steigern. Bei den Sauerkirschen spielt der Schnitt eine große Rolle. Um sie vor Gummifluß und Spitzendürre (Monilia) zu bewahren, müssen wir sie stets in starkem Wachstum erhalten. Aus diesem Grund ist ein jährlicher starker Rückschnitt erforderlich.
Bei Sauerkirschen ist auch die Halbstammform im Hausgarten möglich, da Sauerkirschen verhältnismäßig kleinkronig sind bzw. durch Schnittmaßnahmen verhältnismäßig kleinkronig gehalten werden können.
Eine der besten Sauerkirschsorten ist die »Große Lange Lotkirsche«, die besser als Schattenmorelle bekannt ist. Sie bringt große, dunkelbraunrote Früchte hervor und ist eine ideale Einmachfrucht. Schattenmorellen tragen sehr früh und reich. Ihre Frosthärte ist sehr gut. Die Sorte ist selbstfruchtbar. Andere Sauerkirschsorten sind die »Diemitzer Amarelle«, eine halbsaure Sorte, sowie die »Spanische Glaskirsche«.
In manchen Gegenden wird auch noch eine frühe Sauerkirsche »Ludwigs Frühe«, eine säuerliche Kirsche mit mittelgroßen Früchten, angebaut. Diese Sorte zeichnet sich durch ihre frühe Reife und Moniliafestigkeit aus.

Pflaumen, Zwetschen, Mirabellen

Zum Steinobst gehören auch die Pflaumen, Zwetschen und Mirabellen. Für den Hausgarten genügt meist ein Exemplar dieser an Boden und Klima gewisse Ansprüche stellenden Obstarten.
Pflaumen lieben eine warmen, humosen, gut durchlüfteten Boden, der ausreichend mit Kalk versorgt sein muß. An die Tiefgründigkeit stellen sie keine großen Ansprüche, da sie verhältnismäßig flach wurzeln. Nur bei Renekloden, Mirabellen und großfrüchtigen Eierpflaumen ist tiefgründiger Boden die Voraussetzung für gutes Gedeihen.
Zwetschen bevorzugen eine etwas eingeschlossene Lage, gedeihen aber auch in freier Lage noch leidlich, wenn sie nicht starken Winden ausgesetzt sind. Der Fruchtbehang erfolgt bei Pflaumen und Zwetschen meist im zweijährigen Turnus. Trockenheit zur Zeit des Fruchtansatzes bewirkt starken Fruchtfall. Es empfiehlt sich daher, in trockenen Lagen um diese Zeit besonders häufig und nachhaltig zu wässern. Bei den Zwetschen gibt es eine

Anzahl von Lokalsorten, die in den jeweiligen Gegenden durch Ausläufer vermehrt werden (Spilling, Stromberger Hauszwetsche). Zwetschensorten, die auf diese Weise vermehrt werden, sollten jedoch nur von besten Mutterbäumen abgenommen werden. Die wichtigsten im Handel befindlichen gängigen Pflaumensorten, die auch für den Hausgarten eine Bedeutung besitzen und dem Hobbygärtner reiche Ernten bescheren können, sind in den folgenden Kapiteln näher beschrieben.

Eine der frühesten Pflaumensorten ist die »Oullins Reneklode«. Sie kann etwa Anfang bis Mitte August geerntet werden. Der breitkugelig wachsende Baum besitzt wegen der frühen Blüte nur eine geringe Frosthärte. Die Sorte ist selbstfruchtbar, die Früchte sind groß, grünlichgelb und sehr wohlschmeckend. Sie lösen sich nicht vom Stein.

Eine der besten dunkelblauen, großfrüchtigen Pflaumen ist »The Czar«. Diese Pflaumensorte reift etwa Anfang bis Mitte August. Es handelt sich hierbei um eine ausgezeichnete Tafelsorte. Die Sorte ist sehr frosthart. Der Wuchs des Baumes ist sparrig, breitwüchsig. Die Sorte trägt früh, regelmäßig und reich. Sie ist selbstfruchtbar.

Eine sehr beliebte und bekannte Sorte ist die »Königin Viktoria Pflaume«. Sie gehört mit ihren großen leuchtend gelbroten Früchten zu den Massenträgern, die im September ihre Früchte hervorbringen. Die stark hängenden Zweige brechen leicht. In den Früchten befinden sich oftmals Harzausbildungen. Diese Pflaumenart verlangt einen sehr nährstoffreichen, gut gekalkten Boden und geschützte Lage. Im Winter ist Verjüngungsschnitt erforderlich, um den Baum gesund zu erhalten. Die Sorte ist frosthart und selbstfruchtbar.

Eine der besten Einmachpflaumen ist die »Graf Althanns Reneklode«, mit großen, runden, blauroten Früchten, die im September reif werden. Die Früchte sind sehr saftig und lösen sich gut vom Stein. Die Sorte ist starkwüchsig und bildet breite Kronen aus. Die Bodenansprüche sind nicht sehr groß. Auch Klima und Lage können rauher und anspruchsloser sein. Graf Althanns Reneklode ist sehr frosthart. Selbstbestäubung ist nicht möglich. Für die Fremdbestäubung pflanzt man am besten eine Hauszwetsche oder eine andere Reneklodenart (siehe unten) in die Nähe.

Die »Große Grüne Reneklode« ist eine bekannte alte Sorte, die etwa Anfang bis Mitte September heranreift. Im Gegensatz zu ihrem Namen sind die Früchte nicht so groß wie bei den übrigen Renekloden. Es handelt sich um eine begehrte Einmachsorte von mittelstarkem Wuchs. Sie liebt nährstoffreichen Boden und geschützte, sonnige Lagen. Sie besitzt eine große Frosthärte. Selbstfruchtbarkeit ist nicht gegeben, daher ist es wichtig, daß andere Pflaumensorten (z.B. »Graf Althanns Reneklode« oder eine Zwetschensorte) zur Fremdbestäubung gleichzeitig angebaut werden oder sich in der Nachbarschaft des Gartens befinden.

Als Einmachfrucht sind besonders die Mirabellen beliebt. Beste Sorte ist die »Mirabelle von Nancy«, die etwa Mitte August reift. Sie bringt kleine, runde, gelbe, rötlichgepunktete Früchte hervor, die eigentlich erst als Einmachfrucht ihr volles Aroma entwickeln. Mirabellen wachsen mittelstark und tragen sehr spät, dann aber regelmäßig und reich. Sie verlangen sonnigen, guten Standort in geschützter Lage und tiefgründigen, humosen, kalkhaltigen Boden. Ihre Frosthärte ist gering. Mirabellen sind selbstfruchtbar. Sie können auch durch Wurzelausläufer leicht vermehrt werden.

Die Zwetschensorten. Wie bereits gesagt, gibt es hier eine Reihe von Lokalsorten, die für den jeweiligen Standort und das Lokalklima von Bedeutung sind und hier gute Erträge erwarten lassen. Daneben gibt es eine Reihe von Zwetschenzüchtungen, unter denen die »Bühler Frühzwetsche« besonders erwähnenswert ist. Sie bringt große, eirunde, blaubereifte Früchte Mitte August hervor. Der Baum ist starkwüchsig und wächst aufrecht. Er liebt guten, nahrhaften, kalkgedüngten Boden. Ausreichende Bodenfeuchtigkeit muß vorausgesetzt werden, da sonst die Früchte nicht richtig ausreifen und sich nicht vom Stein lösen. Diese Zwetschenart bringt sehr früh und regelmäßig große Erträge. An guten Standorten ist darauf zu achten, daß der Behang nicht zu stark wird, weil sonst die Äste leicht brechen können.

Bühler Frühzwetschen sind selbstfruchtbar, ihre Frosthärte ist jedoch wegen der frühen Blüte gering.

Auch die »Wangenheims Frühzwetsche«, die Mitte September erntereif ist, gehört zu den empfehlenswerten Zwetschen. Die Früchte sind zwar nur mittelgroß, schmecken aber sehr süß. Bei dieser Zwetsche handelt es sich um eine starkwachsende, breitwüchsige Sorte, die hohe Ansprüche an die Nährstoffversorgung des Bodens stellt. Sie ist sehr frosthart, trägt früh und sehr reich. Wie die vorgenannte Sorte ist auch die Wangenheims Frühzwetsche eine selbstfruchtbare Sorte.

Als wichtigste Sorte unter den Zwetschen ist die »Blaue Hauszwetsche« zu nennen, die Mitte bis Ende September geerntet wird. Die Früchte sind zwar nur mittelgroß, können aber bis zu den ersten Frösten am Baum verbleiben und besitzen dann erst ihr volles Aroma. Es gibt eine Reihe von Spielarten mit unterschiedlichem Wert. Der Wuchs des Baumes ist mittelstark, die Krone kugelig. Sie verlangt gelegentlich starken Rückschnitt, um ein Ausbrechen der stark mit Früchten behangenen Äste zu vermeiden. Die Sorte ist absolut frosthart und selbstfruchtbar und ist ein wertvolles Gehölz für die Fremdbestäubung anderer Zwetschen und Pflaumensorten. Hauszwetschen sind beliebte Einmachfrüchte. Für einen Haushalt genügt ein Baum.

Pfirsiche und Aprikosen

Man hört häufig von großen Mißerfolgen, die bei der Kultur von Pfirsichen auftreten. In den meisten Fällen ist die Kultur der Pfirsiche eine Standortfrage. Pfirsiche sind im Weinklima zu Hause, und nur dort, wo sie die besten Standortsvoraussetzungen in bezug auf Boden und Klima vorfinden, können wir auch mit zufriedenstellenden Ernten und gesundem Obst rechnen. Für rauhere Gegenden gibt es jedoch auch eine Reihe von robusteren Sorten, die zwar kleinere, aber doch sehr wohlschmeckende Früchte hervorbringen. Wenn wir ihnen einen günstigen Standort (Südwand, Fächerspalier) verschaffen, ist auch hier mit sicheren Erträgen zu rechnen.

Pfirsiche lieben gut durchlüfteten, tiefgründigen Boden, der auch genügend feucht sein muß. Trifft dies nicht zu, so müssen wir besonders zu Zeiten des Fruchtansatzes und einige Wochen vor der Ernte der Früchte durch kräftiges Wässern (bei trockener Witterung) nachhelfen. Pfirsiche wollen windgeschützt stehen. In exponierten Lagen sind Erträge nicht zu erwarten. Durch geeignete Schutzpflanzungen können wir das erforderliche Weinklima schaffen. Auch mit Strohmatten schaffen wir bei windgefährdeten Lagen Abhilfe, dies ist aber nur ein vorüberegehender und sehr aufwendiger Ersatz. Dauerhafter sind Windschützzäune aus Flechtmatten (Bongossigeflecht, imprägniertes Kiefernholzgeflecht).

Schweren Boden lockern wir durch Beimengungen von viel Komposterde, Bauschutt und Kalksteinschotter. Auch durch Beimengung von Sand erreichen wir eine nachhaltige Lockerung. Es ist aber darauf zu achten, daß ausreichend Kalk im Boden vorhanden ist, andernfalls hat der Pfirsich stark unter Gummifluß zu leiden und stirbt früh ab. Auf schweren Böden reifen die Triebe des Pfirsichs nicht aus und sind daher frostgefährdet. Pfirsiche tragen relativ früh. In den meisten Fällen ist der Fruchtansatz so groß, daß wir ihn kräftig ausdünnen müssen. Man entfernt nach dem Fruchtansatz so viele Früchte von den Zweigen, daß zwischen den einzelnen Pfirsichen ein Mindestabstand von 10–12 cm Zwischenraum verbleibt.

Ein besonderes Problem bei der Kultur von Pfirsichen stellt die gefürchtete Kräuselkrankheit dar. Sie wird durch Pfirsichblattläuse übertragen, die diese Krankheit wirtswechselnd auch auf Kartoffeln bringen. Es gibt Sorten wie z. B. »Amsden« oder »Madame Rogniat«, die dagegen widerstandsfähig sind.

Zu den bekanntesten Sorten gehört der »Amsden«, der bereits Mitte bis Ende Juli reift. Die Frucht ist mittelgroß, kugelig, gelb mit roten Backen und besitzt weißes Fleisch, das sich nicht vom Stein löst. Wie bereits gesagt, ist diese Sorte sehr widerstandsfähig gegen die Kräuselkrankheit. Der Ertrag ist regelmäßig und reich, durch Ausdünnen werden die Früchte besonders groß. Die frühe Blüte des Amsden ist allerdings in rauheren Lagen frostgefährdet.

»Madame Rogniat« reift erst Ende August. Hierbei handelt es sich um einen Pfirsich, der gleichmäßige runde Früchte hervorbringt, die auf gelbem Grund karminrot gefärbt sind. Das Fleisch ist weich, sehr saftig und wohlschmeckend. Die Sorte löst sich vom Stein. Sie ist sehr empfehlenswert, zumal sie auch eine ausreichende Frosthärte besitzt.

Als späte Sorte soll an dieser Stelle stellvertretend für verschiedene andere Lokalsorten der »Kernechte vom Vorgebirge« genannt sein, der Anfang bis Mitte September geerntet werden kann. Der

Kernechte bringt mittelgroße bis große Früchte hervor, die mehr länglich als breit sind und eine starke Behaarung aufweisen. Die Grundfarbe ist gelblich, an der Sonnenseite dunkelrot, das Fleisch weiß bis grünlich und sehr aromatisch. Da sich das Fruchtfleisch gut vom Stein löst, handelt es sich bei dieser Sorte auch um einen sehr guten Einmachpfirsich. Die Sorte ist sehr widerstandsfähig gegen die Kräuselkrankheit und bringt sehr hohe Erträge. Wenn auch wurzelechte Vermehrungen und Vermehrungen durch Aussaat möglich sind, so ist veredelten Pflanzen, die von besonders guten Ertragspflanzen gewonnen werden, der Vorzug zu geben.

Pfirsichsorten können in günstigen Lagen auch auf Pfirsichsämlingen veredelt werden. In weniger günstigen Lagen verwendet man die Marunke als Unterlage. Diese Pflaumenart besitzt geringere Bodenansprüche und bewirkt bei Pfirsichen einen frühen Ertrag.

Wenn auch Aprikosen noch höhere Ansprüche an das Klima und an die Bodenverhältnisse stellen als die Pfirsiche und wenn Aprikosen eigentlich auch nur in klimatisch besonders begünstigten Lagen zufriedenstellende Ernteerträge bringen, so sollte man sie doch einmal, wenn auch z. B. nur als Spalierbaum an einer Südwand versuchen. Mit einem geeigneten Hintergrund können auch bei Südlagen in weniger günstigen Bereichen noch Erträge an Aprikosen erzielt werden. Besonders hübsch ist die Aprikosenblüte im zeitigen Frühjahr. Alle Aprikosensorten sind selbstfruchtbar und bieten daher in bezug auf die Bestäubung keine Probleme. Unter den bekannten im Handel befindlichen Sorten sind die »Wahre große Frühaprikose«, die im Juli bis August reift, zu nennen, und die »Ungarische Beste«, die etwa ab Mitte August geerntet werden kann. Letztere ist ein ziemlich starkwachsender Baum, der sehr geringe Anfälligkeit gegenüber Schädlingen aufweist. Seine frühe Blüte ist erstaunlich widerstandsfähig gegen Frost. Diese Sorte bringt gute und regelmäßige Erträge. Auch die »Aprikose von Nancy«, die im August heranreift, gehört zu den mittelstarkwachsenden, gesunden Sorten, die zum Anbau empfohlen werden können.

Die Sorte fruchtet stark, ist allerdings in der Blüte etwas frostempfindlicher als die übrigen Sorten. Die Regenempfindlichkeit ist gering.

Schlehe

Schwarzdorn, Heckendorn *(Prunus spinosa)*. Man muß dieses hübsche Ziergehölz aus der Familie der Rosengewächse wohl mehr zu den Obstgehölzen als zu den Heilpflanzen rechnen. Der Strauch ist relativ anspruchslos. Zwar schätzt er kalkhaltigen Boden, nimmt aber doch mit jedem Gartenboden vorlieb.

Im zeitigen Frühjahr, noch vor der Kirschblüte, entfalten sich die weißen Blüten in unendlicher Fülle und machen den Strauch dadurch zu einem liebenswerten Frühlingsboten im Garten. Die blaubereiften rundlichen Früchte erscheinen im

Herbst. Sie sind nur in ausgereiftem Zustand genießbar und besitzen einen herbsäuerlichen, zusammenziehenden Geschmack.
Schlehenfrüchte sind zur Bereitung von Schnäpsen und Aufgesetzten seit alters her beliebt und bekannt.
Auch die Volksheilkunde hat sich intensiv mit dieser Pflanze beschäftigt und festgestellt, daß die Blüten, die früher unter der Bezeichnung »Flores Acaciarum« gehandelt wurden, als Blutreinigungsmittel und zur Anregung des Stoffwechsels geeignet sind. Der Tee von Schlehenblüten (1–3 g/Tasse kochendes Wasser) wirkt leicht abführend und wird daher bei Verstopfungen im Kindesalter gern verwendet. Den Früchten sagt man eine günstige Beeinflussung von Herz und Kreislauf nach. Sie gelten bei Erschöpfungszuständen als willkommenes Stärkungsmittel. Außerdem sagt man ihnen eine günstige Auswirkung auf Pickel, Mitesser und sonstige Hautunreinheiten nach.
Schlehenbäder werden als Kräftigungsmittel empfohlen. Hierzu kocht man 1 Pfund frische Schlehen etwa 1 Std. lang und gibt den ausgepreßten Saft in das Badewasser.
Die Schlehe ist ein wehrhafter Strauch. Die Zweige enden in nadelspitzen, starken Dornen. Schlehengebüsch bietet daher ideale Nistgelegenheiten für die heimischen Singvögel. Auch der selten gewordene Neuntöter fühlt sich hier heimisch. Schon aus Gründen des Vogelschutzes sollten daher Schlehen viel häufiger in den Gärten angepflanzt werden.
Die Schädlinge sind etwa die gleichen wie bei Zwetschen und Pflaumen.

Schalenobst mit vielen guten Eigenschaften

Hinter diesem merkwürdigen Namen verbergen sich Köstlichkeiten, die wir aus dem Garten als Schätze für den Winter bergen. Es sind die Nüsse. Wer kennt sie nicht, die schönen Lieder und Sprüche, die uns an gemütliche Winterabende, an Nüsseknacken am Kamin, an Weihnachtsfest und Nikolaus erinnern. Unter den schönen, holzigen Schalen sitzen recht kalorienreiche Kerne, denn Nüsse haben einen sehr hohen Fettanteil. Er beträgt etwa 60–65%. Aber auch Eiweiß und etwas Vitamin C sind in den Nüssen enthalten. Da die Kerne wenig Wasser besitzen, sind sie sehr lange haltbar.

Eigentlich sollte man Nüsse schon allein wegen des hübschen Aussehens der Früchte im Garten pflanzen. Die Ernte ist stets ein besonderes Vergnügen, das gilt vor allem für die Kinder, die ein Wettsuchen veranstalten können. Natürlich müssen wir Obacht geben, daß nicht die geschäftigen Eichkatzen oder die Mäuse ein bißchen schneller sind und wir das Nachsehen haben.

Walnüsse sind für kleinere Gärten ungeeignet, denn die Bäume können beachtliche Größen erreichen. Sie kommen nur für große Gärten in Frage, wo sie als Solitärgehölz in der Nähe des Hauses oder an einer exponierten Stelle gepflanzt werden können. Walnüsse lieben tiefgründigen, leicht kalkhaltigen Boden, und einen sonnigen Standort. Da sie schon sehr früh im Jahr blühen und auch sehr früh treiben, können sie an spätfrostgefährdeten Stellen sehr leiden und kommen dort fast niemals zum Tragen. Bei Walnüssen pflanzen wir möglichst veredelte Sorten, da die aus Samen gezogenen Bäume oft kleinfrüchtig sind, oder keine befriedigenden Ernten und Erträge bringen. Beim Pflanzen von Walnußbäumen muß man darauf achten, daß die Bäume keinen Rückschnitt erhalten, da sie leicht ausbluten können. Wenn überhaupt ein Schnitt erforderlich ist, dann nur im Hochsommer in vollbelaubtem Zustand.

Das Laub der Walnüsse vertreibt Mücken und Fliegen. Ein Walnußbaum an einem Sitzplatz sorgt auf solche Weise für eine natürliche Schädlingsabwehr.

Für den Hausgarten eignen sich jedoch besser Haselnüsse, die es in verschiedenen Sorten gibt. Der Haselnußstrauch gehört zu den anspruchslosesten und dankbarsten Gehölzen unseres Gartens. Er kann als Deckstrauch zur Abpflanzung eines Hausgartens, zur Abschirmung gegen eine Straße oder ein Nachbargrundstück gute Verwendung finden. Haselnüsse vertragen halbschattigen und schattigen Standort, tragen dann jedoch nicht so reichhaltig wie in sonniger Lage. Sie eignen sich auch vorzüglich mit anderen Gehölzen zusammen als Windschutzpflanzung. Der natürliche Standort der Haselnüsse ist der Laubwald, und zwar humus- und kalkhaltiger Waldboden. Einen ähnlichen Standort lieben sie natürlich auch im Hausgarten. Der Boden muß tiefgründig, nährstoffreich und möglichst auch kalkhaltig sein. Haselnüsse gehören zu den Windblütlern. Aus diesem Grund soll man sie stets parallel zur Hauptwindrichtung pflanzen, damit der Wind die Bestäubung vornehmen kann. Windstille Lagen sind also ungeeignet. Es gibt eine Reihe von reichtragenden Sorten, die große Früchte hervorbringen. Zu ihnen gehören »Wunder von Bollweiler«, »Webbs Preisnuß«, »Zellers Riesennuß« oder »Lange Zellernuß«, »Hallesche Riesen«, »Cosford Riesen« und nicht zu vergessen die »Rote Bluthasel«, die ebenfalls wohlschmeckende Nüsse hervorbringt. Wegen der intensiven Rotfärbung der Blätter müssen wir jedoch gerade mit dieser Sorte etwas vorsichtiger umgehen, da sie im Garten leicht etwas aufdringlich in Erscheinung treten kann.

Haselnüsse vertragen starken Rückschnitt. Sie lassen sich sogar »auf den Stock setzen«, d.h. etwa eine Handbreit über dem Boden völlig abholzen. Sie treiben willig wieder aus. Das ist besonders für Pflanzungen wichtig, die hin und wieder abgeholzt werden müssen, z.B. Windschutzpflanzungen. Meist begnügt man sich jedoch damit, alte Büsche auszulichten, d.h. die alten dicken Stämme eine Handbreit über dem Boden abzusägen und die jungen Triebe durchkommen zu lassen. Auf diese Weise kann ein Nußstrauch ständig regeneriert werden. Eine alte Faustregel sagt, daß man Nüsse alle drei Jahre um ein Drittel ihres Gesamtvolumens zurückschneiden soll, d.h. daß man eine Totalverjüngung innerhalb von neun Jahren erreicht. Derartige Verjüngungshiebe haben den Vorteil, daß größere Ernteausfälle nicht zu verzeichnen sind. Schneidet man Haselnüsse nicht zurück, können die Büsche bis 7 m hoch werden. Dann beschränkt sich die Ernte auf das vielbesungene »Nüsseschütteln«.

Großfrüchtige Haselnüsse beschafft man sich aus der Baumschule. Die Anzucht aus Nußkernen gelingt zwar sehr leicht, ist aber nicht anzuraten, weil Nüsse nicht sortenecht ausfallen. Sie ähneln dann meist der Wildform und bringen geringere Erträge als die hochgezüchteten Kultursorten.

Als Pollenspender sind uns Wildnüsse hochwillkommen.

Großkronige Obstbäume sind für kleinere Gartengrundstücke ungeeignet, da sie viel Platz beanspruchen. Die Hauszwetsche gibt sich als Halbstamm mit etwa 12 qm zufrieden.
Ihre köstlichen, vitaminreichen Früchte sind vielseitig verwendbar (Zwetschenknödel, Zwetschenröster, Zwetschendatschi u. a.).

Weinreben – Zierde und Ertrag

Man hört immer wieder Klagen über das schlechte Gedeihen von Weinreben am Haus und im Garten. Die Kultur dieser Obstsorte mit den überaus schmackhaften Beeren verlangt jedoch klimatische Voraussetzungen, die uns die nördlichen Breiten nicht mehr bescheren. Weinreben sollen nur in Weinbaugebieten kultiviert werden. In allen anderen Gebieten benötigen sie besonders geschützte Lagen und möglichst eine Pflanzung am Spalier, um in den Genuß der Wärme von Hauswänden und dergleichen zu kommen, damit die Früchte voll ausreifen und ein gutes Aroma entfalten können. Wichtig ist aber, daß an solchen Stellen auch nur Sorten gewählt werden, die sehr früh reifen, damit sie überhaupt geerntet werden können. Darüber hinaus stellt Wein aber auch bestimmte Ansprüche an den Boden, der durchlässig, locker, nahrhaft, nicht zu feucht und kalkhaltig sein muß. Gelegentliche Düngungen mit kohlensaurem Kalk, Patentkali und Thomasmehl als Vorratsdüngung sind unbedingt erforderlich.

Die in unseren Hausgärten gezogenen Weinreben werden meistens nur zur Zierde bzw. zur Berankung von Wänden und Lauben kultiviert. Das dekorative Weinlaub bekommt im Herbst eine sehr schöne leuchtende Färbung. Zur Zeit der Beerenreife ist es angebracht, die Weinstöcke mit Netzen (Nylonnetz) zu überspannen, um zu verhindern, daß die Singvögel schneller sind als die Menschen. Der Fruchtschnitt der Weinreben kommt für die zur Bedeckung von Mauern und Rankgerüsten verwendeten Pflanzen nicht in Betracht. Er soll daher an dieser Stelle nicht weiter erörtert werden.

Einige empfehlenswerte Weinsorten, die auch in rauherem Klima gedeihen, sind der »Frühe Blaue Burgunder«, der kleine blaue Trauben hervorbringt. Er ist sehr reichtragend. Der »Frühe Mallinger« ist eine gelbfruchtende, süßschmeckende Sorte von mäßig starkem Wuchs. Als rotfrüchtige Sorte ist der »Rote Gutedel«

Die Erdbeere gehört zu den wichtigsten und erfolgversprechendsten Gartenfrüchten. Ihre Kultur ist auch für Gartenneulinge leicht zu bewältigen. Ein- und Zweijahreskulturen bringen besonders große Früchte. Am besten legt man jährlich ein neues Beet an, damit man stets ein Stück einjährige, zweijährige und dreijährige Kultur besitzt.

zu empfehlen, der verhältnismäßig großfrüchtig ist und sich auch für den Anbau in Norddeutschland eignet. Da die Weinreben keine Selbstklimmer sind, müssen sie an Spalieren bzw. an Rankgerüsten angebunden werden. Bei Spalieren sind Süd- und Südwestlagen am besten geeignet.

Die früher üblichen Lattenspaliere (möglichst auch noch weiß lackiert) sind sehr pflegeaufwendig. Das Abnehmen und Anbinden der Ranken und das jährliche Anstreichen der Gerüste können wir uns dadurch sparen, daß wir kunststoffbeschichtete Drähte im Abstand von etwa 5 cm von der Mauer zwischen Mauerankern spannen. Besonders bewährt haben sich kunststoffbeschichtete Baustahlgewebematten, die mittels Abstandhaltern an den zu berankenden Wänden verdübelt werden. Sie sind wartungsfrei und stellen ideale Kletterhilfen dar, weil hier sogar das Nachbinden entfallen kann. Die Ranken der Weinreben finden an dem grobmaschigen Gewebe leicht überall den erforderlichen Halt und bedecken bald das gesamte Gitterwerk.

Solche Baustahlgewebematten können auch frei, z. B. zwischen den Pfosten einer Pergola montiert werden. Auf diese Weise stellen sie eine Rankhilfe für Wein und andere Kletterpflanzen dar und bilden, wenn sie zugerankt sind, bald einen soliden Sicht- und Windschutz. Diese Eigenschaft sollten wir uns besonders dann zunutze machen, wenn wir nur ein schmales Gartengrundstück besitzen und keine Möglichkeit haben, uns durch breite Abpflanzungen gegen die Außenwelt abzuschirmen.

Naschobst – reicher, regelmäßiger Ertrag

Für Beerenobst ist in jedem Garten Platz. Die anspruchslosen Beerensträucher, die nahezu mit jedem Gartenboden vorlieb nehmen, liefern uns jährlich reiche Erträge schmackhafter, süßer Beeren und verlangen nur wenig Pflege dafür. Dabei beanspruchen sie verhältnismäßig wenig Platz im Garten und sind auch mit weniger guten Standorten im Halbschatten noch zufrieden, wenngleich sie in voller Sonne am besten gedeihen.

Schwere Böden, wie Tonböden und Lehmböden und auch sehr leichte Böden, wie z. B. Sandböden können als extreme Lagen auch noch für Beerenobstkultur nutzbar gemacht werden, wenn wir sie entsprechend aufbereiten. Die Bodenverbesserung erfolgt durch reichliche Gaben von Torf und Kompost und bei schweren Böden durch eine entsprechende Auflockerung mit Sand oder Styromull.

Beerenobst hat einen verhältnismäßig großen Nährstoffbedarf, den wir durch reiche Naturdüngergaben, und wo diese nicht vorhanden sind, durch entsprechende Gaben mit künstlichem Dünger befriedigen müssen.

Auch durch die richtige Standortwahl können wir von vornherein die Erträge sichern. Beerenobst liebt windgeschützte Lagen. Notfalls schirmen wir die Strauchpflanzungen mit einer Windschutzpflanzung gegen die Hauptwindrichtung ab. Der Boden sollte ausreichend feucht sein. Auf leichten Böden müssen wir bei Bedarf kräftig wässern, um gute Ernteergebnisse zu erzielen. Das gilt nicht nur für die Johannisbeeren, sondern im gleichen Maße für Stachelbeeren, Himbeeren und Brombeeren.

Bei der Pflanzung des Beerenobstes wird eine ausreichende Vorratsdüngung empfohlen. Wir geben etwa 150 g eines blauen Volldüngers je Pflanze und mischen ihn gut mit dem Boden. Statt des künstlichen Düngers kann auch ähnlicher Natürdünger wie Hornspäne, Knochenmehl oder Blutmehl in entsprechender Menge verwendet werden. Diese Dünger enthalten wenig Kali. Zusatzgaben von Patentkali schaffen hier Abhilfe. Bei der künstlichen Düngung ist zu beachten, daß chlorhaltige Düngemittel (wie z. B. Kainit) für Beerenobst nicht geeignet sind.

Johannisbeeren enthalten große Mengen Vitamin C, Äpfel-, Weinsäure und Pektin. Durch Kochen der Früchte und durch Erhitzen beim Entsaften geht ein großer

Teil wertvoller Vitamine verloren. Der Rohgenuß ist daher besonders zu empfehlen. Beerenobst läßt sich vorzüglich in Tiefkühltruhen einfrieren und schmeckt nach dem Auftauen wie frisch. Bei diesem Vorgang bleibt der größte Teil der Vitamine erhalten.

Schwarze Johannisbeeren besitzen den höchsten Vitamin C-Gehalt von den Beerenobstarten. Saft von Schwarzen Johannisbeeren ist ein vorzügliches Mittel gegen Erkältungskrankheiten und wird außerdem als Blutreinigungsmittel angewendet.

Kultur der Johannisbeeren

Die Pflanzung der Johannisberen bereitet keine Schwierigkeiten. Man hebt eine entsprechend große Pflanzgrube aus, lockert den Boden und setzt die Johannisbeere einige Zentimeter tiefer, als sie in der Baumschule gestanden hat, in den Boden. Hierdurch entstehen reichlich neue Bodentriebe, die zur Verjüngung der Sträucher notwendig sind. Der Pflanzabstand bei Roten Johannisbeeren beträgt etwa 1,50 m, bei starkwüchsigen Sorten und bei Schwarzen Johannisbeeren etwa 2 m von Pflanze zu Pflanze. Schwarze Johannisbeeren können ebenfalls tiefer gepflanzt werden, als ihr ursprünglicher Stand in der Baumschule. Vor der Pflanzung sind die Wurzeln der Johannisbeeren anzuschneiden, damit sie rasch neue Faserwurzeln bilden. Beim Pflanzen ist darauf zu achten, daß die Wurzeln ausreichend Platz haben. Sie dürfen nicht in das Pflanzloch geklemmt werden oder gar nach oben gebogen sein.

Pflanzen, die längere Zeit unterwegs waren und deren Wurzeln durch den Versand trocken geworden sind, stellen wir über Nacht in einen Eimer Wasser, damit sie sich wieder richtig vollsaugen können. Nach der Pflanzung treten wir den Boden leicht an und wässern kräftig mit einer Gießkanne oder mit einem Schlauch.

Nach der Pflanzung belassen wir fünf bis sechs kräftige Triebe am Strauch. Bei schwächeren Pflanzen läßt man auch schwächere Triebe stehen. Dann ist es jedoch zweckmäßig, die starken Triebe etwas zurückzunehmen.

Stachel- und Johannisbeeren tragen am zwei- bis vierjährigen Holz. Eine Ausnahme bilden die Schwarzen Johannisbeeren, die am stärksten an den einjährigen Trieben fruchten. Wir müssen infolgedessen den Schnitt des Beerenobstes darauf einstellen. Bei den Roten Johannisbeeren entfernen wir alle Triebe, die älter als vier bis fünf Jahre sind. Man erkennt sie an den dicken, dunklen Ästen, die nur noch geringfügig treiben. Als Ersatz läßt man eine Anzahl kräftiger, junger Triebe stehen, die aus dem Boden treiben. Alle anderen Schößlinge schneidet man dicht über dem Boden ab. Bei den Schwarzen Johannisbeeren schneiden wir die abgetriebenen Zweige bis auf die Jungtriebe, die in der Nähe der Strauchmitte entstehen, nach der Ernte zurück.

Beerenobst benötigt viel Nährstoffe. Neben reichlichen Kompostgaben sollte

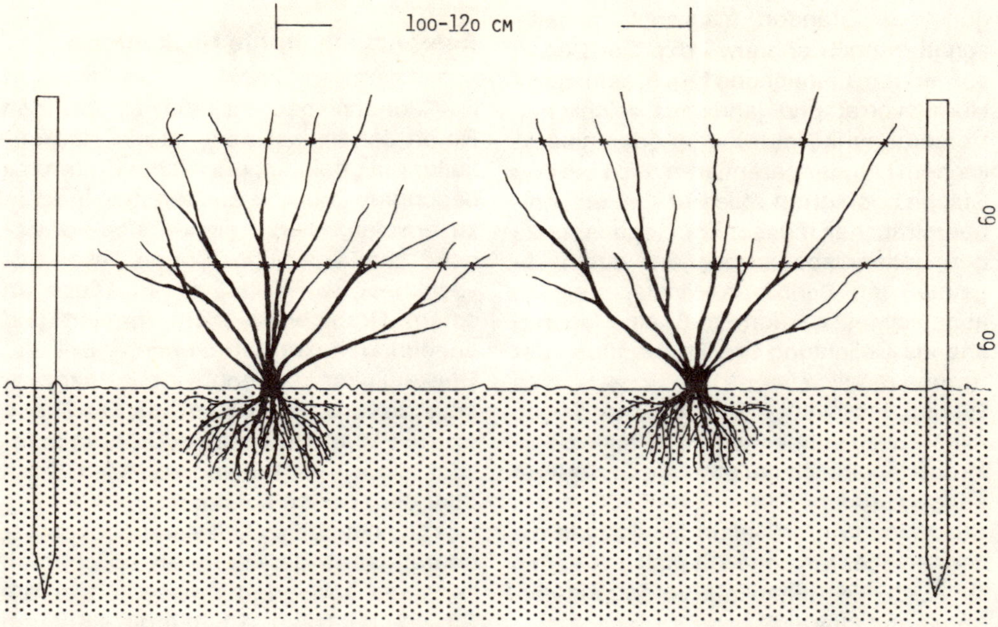

Johannisbeeren können auch als Heckenspalier gezogen werden. Die Ruten werden fächerartig angebunden. Die gut besonnten Früchte schmecken besonders aromatisch. Sie lassen sich mühelos ernten.

man jährlich etwa 80–100 g/qm eines chlorfreien Volldüngers als Kopfdüngung auf den Boden aufbringen. Am besten verabreicht man den Dünger in drei Gaben und zwar das erste Drittel Mitte bis Ende April, das zweite im Juni und das dritte unmittelbar nach der Ernte, damit die Sträucher kräftig durchtreiben.

Bei der Bodenbearbeitung ist zu beachten, daß Beerenobst sehr flach streichende Wurzeln ausbildet. Tiefes Umgraben ist unbedingt zu vermeiden, damit die Wurzeln nicht beschädigt werden.

Beerenobst verlangt tiefgründigen, gut durchlüfteten Boden. Es ist daher sehr wichtig, daß der Boden unter den Sträuchern stets feinkrümelig und locker bleibt. Stark zehrende Pflanzenkulturen als Unterpflanzung oder gar Rasen unter den Sträuchern und Stämmchen sind aus diesem Grund ungeeignet. Die Sträucher würden stark kümmern und nur einen geringen Ertrag bringen.

Kultur der Stachelbeeren

Für die Stachelbeeren benötigen wir ähnliche Bodenverhältnisse wie für die Johannisbeeren. Sie sind auch mit weniger günstigem Standort, also auch im Halbschatten noch anbauwürdig. Der Boden soll jedoch ausreichend feucht sein, guter Humusvorrat und jährliches reichliches Versorgen mit Naturdünger oder mineralischem Dünger garantieren auch bei den Stachelbeersorten volle Erträge. Stachelbeersträucher müssen im Gegensatz zu den Johannisbeersträuchern durch regelmäßigen Schnitt im Winter stets so ausgelichtet werden, daß eine ausreichende Belichtung und Durchlüftung der Kronen möglich ist.

Wegen des leichten Befalls junger Triebe mit Mehltau schneidet man Stachelbeersträucher jährlich um etwa ein Drittel ihrer Länge zurück.

Stachelbeeren enthalten ähnlich wie die Johannisbeeren hohen Gehalt an Vitamin C. Auch sie gelten als verdauungsfördernd und blutreinigend.

Die Pflanzabstände bei Stachelbeeren betragen 1,20–1,50 m von Strauch zu Strauch. Um sich das Pflücken zu erleichtern, zieht man Stachelbeeren besser als Hochstämmchen bzw. Halbstämmchen.

Stachelbeersträucher haben den Nachteil, daß sie sich schlecht ernten und schlecht sauber halten lassen. Man kann Stachelbeeren ebenso wie die Johannisbeeren auch als Heckenkultur im Garten anbauen, das Formieren der stacheligen Triebe ist jedoch eine Sache für sich.

In Stammform gezogene Stachelbeeren benötigen unbedingt einen Pfahl, da die Kronen so stark werden, daß die Stämmchen leicht abknicken. Bei älteren Pflanzen sollte man ein Lattengerüst im Dreieck so anordnen, daß die Krone aufliegen kann.

Beerenobstkultur in Heckenform

Bei Johannisbeeren, speziell bei den Roten Johannisbeeren, ist die Heckenkultur gut geeignet, um leichte Ernten gut besonnter und voll ausgereifter Früchte zu erzielen. Hierzu eignen sich vorwiegend starkwüchsige Sorten, wie z.B. »Jonkheer van Tets«, deren Triebe an einem Drahtgerüst leicht formiert und angebunden werden können. Bei der Heckenkultur kommen wir mit Pflanzabständen von etwa 100 cm aus. Die Triebe werden V-förmig an zwei Drähten befestigt, die wir im Abstand von 60–120 cm über dem Boden spannen.

Der Schnitt der so kultivierten Johannisbeeren ist etwas anders als üblich, man kann die formierten Zweige länger am Strauch belassen, d.h. nur die stärkeren Seitentriebe, die zum Formieren nicht benützt werden, entfernt man unmittelbar über der Austriebsstelle. Wegen der günstigeren Belichtung können die formierten Triebe mindestens 4–5 Jahre am Strauch belassen werden. Dann erfolgt auch hier die ständige Verjüngung durch Entfernen der alten Triebe und durch Einziehen neuer aus dem Boden austreibender Jungtriebe.

Auch Schwarze Johannisbeeren lassen sich in dieser Form kultivieren, sie müssen aber ebenfalls wie die Sträucher jedes Jahr nach der Ernte bis auf die kräftig austreibenden Einjahrestriebe zurückgenommen werden.

Werden die Sträucher in der Folgezeit zu dicht, entfernen wir auch alle zehrenden Jungtriebe.

Johannisbeersorten

Gängige gute Johannisbeersorten, die hier als Auswahl für viele andere stehen mögen, sind:
»Jongheer van Tets«, sehr früh-reifende, langtraubige Sorte, mit großen, dunkelroten Früchten, die einen sehr aromatischen Geschmack besitzen. Der Ertrag ist hoch. Die Sorte wächst aufrecht. Sie benötigt viel Nährstoffe und auch viel Feuchtigkeit.
»Heros« ist eine frühreifende, großfrüchtige Sorte, die sehr saftreiche lange Trauben hervorbringt. Auch diese Sorte gehört zu den frühtragenden Sorten. Sie stellt hohe Ansprüche an die Nährstoffversorgung im Boden und sollte jährlich mit entsprechenden Humus- und Volldüngergaben (siehe Düngung) versorgt werden. Heros gehört zur Zeit zu den Spitzensorten unter den Roten Johannisbeeren.
»Rote Holländische« ist eine spätreifende Sorte mit Massenertrag. Die Früchte sind relativ klein und von säuerlichem Geschmack. Die Sorte ist sehr widerstandsfähig gegen Krankheiten. Sie gedeiht auch unter weniger günstigen Verhältnissen und bringt auch im Halbschatten noch Erträge, die annehmbar und durchaus zufriedenstellend sind.
»Heinemanns Rote Spätlese« gehört zu den reichtragenden, gesunden Sorten, die einen verhältnismäßig sehr starken Wuchs aufweisen.
Auch diese Sorte verlangt reichliche Düngergaben und ausreichende Feuchtigkeit, da sie sonst sehr krankheitsanfällig ist.
Die großen hellroten Früchte hängen an sehr langen starken Fruchtständen.
Empfehlenswerte weiße Sorten, die wegen ihrer geringen Säure und des feinen Aromas von Liebhabern besonders geschätzt werden, sind die »Weiße Versailler« und die »Weiße von Jüterbog« (auch »Weiße Holländische« genannt).
Unter den schwarzen Sorten rangiert an bevorzugter Stelle die »Silvergieters Schwarze«, eine starktreibende Sorte, die zu den reichtragendsten gehört. Auch »Rosenthals lange schwarze Traube« ist eine schwarze Johannisbeersorte, die sich leicht ernten läßt. Gut tragende Sorten wie »Goliath« lassen sich wegen des Einzelstandes der großen Beeren weniger gut pflücken.

Stachelbeersorten

Gute Stachelbeersorten sind: »Maiherzog (Mayduke)«, eine rote Sorte, die sehr frühen Ertrag bringt. Die Frucht ist groß, rundlich und wohlschmeckend. Der Wuchs ist stark, aus diesem Grund ist kräftiger jährlicher Rückschnitt erforderlich. Maiherzog gehört zu den reichttragenden Sorten.
»Hönings Früheste«. Diese beliebte Sorte ist als erste Sorte im Garten reif. Sie hat kleine bis mittelgroße, behaarte Früchte und ist außerordentlich süß, weshalb sie für den Rohgenuß besonders geschätzt wird. Der Wuchs ist kräftig, die Sorte anspruchslos.

»Lady Delamere« ist eine mittelfrühe, reichtragende Sorte, die grünlichgelbe, etwas längliche, große, kaum behaarte Früchte hervorbringt. Auch sie gehört zu den reichtragenden Sorten. Der Wuchs ist kräftig.
Die Sorte verträgt auch gut einen Standplatz im Halbschatten.
»Weiße Triumph« soll als Vertreter der weißfrüchtigen Sorten genannt werden. Diese Sorte, die einen sehr kräftigen Wuchs besitzt, ist die anbauwürdigste weiße Stachelbeere. Sie bringt zahlreiche sehr aromatische dünnschalige, sehr saftige Früchte hervor, die ein gelblich-weißes Aussehn besitzen. Auch diese Sorte stellt keine großen Standortansprüche und ist leicht in jedem Garten zu kultivieren. Hier spielt ebenfalls der Nährstoffbedarf eine große Rolle. Regelmäßige Kopfdüngergaben mit Naturdünger oder entsprechenden Volldüngern (blaue Volldünger) sind für einen kontinuierlichen Ertrag notwendig.

Kultur der Gartenhimbeeren

Himbeeren sind ein Beerenobst, das in unseren Gärten viel zu wenig verbreitet ist. Abgesehen von der einfachen Handhabung, die erforderlich ist, dieses köstliche Obst im eigenen Garten heranzuziehen, sind uns beim Anbau von Himbeeren die Erträge nahezu garantiert, denn wegen der späten Blüte der Himbeere sind Frostausfälle praktisch ausgeschlossen. Dazu kommt, daß Himbeeren auch noch mit weniger günstigem Standort zufrieden sind. Schwere Böden sagen ihnen ebenso zu wie leichte sandige. Wenn auch die Erträge an lichten, sonnigen Standorten besonders groß sind, so bringen Himbeeren auch noch an halbschattigen Stellen gute Erträge, im Gegensatz zur Brombeere, die zur Reife gern volle Sonne und einen sehr lichten Standort benötigt. Die Kultur der Himbeeren erfolgt am besten in Form von Reihen, die durch ein Drahtgerüst gestützt werden. Wegen der leichteren Pflege sollte man Himbeeren nur einreihig ziehen. Der Abstand der Pflanzen innerhalb der Reihe sollte nicht kleiner als 30–40 cm sein. Bei der Anlage mehrerer Reihen ist ein Reihenabstand von etwa 1,50–1,80 m einzuhalten, da sonst die Pflege und Ernte auf Schwierigkeiten stößt.
Infolge ihres hohen Gehaltes an Mineralien und Vitaminen haben Himbeeren einen angenehmen Geschmack. Himbeersaft wird bei Erkältungskrankheiten und als Blutreinigungsmittel in der Hausapotheke verwendet. Die vollausgereiften Früchte besitzen ein hervorragendes Aroma und können zur Erhaltung ihrer wertvollen Vitamine besser tiefgefroren aufbewahrt werden als eingekocht.
Der natürliche Standort der Himbeeren ist die Waldlichtung oder der Waldrand. Hier finden sie ausreichende Bodenfeuchtigkeit und Luftruhe. Im Garten müssen wir dieses Klima künstlich schaffen, d. h. für entsprechenden Windschutz und ausreichende Bodenfeuchtigkeit sorgen. Besonders bewährt hat sich das Mulchen des Bodens unter den Sträuchern. Hierzu verwenden wir das Mähgut unseres Zier-

rasens, das in entsprechender Packlage unter den Sträuchern ausgebreitet wird. Pflanzung und Vermehrung der Himbeeren bereitet keine Schwierigkeiten. Die Vermehrung erfolgt durch Ausläufer, die die Pflanzen willig produzieren. Wichtig ist, daß man die abgetragenen Ruten nach der Ernte entfernt und die kräftigsten Seitentriebe zur Nachzucht für das nächste Jahr an den Pflanzen beläßt. Als Spalier genügen zwei Drähte, die im Abstand von jeweils 70 cm an Pfosten gezogen werden. Hieran binden wir die Jungtriebe mit Bast an, so daß wir uns die Ernte erleichtern und die Pflanzen gut belichtet werden. Bei Neupflanzungen ist es wichtig, daß die Pflanzen auf etwa 25–30 cm Länge eingekürzt werden, damit sie willig neue Seitentriebe ausbilden. Schneidet man die Pflanzen nicht zurück, so entwickeln sich bereits im darauffolgenden Jahr Früchte an den Ruten, und die Seitentriebe, die dann entstehen, bleiben verhältnismäßig schwach. Wie alle Beerenobstarten, so ist auch die Himbeere für eine entsprechende Nährstoffzufuhr sehr dankbar. Reichliche Kompostgaben und Kopfdüngung mit blauem Volldünger (etwa 80–120 g/qm in drei Gaben) sorgen für den erforderlichen Nährstoffnachschub.

Gute Himbeersorten sind: »Malling Promise«, »Preußen«, »Romy«.

Besondere Vorsicht ist geboten bei Sorten, die in farbkräftigen Katalogen schreiend als Neuheit angepriesen werden. Vorsichtiges Prüfen im Garten ist erforderlich, um festzustellen, ob diese Sorten wirklich schmackhaft, vollaromatisch und reichtragend sind.

Kultur der Gartenbrombeeren

Bei den Brombeeren macht uns der Habitus der Pflanzen mit seinen stark bewehrten Trieben die Kultur nicht ganz einfach. Brombeeren sind jedoch am Drahtgerüst leicht zu ziehen. Sie können auch gut als Spalier an der Südwand eines Hauses herangezogen werden. Hier bringen sie besonders wohlschmekkende Früchte hervor. Ihre Ansprüche sind mit denen der Himbeere vergleichbar. Durch Mulchen halten wir den Boden feucht und unkrautfrei. Die rankenden Sorten formieren wir am Drahtgerüst. Nach der Ernte werden abgetragene Ranken oder Ruten bis auf die neuen Austriebe zurückgeschnitten. Das Drahtspalier bei Brombeeren sollte eine Höhe von etwa 1,80–2,00 m erhalten. Nur schwachwachsende Sorten, wie z.B. »Wilsons Frühe«, benötigen ein Spalier von etwa 1,50 m. Die Pflanzabstände in der Reihe betragen bei dieser Sorte etwa 0,70 m, stark rankende Sorten wie »Theodor Reimers«, die zu den besten Brombeersorten gehört, sollte man mit einem Mindestabstand von 2–3 m pflanzen. Die Sorte »Theodor Reimers« ist frostgefährdet.

Bei Temperaturen unter – 8 °C ist Winterschutz erforderlich.

Brombeeren schmecken am besten, wenn sie in vollreifem Zustand geerntet werden. Wegen des großen Säureanteils werden Brombeeren von Vögeln selten angenommen. Sie können daher ohne Netz bis zur Vollreife an den Ranken verbleiben.

Kultur der Heidelbeeren

In den letzten Jahren hat eine neue Beerensorte im Garten ihren Einzug gehalten, und ihre Erträge sind so zufriedenstellend, daß man den Anbau unbedingt auch im kleinen Hausgarten probieren sollte. Es sind die Gartenheidelbeeren, die aus den Vereinigten Staaten eingeführt worden sind. Sie unterscheiden sich insofern von den Wildsorten, als sie im allgemeinen süßer schmecken und wesentlich größere Früchte ausbilden. Der Saft ist nicht gefärbt, die Frucht bleibt im Inneren weiß. Die bei uns angebauten Sorten bringen bei geeigneten Standortverhältnissen gute Erträge.

Heidelbeeren wachsen am besten auf sandigen oder anmoorigen Böden, d.h. der pH-Wert muß etwa zwischen 3 und 5 liegen. Dazu muß der Boden, in dem sie kultiviert werden, locker, sandig und feucht sein. Pflanzstandorte kann man gegebenenfalls mit Gaben von Torf entsprechend verbessern. Zum Gießen ist kalkfreies Wasser erforderlich, da Heidelbeeren Kalkflüchter sind. Kalkhaltige Düngemittel müssen auf jeden Fall vermieden werden. Der relativ hohe Stickstoffbedarf kann mit 50 g/qm eines blauen Volldüngers im Frühjahr befriedigt werden. Außerdem wird eine Düngung von 30 g/qm schwefelsaures Ammoniak im Juni und August empfohlen.

Bei der Kultur von Gartenheidelbeeren ist zu beachten, daß diese Sorten in voller Sonne gedeihen. Nur dann bringen sie volle Erträge und aromatische Früchte. Die Sträucher können Höhen bis zu 2 m erreichen. Alte abgetragene Triebe werden nach 5–6 Jahren herausgeschnitten. Der pH-Wert des Bodens ist gelegentlich zu überprüfen und gegebenfalls durch reichliche Torfgaben entsprechend einzustellen.

Kultur der Erdbeeren

Wohl keine unter den Früchten des Gartens erfreut sich größerer Beliebtheit bei Jung und Alt als die so überaus leicht zu kultivierende Erdbeere. Diese köstliche Beerenfrucht, die in Form von bodenbedeckenden Stauden kultiviert wird, ist aus dem Nutzgarten und aus der Hobbygärtnerei heute nicht mehr wegzudenken. Etwa 100 qm Anbaufläche genügen bereits, um den gesamten Bedarf einer vierköpfigen Familie zu decken.

Die wohlschmeckenden Früchte enthalten einen hohen Anteil an Vitamin C, der sogar höher liegen soll als bei den Zitronen, sowie zahlreiche Mineralsalze und Pektin. Sie sind ein willkommenes Entschlackungsmittel für den Körper, sollen sich auf Gicht und Leberleiden und auf die schwer zu behandelnde Arteriosklerose günstig auswirken.

Der hohe gesundheitliche Wert ist aber nur eine willkommene Nebenerscheinung. Wir schätzen die Erdbeere im Garten vor allem als schmackhafte Frucht, die wir frisch vom Beet ernten und verzehren können. Als Zukost, Nachspeise, Tortenbelag, Saft und auf viele andere Weise wird sie im Haushalt verwendet.

Bei der Kultur der Erdbeeren gilt es,

einige Grundsätze zu beachten, um vor Mißerfolgen bewahrt zu bleiben. Erdbeeren lieben lockeren, tiefgründigen, nährstoffreichen Boden. Eine ausreichende Versorgung mit Feuchtigkeit muß darüber hinaus gewährleistet sein, denn die flachwurzelnden Erdbeeren können leicht austrocknen und erleiden dann hohe Ertragsausfälle.

Besonders günstig ist für Erdbeerbeete eine Vorkultur mit Leguminosen (Hülsenfrüchten) oder eine Gründüngung (Lupine oder Raps). Auf leichten Böden ist gut verrotteter Stallmist (Kuhdünger) sehr empfehlenswert; fehlen solche Stoffe, so muß eine entsprechende Vorratsdüngung mit einem chloridfreien Volldünger (z.B. 60–80 g/qm Nitrophoska blau) eingebracht werden. Feuchter Torfmull und hohe Gaben von Komposterde können als weitere Bodenverbesserungsmittel hier gute Dienste leisten.

Als Pflanzgut sollte man nur bestes Pflanzgut verwenden, d.h. Jungpflanzen von fragwürdiger Herkunft oder abgetragenen Kulturen möglichst nicht. Am sichersten geht man, wenn man Pflanzgut von guten anerkannten Sorten bei anerkannten Züchtern kauft. Diese Pflanzen lohnen die Ausgabe immer, da es sich hier um ausgesuchte Kulturen handelt. Vorsicht ist geboten bei marktschreierisch angepriesenen neuen Sorten mit Riesenfrüchten und Superaroma. Wie überall bei der Anschaffung von Pflanzen sollte man größten Wert darauf legen, qualitativ einwandfreies gutes Pflanzgut bewährter Sorten zu erhalten.

Die Anzucht eigener Pflanzen ist verhältnismäßig einfach. Erdbeeren bilden Ausläufer, die man z.B. über Blumentöpfe leiten kann, die mit Komposterde gefüllt sind. Hier schlagen die Pflanzen willig Wurzeln, und wir können auf diese Weise Jungpflanzen mit Ballen auspflanzen. Sie bescheren uns bereits im nächsten Jahr eine erste Ernte. Natürlich können auch solche Ausläufer verwendet werden, die direkt auf den Beeten wurzeln und sich hier zu neuen Pflanzen ausgebildet haben. Bei der Auswahl der Jungpflanzen sollte man allerdings nur Ausläufer von denjenigen Pflanzen wählen, die von reichtragenden Mutterpflanzen abstammen. Die am stärksten wachsenden Pflanzen sind nicht immer die besten. Es ist also wichtig, daß man schon zur Erntezeit die starkfruchtenden Erdbeerpflanzen, die man als Mutterpflanzen auswählt, mit einem Stab oder einer anderen Markierung auszeichnet.

Gekaufte oder selbstgezogene Jungpflanzen setzt man im August/September auf die dafür bestimmten Beete. Je früher die Auspflanzung erfolgt, desto günstiger wirkt sich dieses bereits auf die Ernte im kommenden Jahr aus. Der Reihenabstand richtet sich nach der Bodenqualität und nach der Wuchskraft der Sorten. Die Entfernung von Reihe zu Reihe soll 40–60 cm betragen. In der Reihe können die Abstände enger gehalten werden. Abstände von 25–30 cm reichen bei den meisten Sorten aus. Zur besseren Ausnutzung des Bodens können noch andere Gemüsearten mit kurzer Tracht im Frühjahr als Zwischenpflanzung kultiviert werden (z.B. Salat). Im folgenden Jahr entfernt man jede zweite Pflanze in der Reihe, so daß Abstände von 50–60 cm entstehen. Da Erdbeeren flach wurzeln, hat die Bearbeitung des Bodens mit größter Behutsamkeit zu erfolgen. Beschädigt man nämlich die Wurzeln, so vermindert man gleichzeitig den Ertrag im kommenden Frühjahr.

Man kann Erdbeeren auf verschiedene Art und Weise kultivieren. Es gibt Einjahreskultur, Zweijahreskultur und Mehrjahreskultur (3 Jahre).

Die Einjahreskultur bringt insofern Vorteile als sie gleich hohe Erträge bringt. Andererseits hat sie einen erhöhten Bedarf an Pflanzen, die jährlich neu gesetzt werden müssen. Dazu kommt, daß die Vermehrungs- und Pflanzarbeiten mit der Erntezeit zusammenfallen. Erdbeerpflanzen bringen im ersten Jahr sehr große Früchte, die sich leicht pflücken lassen. Einjahreskulturen müssen mindestens bis Mitte August auf den dafür vorbereiteten Beeten ausgepflanzt sein, damit sie ausreichend Wurzeln und einen entsprechenden Blütenansatz ausbilden können. Die Bildung der Blüten erfolgt nämlich bei der Erdbeere bereits im September.

Gut bewährt hat sich auch die Zweijahreskultur. Selbstverständlich bringen diese Kulturen auch bereits im ersten Jahr einen guten Ertrag. Man läßt sie jedoch nach der Ernte stehen und sorgt mit etwa 40 g/qm eines blauen Volldüngers für eine Anregung des Wachstums. Nach 4 Wochen kann eine weitere Volldüngung in ähnlicher Form als Kopfdünger erfolgen. Bei der Zweijahreskultur werden die nicht benötigten Ausläufer an den Erdbeerpflanzen umgehend entfernt. Starkwüchsige Sorten, wie z. B. die Sorte »Senga Sengana«, können auch über mehrere Jahre kultiviert werden, müssen jedoch stets kräftig nachgedüngt werden oder mit hohen Kompostgaben versorgt werden, wenn der Ertrag noch zufriedenstellend bleiben soll. Am besten ist es jedoch, man pflanzt alle ein- bis zwei Jahre ein neues Beet und hebt nach und nach die alten Beete auf. Erdbeeren gehören zur Familie der Rosengewächse. Sie können bei einjähriger Kultur erst nach zwei Jahren wieder auf dem gleichen Beet kultiviert werden. Bei Zweijahreskultur beträgt die Wartezeit etwa 4–5 Jahre.

Erdbeeren benötigen ausreichend Feuchtigkeit. Der Boden darf niemals austrocknen. Abdeckungen der Beete mit strohigem Pferdemist (das Herz der Pflanzen muß frei bleiben), mit Laubdekke oder mit halbfertigem Kompost schützt vor dem Austrocknen und hält die Feuchtigkeit fest. Auch das Abdecken mit feuchtem Torf ist empfehlenswert. Kurz nach der Blüte kann man unter den Pflanzen kurzes Stroh, Holzwolle oder Torf ausbreiten, um die Früchte vor großer Verschmutzung und vor dem Faulen zu schützen. Frühblühende Sorten erhalten Folienschutz gegen Nachtfröste. Bei der Ernte sollten wir im Hausgarten nur vollreife Früchte ernten. Sie haben das beste Aroma.

Neben den üblicherweise auf Beeten kultivierten Erdbeeren gibt es auch sogenannte Monatserdbeeren, Arten, die kaum Ausläufer bilden. Sie eignen sich vorzüglich zur Einfassung von Beeten und bringen eine Fülle kleinerer Früchte hervor, die zwar im Geschmack nicht an die Hochzuchtsorten heranreichen, aber

ähnlich aromatisch wie Walderdbeeren schmecken. Sie tragen unermüdlich bis in den späten Herbst.
Da Erdbeersorten durch Züchtungen ständig verbessert werden, sollen an dieser Stelle keine Sorten aufgezählt werden. Bei der Beschaffung von Jungpflanzen wird auf das eingangs Gesagte verwiesen, möglichst bewährte Sorten aus anerkannten Zuchtbetrieben zu beziehen.

Schädlinge der Erdbeeren. Pilzschädling Nr. 1 ist bei der Erdbeere der Grauschimmel (Botrytis) der die Früchte befällt. Man bezeichnet diesen Befall auch als Fruchtfäule. Die Infektionsgefahr ist bei feuchter Witterung besonders groß. Auch durch hohe Stickstoffgaben wird der Befall durch Botrytis begünstigt. Abhilfe schafft man am besten durch Auspflücken und sofortiges Vernichten der befallenen Früchte. Einjährige Kulturen haben weniger unter Grauschimmel zu leiden, als mehrjährige. Auch der Pflanzenabstand spielt eine Rolle. Pflanzen, die zu dicht stehen werden eher befallen, als Pflanzen mit ausreichendem Abstand.
Eine sichere Bekämpfung erreichen wir durch Spritzungen mit Euparen, das bereits zur Blütezeit oder unmittelbar danach angewendet werden muß. Zeigt sich stärkerer Befall an den Früchten, ist die Bekämpfung mit diesem Mittel – schon allein wegen der Einhaltung der Wartezeit – nicht mehr möglich.
Blattläuse, Milben, Rote Spinne und andere Schädlinge treten vermehrt dann auf, wenn etwas mit den Boden nicht in Ordnung ist. Hier ist der Einsatz von systemischen Mitteln angebracht, die aber erst nach der Ernte angewendet werden können.
Schnecken bekämpfen wir in der mehrfach beschriebenen Weise durch geeignete Ködermittel und gegen Vogelfraß hilft ein Kunststoffnetz.
Bei Älchenbefall sterben die Pflanzen nestförmig ab. In diesem Falle hilft nur Fruchtwechsel. Gegen Erdraupen und Engerlinge helfen wir uns mit dem Anbau geeigneter Köderpflanzen, die zwischen die Reihen gesetzt werden (z. B. Kopfsalat). Die Schädlinge werden mit den befallenen Pflanzen vorsichtig herausgenommen und vernichtet.

Krankheiten und Schädlinge der Obstgehölze

Hochgezüchtete Pflanzen werden von einer Reihe von Schädlingen gern befallen. Auf die biologische Schädlingsbekämpfung wurde bereits mehrfach hingewiesen. In manchen Fällen ist jedoch nicht nur mit biologischen Methoden ein befriedigendes Ergebnis zu erzielen. Bei starkem Befall, vor allen Dingen bei Befall von Pilz-Schädlingen, müssen wir gelegentlich zu chemischen Bekämpfungsmethoden greifen. Sie sollen hier kurz angerissen werden, um demjenigen, der eine größere Anzahl von Obstbäumen zu pflegen hat, Hinweise zu geben, wie und zu welcher Zeit die Bekämpfung durchgeführt werden kann. Hierzu ist es nötig, ein geeignetes Gerät zur Spritzung vorzuhalten. Auf die Verwendung von Handspritzen und Handrückenspritzen wurde bereits hingewiesen. Da bestimmte Krankheiten und Schädlinge zu gewissen Jahreszeiten immer wieder auftreten, kann man einen Spritzkalender zusammenstellen, um gegen die wichtigsten Schädlinge und Krankheiten zu Felde zu ziehen. Von besonderer Bedeutung ist die Winterspritzung. Mit dieser Art Spritzung, die zur Winter- oder zur Austriebszeit erfolgt, werden Überwinterungsformen von verschiedenen Läusearten, von Roter Spinne, von Schadschmetterlingen und bei späterer Spritzung vom Apfelblütenstecher bekämpft. Sie gilt als wichtigste Spritzung, da sie bei richtiger Durchführung manche Bekämpfung im Sommer ersparen kann. Wichtig ist hierbei, daß die Rinde der Bäume gut genäßt wird. Für den kleineren Garten eignet sich besonders die Austriebsspritzung, da Austriebsmittel im Gegensatz zu den Winterspritzmitteln auf Unterkulturen keine schädigende Wirkung haben. Sie sind jedoch in den meisten Fällen gefährlich für Bienen und Menschen. Entsprechende Vorsichtsmaßnahmen sind zu beachten. Winterspritzmittel und Austriebsspritzmittel können durch Zusatz von Kupfermitteln gleichzeitig gegen Pilz-Schädlinge wie Schorf, Mehltau oder Monilia angewendet werden.

Die Vorblütenspritzung (nur bei Kernobst-
arten) richtet sich hauptsächlich gegen Pilz-Schädlinge wie Mehltau und Schorf. Zusätze von Netzschwefel verhindern gleichzeitig Befall der Bäume durch Rote Spinne.

Bei Kernobstarten erfolgt eine Nachblütenspritzung nach dem Abfall der Blütenblätter. Hier handelt es sich um eine kombinierte Spritzung, die aus organischen Schorfmitteln und Insektenmitteln besteht. Gerade nach der Blüte ist bei Äpfeln und Birnen die Gefahr der Schorfinfektion besonders groß. Nur bei starkem Befall von Blattläusen, Raupen, Frostspannern und anderen Schadinsekten sollte mit systemischen Mitteln gearbeitet werden. Im allgemeinen reguliert sich die Schädlingsbekämpfung im Hausgarten durch die natürlichen Feinde der Schädlinge von selbst.

Beim Steinobst genügen im Hausgarten ebenfalls meist Fungizide (pilztötende Mittel). Gegen die gefürchtete Rote Spinne sind Spritzungen mit Netzschwefel möglich. Unter den Pilzkrankheiten sind besonders der Zwetschenrost und die Schrotschußkrankheit hervorzuheben.

Beim Kernobst wird etwa 14 Tage nach der ersten Nachblütenspritzung gegen Schorf und Mehltau eine zweite Spritzung empfohlen. Hierbei werden nur noch organische Fungizide verwendet (Orthocid, TMTD u. a.). Bei Birnen wählt man gegen den Birnengitterrost Dithane, das auch als Schorfmittel bei anderen Kernobstarten geeignet ist. Man unterscheidet darüber hinaus drei weitere Spritzungen, die sogenannten Obstmadenspritzungen. Die erste erfolgt etwa 6–7 Wochen nach der Blüte mit Präparaten, die eine längere Wirksamkeit behalten, da der Zeitpunkt des Schlüpfens der Larven des Apfelwicklers sehr stark von der Witterung abhängig ist. Diese Spritzung wird nach drei Wochen wiederholt. Bei gutem Wetter schlüpft Anfang bis Mitte August eine zweite Generation von Maden, die durch die dritte Obstmadenspritzung vorbeugend behandelt wird. Dieser Spritzung werden Schorfmittel beigegeben, um den Befall von Spätschorf zu verhindern. Bei den Pflaumen und bei den Zwetschen wird eine Spritzung jedoch ohne Pilzmittel ab Mittel Juli durchgeführt. Pfirsiche können bei Blattfallbeginn mit Hilfe einer Kupferspritzung gegen die gefährliche Kräuselkrankheit behandelt werden.

Schädlingsbekämpfung beim Beerenobst

Bei Johannisbeeren können häufig Blattfallkrankheit und Säulenrost (Schwarze Johannisbeere) festgestellt werden. Gegen diese Krankheit werden Zinebspritzungen angewendet, die jedoch spätestens 6 Wochen vor der Ernte eingestellt werden müssen. Nach der Ernte kann diese Spritzung ein- oder zweimal wiederholt werden.

Stachelbeeren sind besonders auf halbschattigen Standorten anfällig für Mehltau. Dieser wird am besten mit Karathanespritzungen (Spezialmittel) bekämpft. Auch hier ist eine entsprechende Wartezeit vor der Ernte zu beachten.

Auch die Erdbeeren können von verschiedenen Krankheiten und Schädlingen befallen werden. Bei Befall von Erdbeervirus und Milben entfernen wir die befallenen Pflanzen (Mülltonne). Bei starkem Befall durch Blattläuse, Rote Spinne, Milben und andere tierische Schädlinge können wir nach dem Austrieb eine Spritzung mit systemischen Mitteln durchführen. Gegen den gefürchteten Grauschimmel wendet man am besten ein Captan-Mittel (Euparen) an. Gegen Vogelfraß hilft am sichersten ein Plastiknetz. Schnekken bekämpfen wir mit Hilfe von den mehrfach geschilderten Methoden.

Regeln bei der Obstbaumspritzung:

1. Die Spritztermine sind unbedingt einzuhalten (Warndienst der Pflanzenschutzämter erteilt Auskünfte).
2. Niemals höhere Konzentrationen anwenden, als vom Hersteller angegeben.
3. Je feiner die Verteilung der Spritzmittel erfolgt, desto besser ist die Wirkung.
4. Niemals höheren Druck anwenden, als für die jeweilige Spritze angegeben ist.
5. Alle Geräte sofort nach Gebrauch mit klarem Wasser reinigen.
6. Gebrauchsanweisung streng beachten. Atemschutz bei giftigen Spritz- und Stäubemitteln beachten.
7. Unterkulturen abdecken. Größte Vorsicht walten lassen bei Gemüsen, Viehfutter und dergleichen.

Den Radies und Rettichen sagt man große Heilwirkungen nach. Gallen-, Nierentätigkeit und der Stoffwechsel werden von diesem appetitanregenden Wurzelgemüse besonders günstig beeinflußt. Ihre Anzucht ist für den Gartenneuling besonders zu empfehlen, da sie sehr einfach ist und keine großen Probleme mit sich bringt.

Wichtiger Hinweis zu guter Letzt

Wer einen Garten besitzt, sollte viel mehr experimentieren – das gilt auch für die Schädlingsbekämpfung, allerdings in dem Sinne, daß man nicht bedenkenlos alles, was die Industrie gegen diesen und jenen Schädling empfiehlt gebraucht. Wie wäre es denn, einmal ein oder mehrere Jahre auf das Spritzen zu verzichten und zu untersuchen, ob tatsächlich Qualitäts- und Quantitätsverschlechterungen eintreten?

Gesetzt den Fall, daß dann wieder viele Nützlinge in den Garten einziehen, daß sich allmählich wieder ein gesundes, biologisches Gleichgewicht einstellt, – vielleicht lohnt es sich dann, auf viele »notwendige« Bekämpfungsmaßnahmen überhaupt zu verzichten?

Ein Garten soll nicht nur »Produktionsstätte« für Blumen, Obst und Gemüse sein. Naturnahe Pflanzungen dienen vielen Gartennützlingen als Lebensbereich.
Wasser ist dabei ein wichtiges Element. So werden Singvögel, Frösche und anderes Getier bald heimisch.

Bienenkönigin

Schmetterlinge sollen wieder in unsere Gärten einziehen, nicht nur Blumen, die vergebens auf Befruchtung warten, weil alles, was da kreucht und fleucht zerstört wurde. Singvögel sollen uns morgens und abends mit fröhlichem Gezwitscher darauf aufmerksam machen, daß die Welt allmählich wieder in Ordnung kommt. Bienen, Hummeln, Wespen, Schwebfliegen und Libellen in all ihrer Vielfalt sollen tagsüber mit geschäftigem Eifer ihren von der Natur vorherbestimmten Aufgaben nachgehen können und dazu beitragen, daß die Welt wieder freundlicher wird mit jedem neuen Tag. Ich glaube, daß wir in diesem Sinne echten Umweltschutz betreiben können und auf diese Weise zu einer natürlichen Gesundheit zurückfinden können, einer Gesundheit, die aus dem eigenen Garten kommt.

Literatur

Boros, G.: Unsere Heil- und Teepflanzen, Zürich 1963

Boros, G.: Unsere Küchen- und Gewürzkräuter, Zürich 1966

Hegi: Illustrierte Flora von Mitteleuropa, München 1931

Hellbach, J.: Schädlingsbekämpfung ohne Gift im Garten, Neuwied 1967

Koehler, H./zur Hausen, W.: Das praktische Gartenbuch, München 1972

Mücke, K. H./Rieger, K.: Der Garten drinnen und draußen, München 1968

Pahlow, M.: Das große Buch der Heilpflanzen, München 1979

Schönfelder/Fischer: Welche Heilpflanze ist das? Stuttgart 1952

Stangl, M.: Gesundheit selbst gezogen, München 1976

Seifert, A.: Gärtnern, Ackern – ohne Gift, München 1972

Vernazza, C.: Biologisch Gärtnern, Bern und Stuttgart 1979

Untersuchungs-, Prüf- und Beratungsstellen

Landwirtschaftliche Untersuchungs- und Forschungsanstalten

Dachverband: Verband Deutscher Landw. Untersuchungs- und Forschungsanstalten (VDLUFA), 61 Darmstadt, Bismarckstr. 41 A

Landw. Bodenuntersuchungsstellen

Baden-Württemberg

Staatl. Landw. Untersuchungs- und Forschungsanstalt Augustenberg, 75 Karlsruhe 41, Postfach 309

Landesanstalt für Landw. Chemie, 7 Stuttgart 70, Postfach 106

Bayern

Bayer. Hauptversuchsanstalt für Landwirtschaft der Techn. Universität, 805 Freising-Weihenstephan

Bayer. Landesanstalt für Bodenkultur und Pflanzenbau, 8 München 19, Menzinger Str. 54

Bayer. Landesanstalt für Bodenkultur und Pflanzenbau, landw. Untersuchungsamt, 89 Augsburg, Liebigplatz 11

Bayer. Landesanstalt für Bodenkultur und Pflanzenbau, landw. Untersuchungsamt, 87 Würzburg, Luxburgstr. 4

Hessen

Hessische Landw. Versuchsanstalt, 61 Darmstadt, Rheinstr. 91

Niedersachsen

Landw. Untersuchungs- und Forschungsanstalt, 325 Hameln, Finkenborner Weg 1 A

Landw. Untersuchungs- und Forschungsanstalt, 29 Oldenburg, Postfach 669

Nordrhein-Westfalen

Landw. Untersuchungs- und Forschungsanstalt, 53 Bonn, Weberstr. 61

Landw. Untersuchungs- und Forschungsanstalt, Joseph-König-Institut, 44 Münster/Westf., v.-Esmarch-Str. 12

Rheinland-Pfalz

Landw. Untersuchungs- und Forschungsanstalt, 672 Speyer, Obere Langgasse 40

Schleswig-Holstein

Landw. Untersuchungs- und Forschungsanstalt mit Institut für Wirkstoffprüfung, 23 Kiel, Gutenbergstr. 75/77

Register der deutschen Namen

Kursiv gesetzte Ziffern verweisen auf Abbildungen

Möhren, Mischkultur 114
Möhrenfliege 68, 104
Möhrenfliege, Maden 108
Mohrrübe 91, 103
Monatserdbeere 227, 232
Mönchsgrasmücke 68, *70*
Monokulturen 33
Moorboden 12
Mordwanze 73
Mulchen 54
Mutterboden 13

Register der lateinischen Namen

Kursiv gesetzte Ziffern verweisen auf Abbildungen